Das Buch

Ausgehend von dem Gedanken, daß eine durch und durch lügenhafte Propaganda ein Ding der Unmöglichkeit ist, untersucht Stern das Bild Hitlers, sein »Image« und dessen Aufbau in der Öffentlichkeit des Dritten Reiches, d.h. Hitlers Selbstdarstellung als »Führer des deutschen Volkes«, um herauszufinden, wie die große Verführung möglich war und an welche Werte und Gefühle der Propagandaapparat appellierte. Er stellt sich die Frage, welche Verbindung bestand zwischen Hitlers Bekenntnissen, Erklärungen und Versicherungen und den Vorstellungen und Überzeugungen der deutschen Gesellschaft, die diesen Außenseiter und seinen »totalen« Machtanspruch in erstaunlich kurzer Zeit akzeptiert hat. Dabei kommt er zu dem Ergebnis, daß Hitler keineswegs nur dumpfe Emotionen im deutschen Volk ansprach, sondern vielleicht noch stärker seinerzeit höchst moderne, expressionistisch getönte Vorstellungen einer deutschen Intelligenz, die für solche Appelle empfänglicher war, als sie es selber ahnte.

Der Autor

J. P. Stern, geboren 1920 in Prag, hat Hitlers Besetzung der Tschechoslowakei miterlebt, in Cambridge Germanistik studiert, in der Royal Air Force gekämpft und lehrt heute deutsche Literatur in London. Zahlreiche Veröffentlichungen über die deutsche Literatur des 18. bis 20. Jahrhunderts. Das Hitler-Thema beschäftigt ihn, seit er Hitler in München als Redner gehört und später miterlebt hatte, wie begeistert man ihn bei seinem Einmarsch in Wien empfing.

J. P. Stern:
Hitler
Der Führer und das Volk

Deutscher
Taschenbuch
Verlag

dtv

Aus dem Englischen vom Autor und von Fred Wagner
Titel der Originalausgabe: Hitler. The Führer and the People (London 1975).

März 1981
Deutscher Taschenbuch Verlag GmbH & Co. KG, München

ISBN 3-446-12512-4
Foto: Bilderdienst Süddeutscher Verlag
Gesamtherstellung: C. H. Beck'sche Buchdruckerei, Nördlingen
Printed in Germany · ISBN 3-423-01629-9

Inhaltsverzeichnis

Památce přemnohých – Dem Gedenken an die Allzuvielen

Abgekürzt zitierte Werke:

Broszat	Martin Broszat, *Der Staat Hitlers. Grundlegung und Entwicklung seiner inneren Verfassung.* München 1969, 9. Aufl. 1981 (dtv-Weltgeschichte des 20. Jahrhunderts)
Bullock	Alan Bullock, *Hitler. Eine Studie über Tyrannei.* Düsseldorf 1967; als Taschenbuch, nach dem hier zitiert wird, Kronberg/Ts. 1977.
Domarus	Max Domarus, *Hitler. Reden und Proklamationen 1932–1945. Kommentiert von einem deutschen Zeitgenossen.* 4 Bde, München 1965
Frank	Hans Frank, *Im Angesicht des Galgens. Deutung Hitlers und seiner Zeit auf Grund eigener Erlebnisse und Erkenntnisse.* München 1953
Machtergreifung	Karl Dietrich Bracher, Wolfgang Sauer und Gerhard Schulz, *Die nationalsozialistische Machtergreifung. Studien zur Errichtung des totalitären Herrschaftssystems in Deutschland 1933/34.* Köln 1960
Nolte	Ernst Nolte, *Der Faschismus in seiner Epoche. Die Action française. Der italienische Faschismus. Der Nationalsozialismus.* München 1963
Tischgespräche	Henry Picker, *Hitlers Tischgespräche im Führerhauptquartier 1941–42.* Hrsg. v. Percy Ernst Schramm, Stuttgart 1963

Verweise auf Hitlers *Mein Kampf* beziehen sich auf die 17. Auflage, München 1943.

Vorrede

Das Ziel dieser Arbeit ist eine *historische* Rekonstruktion. Wenn dabei meine Gedankengänge vielfach durch literarische Parallelen geleitet und illustriert werden und mancher davon seine Bestätigung in der Sprache der Literatur der rekonstruierten Zeit sucht, ist hier wohl ein Wort der Erklärung am Platz.

Seit vielen Jahren gilt mein akademisches Interesse dem Studium der deutschen, vornehmlich der modernen deutschen Literatur. Es ist eine Binsenwahrheit, daß dieses Studium kaum in einem historischen Vakuum möglich ist – die Historiker aber sind für gewöhnlich keine guten Leser, und jenen geistigen und sprachlichen Aspekten, in denen die Literatur verwurzelt ist, bringen sie kein großes Verständnis entgegen. Dieses Buch ist ein Versuch, jenes Vakuum zu füllen.

Als ich begann, teilte ich die in der Nachkriegszeit allgemein verbreitete Ansicht, daß die großen Schriftsteller des ersten Drittels unseres Jahrhunderts – also eine Literatur, die zum erstenmal seit der Goethezeit ein europäisches Publikum ansprach – entweder völlig unpolitisch gewesen seien oder kompromißlos dem nationalsozialistischen Regime opponiert hätten. Dabei stieß ich allerdings auf einen Widerspruch. Unerklärt blieb, wie es zu jener scheinbar ganz echten Begeisterung gekommen war, mit der einige dieser Schriftsteller die »deutsche Revolution« begrüßt hatten – Schriftsteller, die keineswegs zu den drittrangigen Lastgäulen aus dem Goebbelsschen Stall gezählt werden konnten. Unerklärt blieb, warum ein deutscher Lyriker wie Gottfried Benn, ein Musiker wie Richard Strauss, ein Maler wie Emil Nolde und ein Philosoph wie Martin Heidegger, wenn auch nur eine kurze Zeitlang, Anhänger oder Mitläufer des Nationalsozialismus gewesen waren und freiwillig ihre Gaben in seinen Dienst gestellt hatten.

Um diesen Widerspruch zu lösen, war es notwendig, nicht die Persönlichkeit Hitlers, sondern seine Rolle als Repräsentant der deutschen Gesellschaft seiner Zeit näher zu untersuchen, vor allem aber ein Verständnis für die scheinbar unerklärliche Anziehungskraft zu gewinnen, die er durch seine Reden, Schriften und Gespräche, durch seine Versprechen und Drohungen, durch seine Leistungen mehr als zwei Jahrzehnte lang und noch in den Monaten seiner Niederlage auszuüben vermochte. Und so stieß ich endlich auf die Hauptfrage, der dieses Buch gewidmet ist: Welche Verbindung bestand zwischen seinen Bekenntnissen, Erklärungen und Versicherungen einerseits und den Werten, Glaubensartikeln und Überzeugungen der deutschen Gesellschaft andererseits – einer Gesellschaft, in die er, der Idealtyp des Außenseiters (schlichter gesagt: *der* »Zugereiste«), sich erst Zutritt verschaffen mußte und die sich in erstaunlich kurzer Zeit bereit fand, seinen »totalen« Machtanspruch zu akzeptieren.

»Meine Aufgabe ist es, zu berichten, was die Menschen sagen«, schreibt Herodot in den *Historien* (VII, 152), »doch ich bin keineswegs verpflichtet, es zu glauben« – oder, muß hier hinzugefügt werden, es nicht zu glauben. Mein eingehendes Interesse für das, was die Menschen jener Zeit (die auch die meine war) *gesagt* haben, soll nicht mißverstanden werden. Den altmodischen historischen Determinismus der deutschen zwanziger und dreißiger Jahre kritisierend, will ich nicht selbst nun dem modischen sprachlichen Determinismus der französischen siebziger Jahre verfallen. Nirgendwo war es meine Absicht, die »Sprache« des Nationalsozialismus (oder irgendeine andere natürliche oder fingierte Sprache) als ein geschlossenes »semiotisches« System darzustellen, dessen Sprecher dazu verdammt sind. Im Gegenteil: ich glaube, daß es wohl möglich ist, eine Sprache zu sprechen und dabei die eigene Freiheit zu wahren. Die Wahl, Ja oder Nein zu sagen, haben wir immer, denn der Grund unserer Entscheidungen ist nicht sprachlicher Art. Daß eine solche Wahl, wie ich am Beispiel des Johann Georg Elser gezeigt habe, tödlich sein kann, macht sie nicht illusorisch.

Die deutsche Fassung dieses Buches weicht an vielen Stellen vom englischen Original ab. Sie entstand in enger Zusammenarbeit mit meinem Freund Fred Wagner, dem für das Verständnis, das er meinem Vorhaben entgegenbrachte, hier mein herzlicher Dank gesagt sei. Burkhart Kroeber danke ich für seine editorische Gewissenhaftigkeit und dafür, daß er dem Buch seine Liebe zum rechten Wort angedeihen ließ.

University College London
Im Mai 1978 J. P. S.

1. Der Repräsentant

Die einzelnen Züge des populären »Image« lassen sich leicht zusammenstellen. Zu ihnen gehören die berühmten waschblauen Augen, von deren angeblich hypnotischer Wirkung zahlreiche Zeugen berichten; die widerspenstige Stirnlocke und der Schnurrbart, gemeint als sinnbildlich für die künstlerische Begabung des Mannes aus dem Süden einerseits und den preußischen Militärgeist andererseits – beide datierend aus der Zeit früher Filme (der »schöne Adolf« des Münchner Kreises verschmilzt hier mit der Gestalt des Adolphe Menjou ...); die Pose des Führers mit erhobener rechter Grußhand, die linke am Koppelschloß, Entschlossenheit verratend, zugleich auch ein Zittern der Hand verbergend; das angestrengte Lächeln des onkelhaften Freundes blonder Kinder, die Arme voller Alpenblumen, arrangiert in der Art eines wilhelminischen Stillebens. Seine Privatsekretärinnen sprechen stets von seiner vollendeten Altwiener Höflichkeit, seinem Charme und seiner rücksichtsvollen Art. Der Münchner Historiker Karl Alexander von Müller, der bei Hitlers Rede im Bürgerbräukeller am 8. November 1923 zugegen war, bekannte sich überwältigt von »dem kindlichen, offenen Ausdruck von Freude, den ich nie vergessen werde«[1]. Einer seiner Kollegen, Professor für Rassenhygiene an der Universität München und Zeuge bei Hitlers Hochverratsprozeß im Februar 1924, beschreibt ihn in der Sprache, die so charakteristisch ist für jene Zeit, in einer Sprache, die Hitler und der Nationalsozialismus sich bewußt zu eigen machten: »Zum ersten Mal sah ich Hitler aus der Nähe. Gesicht und Kopf schlechte Rasse, Mischling. Niedere, fliehende Stirn, unschöne Nase, breite Backenknochen, kleine Augen, dunkles Haar; Gesichtsausdruck nicht eines in voller Selbstbeherrschung Gebietenden, sondern eines wahnwitzig Erregten.«[2]

Und da ist von allem Anfang an und bis zur allerletzten Phase der öffentliche Redner. Das aggressive Staccato läuft langsam an, steigert sich zu Beschimpfung und Verdammung. Eine heisere, schneidende Stimme mit beschränktem Umfang und über ihr natürliches Vermögen angespannt: sie explodiert, überschlägt sich, fängt sich wieder und überschlägt sich noch einmal. Die langen, absichtsvollen Pausen, welche den donnernden Beifall des Publikums zu seinen Füßen auslösen, werden mit genauem Kalkül zum Blick auf den nächsten Redeabschnitt benützt, die Hand wird erhoben, um das Brausen zu beschwichtigen, wenn er sich wieder gesammelt hat, die Flut von Beschimpfungen wechselt mit barschen, hektischen Gelöbnissen und dem öffentlichen Bekenntnis zu einem intimen, persönlichen Engagement und männlicher Aufrichtigkeit. Das Bild ist nicht zu trennen von der europäischen Erfahrung der dreißiger und vierziger Jahre. Die wahre Natur des Mannes wird durch die Clownerie eines Charlie Chaplin oder die witzlose Komödie eines Bert Brecht eher verschleiert und trivialisiert als erklärt.

Die meisten deutschen Zuhörer empfanden seine Stimme als rätselhaft, seine Redeweise als eigentümlich unbestimmbar und synthetisch. Sie schien weder einem landschaftlichen Dialekt noch einer bestimmten Klasse anzugehören, sondern aus irgendeinem süddeutschen gesellschaftlichen Niemandsland zu stammen – zugleich die Stimme niemandes und aller. Auf liberale Intellektuelle verfehlte sie ihre Wirkung:

»Dann tritt Adolf Hitler vor und muß fünf Minuten warten, bis der Sturm sich gelegt hat. Er ist bleich, nervös und hat nicht gleich das Wort in der Gewalt. Die ersten Sätze spricht er mit dem Manuskript in der Hand ... und schlägt dann die Töne seiner Volksüberredung an. Worin besteht sie, worin ihre Wirkung? Wer ihn zum ersten Mal hört, ist ein wenig enttäuscht. Die Stimme ist nicht groß, nicht rein, wirkt rasch, heiser; Hitlers Deutsch, unverkennbar österreichischen Ursprungs, aber nicht wienerisch, sondern dem Hochdeutschen ähnlich, das die aus Deutsch-Böhmen stammenden Wiener Beamten sprechen ... Eine, wie man in Österreich sagt, ›knödlige‹ Sprache. Dabei noch verständlich und selbst im Umkreis eines Radios von sechzig Metern vernehmbar. Unter Münchnern klingt dieses deutsch-böhmische Beamtendeutsch wie eine Bildungssprache ... angesichts dieser leichten Empfänglichkeit der kleinbürgerlichen Massen für das Wort bedauert man es doppelt, daß es unter den Deutschen so gar keine Redner gibt, die die Gabe hätten, etwas Gescheites in volkstümlicher, bildkräftiger Sprache zu sagen. Unter den Stotterern von heute ist Hitler ein Redner. Dabei ist seine rhetorische Kunst, die Kunst zu gliedern und aufzubauen, Pointen vorzubereiten, sehr gering. Es fehlt ihr auch die beste Würze: der Humor. Hitler ist ganz humorlos, nur pathetisch. Seine Steigerungen bestehen in der Übersteigerung des Pathos ...

Rhetorisch schwach, gedanklich gleich Null, bleibt an Hitlers

Rede als wirksamstes Moment nur seine Fähigkeit, Gefühlserregungen zu übertragen. Von den Griechen weiß man, daß sie an der Rede den guten Klang am höchsten schätzten, sie als ›schönes Lied‹ empfanden; ähnlich verhalten sich Italiener und Franzosen: ihre großen Redner sind Sänger. Der Deutsche erliegt dem Gefühl, weil er, dem Schauspielerischen abhold, den Gläubigen, den Charakter sucht. Vielleicht glaubt Hitler, was er spricht; jedenfalls ist's der Ton gefühlsmäßiger Überzeugung, der ihm den Erfolg bringt. Also die primitivste Stufe rednerischer Kunst und gewiß der Kindergarten der Politik ...«[3]

Die »liberalen Intellektuellen und Tintenritter« gehören allerdings zu den letzten, die er hätte beeindrucken *wollen*.

Dies sind die äußerlichen Merkmale, die ganz bewußt zu einer Konfiguration, einer Gestalt von unvergleichlicher Wirkung zusammengesetzt werden. Nie zuvor in der europäischen Geschichte ist das Konzept eines »Image« mit ähnlicher Zielstrebigkeit in die Politik eingeführt und für politische Zwecke ausgebeutet worden.

Alle diese Merkmale sind mehreren Generationen Hitlerscher Zeitgenossen wohlvertraut; für die Nachkriegsgenerationen verwandeln sie sich zunehmend in den vereinfachten Umriß eines komischen Horrorfilms. Was bedeutet diese Gestalt nun wirklich? Ist sie lediglich der *grand guignol* einer vergangenen Zeit? Die Geschichtswissenschaft versucht ihr Bestes, die Flut von Simplifizierungen einzudämmen. Wenn wir die Liste der wichtigeren Hitlerbiographen durchgehen, von Rudolf Olden (1936), Hermann Rauschning (1940), Konrad Heiden (1936, 1944) bis zu H. R. Trevor-Roper (1947), Alan Bullock (1952, 1962), W. A. Jenks (1960), B. F. Smith (1967), Werner Maser (1971) und J. C. Fest (1973), so sehen wir einen nach dem anderen immer minutiöser in der Sonderung von Fakten und Erfindungen vorgehen, bemüht, dokumentarisch belegbare Evidenz von Vermutungen und spekulativen Deutungen zu unterscheiden. Im Licht der Verfälschungen durch die Hagiographen des Hitlerregimes ist eine solche Genauigkeit nur zu begrüßen. Und doch kommt ein Punkt, an dem die biographische Geschichtsschreibung ihrer eigenen Absicht zuwiderläuft, unter der ich das Verständnis der Vergangenheit begreife. Eine Montage biographischer Einzelheiten – zum Beispiel eine Liste aller Themen, die von der Wiener Kunstakademie zur Aufnahmeprüfung gestellt wurden, die Hitler in den Jahren 1907 und 1908 nicht bestand; eine Aufstellung aller Arzneien (Potenzmittel, Medikamente gegen Blähungen, herzanregende Pillen), die ihm der schmierige Dr. Morell in den letzten sechs Jahren seines Lebens verschrieb, ausführliche Untersuchungen darüber, ob er einen unehelichen Sohn oder die Masern gehabt hat; ganz abgesehen von der Geschichte des fehlenden linken Hoden – all dies führt nicht unbedingt zur besseren historischen Einsicht. Mehr und mehr Einzelheiten sagen oft immer weniger. Bullock wie Heiden (die wichtigste Einzelquelle aus den dreißiger Jahren, die übrigens mehr Anerkennung verdient) mögen zuweilen ein falsches Faktum anführen oder ein richtiges falsch deuten, doch anders als den eifrigen Spurensuchern der siebziger Jahre geht es ihnen um ein kohärentes historisches Porträt, nicht um eine ausführliche Aufzählung biographischer Details. Die eigentlichen Fakten des Falles – darunter vor allem die Verwandlung des Niemand aus Wien in den Führer Großdeutschlands – sind so außerordentlich, daß sie kaum einen Sinn ergeben, wenn man sie nur im Raum stehen läßt.

Zahlreiche deutsche, englische und amerikanische Gelehrte gehen besonderen Aspekten der Historie nach, die Hitler zu Macht und Herrschaft führte. Tagebücher, Memoranden, Polizeidossiers, seine Reden, Notizen, Tischgespräche werden in großem Umfang veröffentlicht, wenngleich es sehr zweifelhaft ist, ob diese Bemühungen noch weitere sinnvolle Fakten erbringen werden. Sozialhistoriker und Soziologen haben andererseits die Zeugnisse der Zeitgenossen revidiert und haben die Bedeutung der gesellschaftlich-wirtschaftlichen Tendenzen betont und dabei die Bedeutung des repräsentativen Individuums – des Mannes und seines Aufstiegs zum »Führer der Nation, Obersten Befehlshaber der Wehrmacht, Regierungschef und obersten Inhaber der vollziehenden Gewalt, obersten Gerichtsherrn und Führer der Partei«[4] – in Frage gestellt. Die scheinbare Banalität und der geringe intellektuelle Gehalt von Hitlers eigenen Ansichten wie auch der Mangel an Originalität und die inneren Widersprüche seines Regimes haben manche Autoren zu dem Schluß kommen lassen, das Deutschland des Nationalsozialismus sei ein riesiges Netz ineinandergreifender Organisationen gewesen, mit einem Nichts, einer »Unperson« im Zentrum. Der Lauf der Zeit hat zusammen mit Fragestellungen, die einer gänzlich veränderten gesellschaftlichen Situation entspringen, eine Art Tolstoische Verkürzung mit sich gebracht: eine Perspektive, in welcher der Einzelmensch von den »Zufälligkeiten der Geschichte« oder den »gesellschaftlichen Mächten« in den Schatten gestellt wird und seine Rolle den Charakter des Episodischen annimmt. Diese Ansicht wird noch durch den geringen Beitrag erhärtet, den die Literaten zum Verständnis der Persönlichkeit Hitlers geleistet haben. Die dichterische Vorstellungskraft scheint wohl vor den Fakten des Falles zu verstummen. Im Juli 1933 (dieses Datum mag jene überraschen, die die Schrekken gerne auf später verlegen wollen) schrieb der Wiener Satiriker Karl Kraus: »Mir fällt zu Hitler nichts ein.« Und wenn auch dieser Bemerkung ein Aufsatz von mehr als dreihundert Seiten folgt, eine der großartigsten politischen und kulturellen Polemiken, so enthält sie doch einen Kern dichterischer Wahrheit. Der Satiriker, dessen unvergleichlicher Witz und wortgewaltige Empörung die Torheiten und Verruchtheiten von dreißig Jahren mitteleuropäischer Geschichte kommentiert hatten, erkennt nun, daß die Ereignisse im »Neuen Deutschland« sich dem Zugriff der Satire entziehen, daß sie jenseits der Sphäre liegen, in der die Literatur zu Hause ist. Und abgesehen von ein paar Seiten bei Richard Hughes (*Der Fuchs unterm Dach,* 1963) und Günter Grass ist es der schöpferischen Literatur nicht gelungen, die zentrale Gestalt der deutschen und europäischen Geschichte im ersten Drittel des zwanzigsten Jahrhunderts zu erhellen. So scheinen wir hier wiederum einem Phantom, einer »vielstelligen Rechnung, die zahlenlos aufgeht«, gegenüberzustehen. Dieses relative Versagen aber ist kennzeichnend für die Mühen der Literatur in vielen anderen Bereichen der modernen Welt – einer Welt, die zum Teil das Resultat von Hitlers Vernichtungstaten ist. Der geschichtsphilosophische Epilog, in dem Tolstoi den Begriff der unpersönlichen geschichtlichen Mächte verteidigt, negiert die Erzählweise von *Krieg und Frieden,* das ja ein Panorama lebendiger Einzelmenschen und Einzelschicksale ist, aber dieser Epilog macht den Roman selbst nicht ungültig. Gäbe es keine anderen Unterschiede zwischen Hitler und Napoleon, so würde allein die Existenz von *Krieg und Frieden* und von Beethovens *Dritter Symphonie* einen jeden sinnvollen Vergleich problematisch machen. Doch auch wenn es möglich sein sollte, das Phänomen Hitler auf traditionelle Art – durch ein Panorama lebendiger Personen – darzustellen, wird doch die Gestalt selbst, ihre Wirklichkeit wie auch ihr Mythos, das bedeutendste Einzelphänomen ihrer Zeit bleiben.

Die militärischen und paramilitärischen Organisationen, die sich zur Struktur des Dritten Reiches zusammenfügten, machten Hitlers Führerschaft nicht überflüssig und ließen ihn auch nicht zur bloßen Gallionsfigur werden. Im Gegenteil: je mehr wir über diese Gruppen und Organisationen erfahren, desto deutlicher wird uns, daß dieses ungeheure Netz von eifersüchtigen und sich befehdenden Parteien, geplagt von selbstmörderischem Zwist, Verschwörungen und Gegenverschwörungen, bis zum April 1945 zusammengehalten wurde durch die Versprechungen, Drohungen und Wutausbrüche, die Loyalitätsappelle und Ermunterungen zu vorteilhafter Verräterei, die Verachtung und das Lob, die Selbstbewußtheit, den Realismus und die Phantasie, den Zynismus und die immer wieder betonte Treue zur eigenen Mission *eines einzigen Mannes.* Die Feindseligkeit zwischen Armee und SS oder zwischen SS und der Sicherheitspolizei (SP) im Rußlandfeldzug war kaum weniger heftig, als es der offene Krieg zwischen SA und SS gewesen war, der 1934 zur »Nacht der langen Messer« geführt hatte. Gerade weil jedes beliebige Element der Ideologie früher oder später in Widerspruch zu einem anderen geraten mußte, gerade weil alle Institutionen und ideologischen Gefüge – ob durch Planung oder zufällig – fragmentarisch blieben und letzthin nur willkürlich mit der politischen Praxis der Partei verbunden waren (abgesehen vom Antisemitismus, und selbst da sind noch verschiedene Nuancen zu erkennen), garantierte allein die Gestalt im Zentrum das Überleben des Staates.

Als Mussolini die traditionelle Todesart des gestürzten Diktators zuteil wurde, überlebte der faschistische Großrat, und die Minister der kurzlebigen Republik von Salò konnten mit Recht behaupten, sie versuchten gewisse gesellschaftliche Ideen des frühen Faschismus wachzurufen, die Mussolini einst vertreten, dann aber verraten habe. Nichts dergleichen geschah in Deutschland. Wer das Land in den späten vierziger Jahren besuchte, bekam oft zu hören, das Dritte Reich sei eine Zeit des Glaubens gewesen: »Das, woran wir glaubten, war falsch, vielleicht sogar böse«, hörte man häufig, »aber unser guter Glaube, die Aufrichtigkeit unserer Überzeugung – wie man *das* mißbraucht und ausgebeutet hat!« Der eigentliche Inhalt dieses Glaubens aber blieb mysteriös. Und der Grund dafür, daß es nahezu unmöglich war herauszufinden, *woran* die Menschen geglaubt hatten, lag nicht so sehr in ihrer Unaufrichtigkeit und ihrem absichtlichen Vergessen (obwohl es freilich auch das gab) als in ihrem tatsächlichen Unvermögen, sich der Botschaft zu erinnern, der nun die Stimme fehlte. Und gerade wie auf Hitlers

Selbstmord – die Todesart eines Mannes, der dem Druck der äußeren Umstände und seiner inneren Stimme folgte, doch nie gestürzt wurde – der Zusammenbruch des Staates folgte, den er geschaffen hatte, so blieb kaum etwas von der Struktur der Ideen und Meinungen, der Ansichten und Vorurteile, mit deren Hilfe er diesen Staat geschaffen und regiert hatte.

Geht in soziologischen Darstellungen der Mann hinter den Trends verloren, so versagen Biographien im allgemeinen, indem sie den Mann von seiner Welt abstrahieren – ein Vorgehen, das ganz besonders irreführend ist bei jemandem, der in jedem öffentlichen Wort und in jedem politischen Akt nahezu seiner gesamten Karriere hindurch die sehr konkreten Ängste und Aspirationen seiner Zeitgenossen zum Ausdruck brachte. Die verzerrenden Resultate der Biographie werden noch gesteigert in den Enthüllungen der Psychopathologie, wenn diese als Ersatz für geschichtliche Untersuchungen dargeboten werden. Was die Psychopathologie erläutern will, sind individuelle Verhaltensweisen und Akte, wobei sie nicht nur den geschichtlichen und gesellschaftlichen Hintergrund ignoriert, vor dem sich diese vollziehen, sondern auch den Widerstand der sozialen Gefüge, gegen die sich diese Akte gerichtet haben und von dem sie also notwendigerweise mitbestimmt werden. Die Darstellung Hitlers als eines Psychopathen oder Paranoikers klammert die Tatsache aus, daß er ein Vierteljahrhundert lang – von den frühen Münchner Jahren bis Ende 1944 – vollkommen logische und realistische Meinungen zu äußern fähig war, die auf der objektiven Einschätzung einer Vielfalt politischer Situationen gründeten. Sein Verhalten im Gespräch war ebenso von taktischen Erwägungen wie von langfristigen Absichten bestimmt. Die berüchtigten hysterischen Ausbrüche in persönlichen Begegnungen waren in den meisten Fällen ebenso vollständig kontrolliert wie die Gestik der öffentlichen Auftritte, wobei der Eindruck von Spontaneität im Handumdrehen der nüchternen Berücksichtigung einer anderen Meinung weichen konnte, wenn es die Lage erforderte[5]. Nicht nur konnten diese Ausbrüche nach Belieben an- und abgedreht werden, auch in gemäßigterer Stimmung wurden die Menschen um ihn mit Vertraulichkeiten bedacht, die von einem klugen und genauen Verständnis des Wesens und der Position seines Gegenübers zeugten: klug und genau freilich in Beziehung auf seine eigenen Absichten und Bestrebungen.

Da es nun mein Hauptziel ist, die Schaffung, den Gehalt und die Rezeption eines »Mythos« zu beschreiben, den Mann dahinter aber nur insoweit, als er dazu nötig ist, möchte ich den Vermutungen über Hitlers psychische Regressionen, seine Kindheitsentbehrungen und sexuellen Deviationen nichts hinzufügen[6]. Es mag schon sein, daß (wie uns die »Psychohistoriker« versichern) das Streben nach politischer Macht »in Wirklichkeit« ein Weg zur Befriedigung anal-erotischer Wünsche ist, oder daß Hitlers Einstellung »wesentlich infantil« war. Keineswegs deutlich ist aber, inwieweit solche »Erklärungen« einen politischen Erfolg erhellen können, der in der deutschen Geschichte seinesgleichen nicht hat, oder eine Reihe von militärischen Erfolgen, denen in der modernen Geschichte nichts zur Seite gestellt werden kann. Wir können nicht sicher sein, ob er wirklich »pathologisch besessen war von den Wahnvorstellungen einer weltweiten Verschwörung des Judentums«[7], doch wir können mit einiger Gewißheit bestimmen, warum er sich für den Antisemitismus als sein wichtigstes politisches Argument entschied und welche Wunschbilder dieser Entschluß in der zeitgenössischen deutschen Gesellschaft erfüllte. Uns geht es nicht um die Psychopathologie des *Mannes,* sondern um die öffentliche *Erscheinung* seines persönlichen Denkens in der Form eines Wertsystems, das objektive Gültigkeit beanspruchte. Im Rahmen der Zeit und der Gegebenheiten, für die es bestimmt war, ist es gewiß nicht das System eines Verrückten.

Die Gesellschaft, zu deren Führer Hitler wurde, wollte trotz des Chaos und der Gewalttätigkeit, die sie sich leistete, keine radikalen gesellschaftlichen oder wirtschaftlichen Reformen und sah politische Veränderungen mit scheelen Augen an. »Aufgewachsen in einem Zeitalter der Sicherheit«[8], erlebte Hitlers Generation den Zusammenbruch des wilhelminischen Reiches als eine unerhörte Zersprengung ihrer althergebrachten gesellschaftlichen Bande. Doch sogar in jener »Kraterlandschaft« scheint es zweifelhaft, ob ein lediglich hysterischer Fanatiker, ganz zu schweigen von einem klinisch Geisteskranken, die Situation so präzise über einen Zeitraum von mehr als fünfundzwanzig Jahren hätte erfassen und ausnützen können. Nur wenige der Leute, mit denen sich Hitler nach seiner Rückkehr nach München im Jahre 1918 umgab und unter denen er seine späteren Mitarbeiter fand, waren anfänglich kriminell, und keiner war permanent geistesgestört. Wichtiger ist die Tatsache, daß die Meinungen, die er vertrat und die er mit seinen Genossen teilte, fast fünfzig Jahre lang vor 1918 den Grundstock rechtsextremer Politik und Ideologie eines respektablen Deutschland gebildet hatten; daß Hitler auf seinem Weg zur Macht keineswegs nur die destruktiven Instinkte einer geschlagenen Nation, sondern vor allem auch bestimmte *persönliche* Werte ansprach: Werte von traditioneller Art, die von der deutschen Gesellschaft – und in gewissem Grad von der europäischen – anerkannt und akzeptiert wurden. Begriffe wie Festigkeit der Absicht, Ernsthaftigkeit, Hingabe an die Sache – um nur die markantesten zu nennen – haben ihren Platz auf einer Tafel *europäischer* Werte.

Die Zeit der Anklagen und Verurteilungen ist, so meine ich, vorbei. Das allgemeine Bild der moralischen Dimension, in der sich Hitler bewegte – ausgedrückt in Bullocks Wendung vom »moralischen ... Kretinismus«[9] – braucht nicht revidiert zu werden. Doch wenngleich es zu spät ist, moralische Urteile zu betonen, scheint es mir doch auch sinnlos, sie vermeiden zu wollen. Daher (um gleich hier *einem* möglichen Mißverständnis vorzubeugen) soll betont werden, daß die Sicht Hitlers als des zentralen Agenten einer Vernichtungspolitik auf europäischer Ebene keineswegs die deutsche Gesellschaft seiner Zeit freisprechen soll von ihrer Verantwortung für diese Politik. Zu den aufschlußreichsten Stellen in seinen Schriften, Reden und privaten Unterhaltungen gehören jene Momente, in denen er offziell die Rolle eines Vertreters der deutschen Nation und Sprechers für die »Mächte deutscher Geschichte« in Anspruch nimmt. Seine Ansichten sind »typisch« ob ihrer Mittelmäßigkeit und Unklarheit, doch sind sie auch »repräsentativ« (in einem nahezu literarischen Sinn), weil sie *das* »repräsentieren«, was viele seiner Zeitgenossen erhofften und fürchteten, allerdings in einer stärkeren, kompromißloseren und radikaleren Form, als jene es wagten: er ist repräsentativ, indem er das zeitgenössische Denken bis zu einem Punkt trieb, an dem eine Umkehr nicht mehr möglich war. (Auch literarische Werke sind repräsentativ, indem sie zum Beispiel die Atmosphäre eines Zeitalters schärfer zum Ausdruck bringen, als sie erlebt wurde.) Dieser Anspruch, Sprecher der Nation zu sein, wurde häufig wiederholt und abgewandelt. Im folgenden Beispiel wird er durch eine Anspielung auf die Aschermittwochliturgie (»Memento homo quia pulvis es et in pulverem reverteris«) unterstrichen: »Ich bin aus dem Volk gekommen. In fünfzehn Jahren habe ich mich aus diesem Volk langsam mit dieser Bewegung emporgearbeitet. Ich bin nicht von jemand eingesetzt worden über dieses Volk. Aus dem Volk bin ich gewachsen, im Volk bin ich geblieben, zum Volk kehre ich zurück. Ich setze meinen Ehrgeiz daran, keinen Staatsmann auf der Welt zu kennen, der mit mehr Recht als ich sagen kann, Vertreter seines Volkes zu sein!«[10]

Dieser Anspruch kann freilich nicht in der absoluten Form akzeptiert werden, die ihm Hitler gab. (Es ist notorisch und Teil seiner Attraktion in einer Zeit, die nach irgendeinem Gott suchte, daß all seine Ansprüche in absoluten Ausdrücken formuliert wurden.) Doch es soll hier gezeigt werden, daß in gewissen Krisenzeiten und unter bestimmten Bedingungen ein solcher Anspruch von Hitler wahr gemacht wurde und daß ihn dazu kein mysteriöser »Instinkt« befähigte, sondern sein überlegenes politisches Bewußtsein. Die überpersönliche Vorstellung von Weltgeschichte und von *seiner* Aufgabe in der Geschichte war eine der wirksamsten Waffen in seinem politischen Arsenal. (Diese Vorstellung ist in anderen europäischen Ländern kaum anzutreffen und mag mit dem napoleonischen Begriff der *Gloire* und dem viktorianischen Appell an das *Empire* kontrastiert werden.) Doch widerspricht diese ausdrückliche Inanspruchnahme einer historischen Rolle nicht der Tatsache, daß Hitlers Wirkung auf die Öffentlichkeit wie auch die Führung des Staates, die er seinen eigenen Zwecken und Absichten anpaßte, von einer unvergleichlich persönlichen Art waren.

Der Versuch, ein besseres Verständnis des Mythos zu erreichen, führt zwar zu keiner neuen moralischen Wertung, doch er verlangt eine Revision der intellektuellen Fähigkeiten des »Führers«. Durch die bessere Dokumentierung seiner Studien in Wien und München[11] und die Zeugnisse seiner *Tischgespräche 1941–1942* wird nun deutlich, daß es nicht länger gerechtfertigt ist, von Hitlers (um Bullocks Wendung ganz zu zitieren) »moralischem und *intellektuellem* Kretinismus« zu sprechen. Seine Geschichtskenntnis (»Wer kein Organ für Geschichte hat, ist wie ein Mensch, der kein Gehör oder kein Gesicht hat«[12]), seine Belesenheit in der Kriegsliteratur (und übrigens auch sein architektonisches Wissen) waren wesentlich umfangreicher, als frühere Biographen angenommen hatten, und seine Quellen waren nicht ausschließlich populäre Flugschriften und Tageszeitungen. Dies soll freilich nicht heißen, daß er eines akademischen, will sagen interesselosen Studiums fähig gewesen wäre. Das folgenreichste seiner Interessen, nämlich die biologische und genetische Kenntnis, die er sich in Wien erworben hatte, die seinen Wortschatz färbte und seine Einstellung unheilvoll bestimmte, blieb völlig oberflächlich und – literarisch angewandt – durch falsche Analogien verzerrt. Alle seine »Forschungen« ergaben sich aus konkreten politischen Erwägungen und verfolgten konkrete politische Ziele; sogar seine genaue Kenntnis der Architekturgeschichte diente vornehmlich dazu, Besucher zu überraschen und zu beeindrucken. Und wenn er es auch liebte, sie durch Aufzählungen verschiedener Fakten und Zahlen zu verblüffen, so war er doch keineswegs ausschließlich ein Gedächtnisakrobat. Als 1935 Anthony Eden bei einem Besuch in Berlin gezielt bemerkte, die Engländer hätten es gerne, wenn internationale Verträge erfüllt würden, war Hitlers Antwort in mehr als einer Hinsicht treffend: »Das war doch sicher nicht immer der Fall. 1813 gab es Verträge, die kein deutsches Heer zuließen, und doch weiß ich mich nicht zu erinnern, daß bei Waterloo Wellington zu Blücher gesagt hätte: ›Ihre Armee ist illegal, bitte verlassen Sie gefälligst das Schlachtfeld.‹«[13]

Er liebte es, sich lange über die Geschichte der mittelalterlichen Kaiser zu ergehen, die er die wahre Ruhmeszeit der deutschen Vergangenheit nannte und die er, wie ein jeder k. u. k. Beamte der alten Schule, zu beurteilen verstand: »Wie mir die Führer der anderen Stämme des germanischen Raums begegnen, so bin ich in einer wunderbaren Lage durch meine Heimat: Ich kann darauf hinweisen, daß sie ein großes mächtiges Reich war mit einer Kaiserstadt – durch fünf Jahrhunderte – daß ich aber keinen Augenblick gezögert habe, meine Heimat dem Reichsgedanken zu opfern.«[14]

Das geschichtliche Verständnis, das dieser Art von Denken zugrunde liegt, ist – abgesehen von dem zu jener Zeit üblichen Stammesgewäsch – weder oberflächlich noch klischeehaft.

Dies soll keine intellektuelle Rehabilitierung Hitlers sein, sondern lediglich eine Andeutung der Art von Kenntnissen, die er besaß und in den Dienst seines Ehrgeizes preßte. Die häufige Banalität seiner historischen Parallelen soll uns nicht irreführen. Sein Sinn für das »Wesentliche in der Geschichte«[15] war ebenso scharf wie sein Sinn für die »tiefsten Absichten, Hoffnungen, Ängste und den Sinn des Schicksals«, und er erkannte, daß – jedenfalls in den zwanziger Jahren – eins vom anderen sich nicht trennen ließ. Historizismus war das in jener Zeit als bestimmend empfundene Wissen, denn Historizismus verhalf dazu, das Denken der Zeit zu radikalen Entscheidungen zu treiben. Was uns immer wieder verblüfft, ist der repräsentative Charakter der öffentlichen wie der privaten Gestalt Hitlers und sein einfühlendes Verständnis für die meisten Aspekte (die Literatur ausgenommen) der populären Kultur seiner Zeit.

Alle Repräsentation, ob in der Kunst oder in der Politik, enthält ein Element des Fiktiven, das, wo es politisch ausgebeutet wird, zum Mythos, zur Lüge wird. Die Art und Weise des Hitlerschen Repräsentierens wandelt sich. Während der zwanziger Jahre absorbiert und lernt er von der Gesellschaft, die ihn umgibt, nicht zuletzt aus den politischen Schlachten mit seinen kommunistischen Rivalen. Später, etwa seit seiner Rede vor dem Düsseldorfer »Industriellenclub« im Januar 1932, ist er es, der diese Gesellschaft »führt« und ihre Gesinnung wie ihre Praxis bestimmt. Um den Mann in seiner sich wandelnden Lage zu verstehen, kann man nicht umhin, sich an seine expliziten Erklärungen zu halten, und zwar besonders an jene, in denen er das ansprach, was diese Gesellschaft als wertvoll empfand – also an Erklärungen, in denen er ausdrücklich *ihre Sprache sprach.*

Aber (und hier liegt die zweite Quelle eines möglichen Mißverständnisses) nimmt man seine Sprache tatsächlich ernst, so verleiht man ihr – also der Lüge – als dem Gegenstand der Untersuchung eine Dignität, die ihr eigentlich nicht zukommt. Dies ist jedoch, soweit ich sehen kann, nicht zu vermeiden. (Bei jedem Gegenstand des Forschens und jeder intensiven Beschreibung ist eine solche Aufwertung unvermeidlich.) Aus diesem Grund ist es heilsam, sich die schiere Widerwärtigkeit und den unsympathischen, zutiefst abstoßenden Charakter des Mannes ins Gedächtnis zu rufen – mitsamt den Praktiken, die hinter diesem komplexen mythischen Gebäude mit seinem Appell an die geheiligten Werte und gesellschaftlichen Ideen liegen. Es ist heilsam, sich zu erinnern, daß er Menschen mit Klaviersaiten an Fleischhaken aufhängen ließ, wobei ihnen die Hosen vom Leib gerissen wurden, und daß er – wie berichtet wird – sich diese Szene in einem eigens für ihn hergestellten Film ansah; sich zu vergegenwärtigen, daß das Leben in den Konzentrationslagern Teil eines Systems von Brutalität und Unterdrückung war, das durch eine volksweite Verschwörung des Schweigens aufrechterhalten wurde. Hier liegt denn auch einer der Punkte, an denen der Mann und sein Mythos übereinstimmten. Letztes Ziel des einen wie des anderen war es, hinauszugehen über alles, was irgendwie noch als »politisch« beschreibbar ist.

Viele Aspekte des Lebens unter dem Nationalsozialismus erinnern eher an einen zentralafrikanischen Stamm als an einen zivilisierten Staat in der Mitte Europas; ein Leben, das – jedenfalls für eine nicht geringe Gruppe von Menschen – durch nichts Besseres bestimmt wird als durch den Kampf ums nackte Dasein. In einer Zeit anhaltender Dürre, so lesen wir in einem Bericht über einen solchen Stamm, »gibt es einfach keinen Raum ... für solchen Luxus wie Familie, Gefühle und Liebe. In unmittelbarer Nähe des Hungertodes könnte ein solcher Luxus das Ende bedeuten, und ist es nicht einfach töricht, für jemanden zu sterben, der eigentlich schon tot ist oder schwach, oder alt? Dies schien« – so schreibt ein englischer Anthropologe – »radikal der Annahme zu widersprechen, daß es so etwas gäbe wie grundsätzliche Menschenwerte oder den Begriff der Tugend, ja selbst des Guten.«[16] Wo jede Art von Gerechtigkeit und Altruismus fehlt und wo die sichtbaren Zeichen des Leidens und der körperlichen Entbehrung nahezu die einzigen Quellen der Belustigung und des Vergnügens bilden, dort können wir gewiß von »moralischem Kretinismus« sprechen. Unter den Angehörigen jenes Stammes, die alt genug sind, sich besserer Zeiten zu erinnern, gibt es klare Zeugnisse, daß eine solche geistige und moralische Einstellung unmittelbar durch materielle Bedingungen von äußerster Härte verursacht wurde, denn es geht hier um eine »Gesellschaft«, deren geistiges und emotionales Leben ganz und gar vom Hunger dominiert wird. Die Bedingungen eines solchen Lebens, die man wohl kaum »gesellschaftlich« nennen kann, da sie den Menschen zu einem Geier machen, der auf einsamen Raubzug fliegt, sind nicht auf Zentralafrika beschränkt, sie sind vergleichbar mit den Bedingungen in den Konzentrationslagern. Wir tun gut daran, uns zu erinnern, daß eines der Ziele des Hitlerregimes – jener Aspekt seiner Lehre, der für die Eingeweihten bestimmt war – darin bestand, immer neue Notsituationen zu schaffen und zu perpetuieren. Situationen wurden geschaffen, in denen geistige und moralische Reaktionen wie die in jenem afrikanischen Stamm an der Schwelle des Todes nicht nur geduldet, sondern als »natürlich« hingestellt wurden, mit dem Hauptunterschied, daß solche Reaktionen nicht von allen gegen alle, sondern von der »Elite« gegen »wissenschaftlich« definierte Menschengruppen gelenkt wurden. Es kann kaum bezweifelt werden, daß auf längere Sicht die Aussonderung und Isolierung feindlicher Gruppen nicht genügt hätte, um die aggressiven Tendenzen des Regimes von sich selbst wegzulenken; langfristig hätte sich diese Gesellschaft nicht vor der Selbstzerstörung bewahren können.

2. Die authentische Erfahrung

Historische Situationen haben mit literarischen jedenfalls dies gemeinsam, daß sich in ihnen die Tradition und das individuelle Talent begegnen. Anders als viele Soziologen setze ich voraus, daß die Gegebenheiten der gesellschaftlichen Welt von einem Individuum modifiziert werden können – von einem Einzelnen, der sich einer relativen und realistisch beschränkten Freiheit erfreut und diese in seinen Entscheidungen und Entschlüssen widerspiegelt. Können wir aber im Falle Hitlers von Freiheit sprechen? War nicht gerade er ein Mensch, der von einem unwiderstehlichen Willen, einem bösen Geist, vom »Dämon der Notwendigkeit« selbst getrieben wurde? Denken wir daran, wie er – der entlassene Gefreite, der verunglückte Kunststudent und Maler belangloser Landschaftsstücke und architektonischer Ansichten – in die Politik geriet: welche Freiheit sollte er je ausgeübt haben? Wie andere politische Talente vor ihm besaß Hitler die Gabe, seine wirkungsvollsten Entscheidungen in Situationen zu treffen, die sich aus seiner Unentschlossenheit, seinem halbbewußten Vermeiden einer Wahl ergeben hatten. Sobald sich eine solche Situation ergab, bewies er eine ausgesprochene Originalität in der Behandlung ihrer gesellschaftlichen und politischen Aspekte (im Gegensatz zu wirtschaftlichen Erwägungen, die ihm stets zweitrangig erschienen). Diese Originalität erscheint mir größer, als es Historiker oder Soziologen zuzugeben bereit sind – die Werte aber, die er ansprach und zu denen er sich bekannte, halte ich für wesentlich traditioneller und von allgemeinerer Gültigkeit, als man gemeinhin annimmt. Der Grund für eine solche Revision liegt auf der Hand. Wenige haben sich die Mühe gemacht, ernsthaft dieses System der Werte zu untersuchen und in Verbindung zu bringen mit dem Mythos, den er schuf und den andere ihm kultivieren halfen.

Hitlers Originalität besteht in der bewußten Umkehrung der Funktionen, die normalerweise hier den persönlich-existentiellen, dort den gesellschaftlich-politischen Werten zuerkannt werden. Seine Entdeckung, die auch andere seiner Zeitgenossen in der unmittelbaren Nachkriegszeit machen, ohne jedoch zu erfassen, wie man sie ausnützen könnte, ist von erstaunlicher Simplizität: sie besteht in der Einführung eines Konzeptes der persönlichen Authentizität in die öffentliche Sphäre und in der Proklamation dieses Konzepts als Hauptwert und wesentlichste Rechtfertigung von Politik. Er übersetzt die Begriffe der Aufrichtigkeit, Redlichkeit und jener lebendigen Erfahrung, die im Deutschen mit dem emotiven Wort »Erlebnis« und seinen verschiedenen Komposita beschrieben wird, aus dem privaten und poetischen Bereich in den Bereich der öffentlichen Angelegenheiten; und er erhärtet und rechtfertigt diese Umstrukturierung durch den Anspruch, er selbst, der außergewöhnliche Einzelmensch, sei gerade dank dieser Echtheit der Erfahrung mit seinem innersten persönlichen Erleben der »Leiden und Nöte des kleinen Mannes« der wahre Repräsentant der Nation.

Politik wird in dem Sytem, das Hitler entwickelt, personalisiert, wohingegen alle unpersönlichen Aspekte von Politik, eingeschlossen ihre festen Institutionen und ihr Fundament in der Herrschaft des Rechts, als »abstrakt«, »bürokratisch« oder »unecht« bezeichnet werden. Dieser Trick, Hitlers wichtigster Beitrag zur politischen Theorie des Faschismus, ist Teil einer spezifisch deutschen Situation und verdankt seinen Erfolg dieser Tatsache. Während in anderen europäischen Ländern eine Politik, die sich auf die Analogie mit persönlicher Erfahrung gründet, für gewöhnlich als willkürlich und tyrannisch empfunden und (historisch gesehen) schließlich von einer durch konstitutionelle und parlamentarische Einrichtungen geregelten Politik abgelöst wird, neigt das deutsche Denken – und nicht nur zu Hitlers Zeit – dazu, solche Einrichtungen als »leere Formen« und uneigentliche Konventionen abzutun. Schon bei Montaigne finden wir eine scharfe (und oft auch der Ironie nicht entbehrende) Trennung zwischen dem Öffentlichen und dem Privaten; und diese Unterscheidung wird noch von Kant aufrechterhalten. Die deutschen Romantiker des frühen neunzehnten Jahrhunderts hingegen – und erst recht dann die Nationalisten des Zweiten Reichs – machen aus der Analogie zwischen öffentlichen und privaten Werten eine Einheit, um schließlich in der charismatischen Persönlichkeit, im »echten« oder »natürlichen«

oder »wahren« Führer die Erfüllung ihrer politischen Hoffnungen zu erblicken. Sobald eine bewußt deutsche Ideologie formuliert, die Weimarer Demokratie aber mit dem »Diktat von Versailles« identifiziert wird, werden die genannten institutionellen Einrichtungen mit »dem Westen« assoziiert und dementsprechend abgewertet. Dies ist dann der Augenblick, in dem die Politik der Authentizität und des persönlichen Erlebnisses in den Mittelpunkt tritt.

Mut und persönliche Entschlossenheit, Vitalität und Tapferkeit vor dem Feind, Schweigen und Selbstzucht – dies sind Eigenschaften, die für Männer wie Marx und Lenin eine gewisse Bedeutung als persönliche Attribute eines Politikers, als Mittel zu ideologischen Zielen, besaßen[1]. Keinem von ihnen wäre es jedoch eingefallen, derartige Eigenschaften zum Kerngehalt ihrer Ideologie zu machen. Für Hitler sind diese persönlichen Werte die wesentlichen Stützen der Weltanschauung, zu der er sich bekennt, ihre Pflege (unter Umständen auch Züchtung) ist die erklärte Absicht seines nationalen Programms[2]. Der Begriff der Herrenrasse (wenn wir ihn ernstnehmen wollen) ist im Grunde genommen kein sozialpolitisches Konzept, sondern die Hypostatisierung und nachträgliche Politisierung bestimmter biologischer und moralischer Eigenschaften; dies gilt schon für seine Anwendung bei Nietzsche. Erst eingesetzt in einen bestimmten gesellschaftlichen Kontext wird der Begriff der Herrenrasse zu einem politischen Faktor – im selben Augenblick aber, da dies geschieht, wird der politische Charakter des Begriffs geleugnet, denn der totalitäre Staat kennt keine »Politik«, sondern lediglich den ungeteilten Willen der Auserwählten. (Die fatale Verbindung mit Nietzsches Denken liegt darin, daß die Ideologen des Regimes sein Mißverständnis des Rassenbegriffs ihrerseits mißdeuten.) Freilich hatte der italienische Faschismus eine ähnlich »heroische« Vision des Menschen gepredigt, ehe Hitler sie aufgriff. Mussolini verkündete sie, als er Italiens Eintritt in den Krieg im Jahre 1915 erzwingen wollte, und ebenso tat es auch der phantastische d'Annunzio, als er 1919 Fiume »eroberte«. Doch erst Hitler drückt dem Heroismus den persönlichen Stempel der »Echtheit« auf und mischt somit eine religiöse Zutat – eine Art metaphysisches Schmalz – in den Brei.

Hitlers eigener Charakter ebenso wie die Umstände seiner persönlichen Geschichte machen ihn nahezu unbrauchbar für jede stabile und friedliche Gesellschaft. Doch könnten nicht in einer gänzlich abnormen Situation – im Deutschland der Nachkriegszeit – gerade diese Deprivationen sich in handfeste politische Vorteile verwandeln? Er kommt aus dem Krieg zurück ohne jegliche Ausbildung in irgendeinem zivilen Handwerk und ohne jegliche Qualifikation, ohne Beruf oder Posten irgendwelcher Art, ohne Besitz oder zivile Verbindungen, ja selbst ohne Heimatadresse oder Staatszugehörigkeit. Alles, was er besitzt, ist seine arische Abstammung, seine Auszeichnungen (»die Banderln« heißen sie in seinem Regiment) und sein *Fronterlebnis.* An all dem ist nichts Besonderes, nichts Einmaliges. Einmalig ist seine Erkenntnis, die er rücksichtslos verfolgt, daß ein Konzept, das so dubios ist wie das der Rasse, eine Bestätigung, die so willkürlich ist wie eine Medaille, eine Aufwertung, die so problematisch ist wie das öffentlich zur Schau gestellte Erlebnis, zu Grundelementen eines neuen politischen Stils werden können. Er stolpert in die Politik. Und da die Armee die einzige Gesellschaft ist, deren Leben er freiwillig und gern geteilt hat, und die Kaserne sein einziges Heim (wie es einer seiner Vorgesetzten ausdrückte), hält er sich eben an die Armee und nimmt den erstbesten Posten an, den man ihm bietet: den eines politischen Informanten und Propagandisten. Doch sobald er die Chance erkennt, die sich vor ihm auftut, hat seine Unentschiedenheit ein Ende.

Hitlers eigene Darstellung ist etwas stilisierter. Die schwerste Entscheidung (wie er seinen Generälen zwanzig Jahre später erzählt)[3], die er je in seinem Leben getroffen habe, sei es gewesen, seinen Ehrgeiz aufzugeben, »einer der besten Architekten Deutschlands« zu werden, um statt dessen eine politische Karriere anzustreben; und diese Entscheidung – so gesteht er in *Mein Kampf* – habe sich ihm in dem Augenblick gestellt, als er sein eminentes Talent als öffentlicher Redner erkannte[4]. Nun wohl, aber was hatte er denn besonderes zu sagen? Auch andere ergingen sich grimmig über die Juden, die Verträge von Brest-Litowsk und Versailles[5], den Verrat am deutschen Heer unmittelbar vor dem Endsieg ... Über diese Dinge ließ er sich aus, zuweilen stundenlang. Aber er tat noch mehr. Zur Unterstützung der Ansichten, die er vortrug, verwies er nicht auf Fakten, Logik oder Gerechtigkeit, sondern auf seinen stärksten Trumpf, sein *Fronterlebnis.* (In der gleichen Weise sollte er nach 1933 *diese* Geschichte seiner bescheidenen politischen Anfänge in seiner »Parteierzählung«[6] mythologisieren, die er jeder größeren öffentlichen Rede voranstellte.) Eine erschreckende, jedes

Maß überschreitende Gewaltsamkeit in Ton und Wortschatz kennzeichnet schon seine ersten aufgezeichneten Reden. Und auch diese Gewaltsamkeit soll ihre Rechtfertigung durch die Idee der »Echtheit« erhalten – durch die seinen Hörern restlos vermittelte Überzeugung, daß jede seiner Äußerungen Ausdruck *der aufrichtigen Gefühle dieses Mannes* sei. Und sind nicht Gefühle im Gegensatz zu den verwirrenden Abstraktionen von Wirtschaft und Politik etwas, das jedermann verstehen, beurteilen und teilen kann?

Übersetzt in Politik, wird das Konzept vom authentischen »inneren Erlebnis« auf drei Weisen verwendet: als Ersatz für Programm und konsistente Ideologie; als gesellschaftliches Symbol und Sammelpunkt; und in einem pseudoreligiösen Sinne als lebendige Zeugenschaft. »Hier ist meine Erfahrung, hier sind meine ehernen Überzeugungen, mein repräsentatives *Erlebnis* der Welt«, sagt Hitler. »Dies ist die heiligende Quelle meiner Liebe und meines Hasses, meines Ja und Nein, *meine* Wertskala, die gilt, denn sie ist uns gemeinsam, sie ist die eure, weil sie die meine ist. Ich bin nicht der Mann, der schlau politisiert oder mit dem Schicksal hadert und handelt. Meine gesamte Existenz, und damit die eure, ist jeder meiner Entscheidungen verpflichtet. Deshalb folgt mir, denn es gibt keinen anderen Weg, und ich kann nicht fehlgehen, die Mächte der Geschichte und der Natur (oder des Allmächtigen, oder des Schicksals) sind mit mir.« So oder ähnlich lautet das Motto von Hitlers politischer Botschaft zu Beginn seiner Karriere; diese Gefühle wird er bis zum Ende ansprechen, und noch in seinem letzten Willen und Vermächtnis wird er diese Sanktion eines persönlichen Zeugnisses beschwören.

Die Themen, die mich hier beschäftigen werden – Hitlers Glauben an den »Heroismus des Willens«, an die Überlegenheit jeder »natürlichen« im Gegensatz zur vernunftmäßigen und institutionellen Motivation, an die Kontinuität von Außen- und Innenpolitik wie auch an die Kontinuität von Krieg und Frieden; seine Einsicht in die Funktion und Notwendigkeit antagonoistischer Gruppen, seine Anrufung eines Entweder/Oder; sein Glaube an das »unbedingte Opfer« und an die Vernichtung als letzten Prüfstein für Menschen wie für Nationen – all dies sind Aspekte einer durchgängigen Fiktion, die Hitlers Talent den Umständen seiner Zeit aufprägt und in einen wirksamen Mythos verwandelt. Was den Mythos jedoch legitimiert und glaubhaft macht, ist seine respektable Vergangenheit im Schema traditioneller deutscher und europäischer Werte: in gewissem Sinne beginnt Hitlers Geschichte dort, wo Lionel Trillings *Sincerity and Authenticity*[7] endet. In Trillings Darstellung von Joseph Conrads *Heart of Darkness* (1899) erkennen wir etwas von der moralischen Ambivalenz an der Wurzel der modernen Verpflichtung zur Authentizität als selbstrechtfertigender Lebensform sowie ihrer Umsetzung aus dem Bereich des Gefühls in den öffentlichen Bereich des politischen Handelns. Authentisch sein heißt nicht so sehr ehrlich gegenüber sich selbst sein oder wahrhaftig, als vielmehr *ganz* sein, *all of a piece*. Was aber, wenn nun das Selbst schon zerfasert, zerrissen und furchterfüllt ist? Dann muß es halt wieder ganz gemacht werden, notfalls durch Zurschaustellung seiner Wunden. Doch der Mythos, der das Selbst heroisiert und wieder ganz macht, wird die Zeichen seines Ursprungs tragen. Denn die derart erzeugte »heroische Gestalt« ist ja auf eine Vogelscheuche aufgepfropft – auf einen »Schlechtweggekommenen« (so heißt es bei Nietzsche), auf einen Inbegriff der »Zerrissenheit« (so bei Hegel). Ihr Heroismus ist der des *Trotzdem*, des Ungenügens. Und da die Anstrengung, die dieses Ungenügen bewältigen soll, in der Ideologie des Hitlerschen Zeitalters als ein Wert, ja als der einzige absolute Wert gilt, wird durch sie der »Mythos« gerechtfertigt und somit angeblich seiner Lügenhaftigkeit entledigt.

3. Die Sprache des Opfers

Spuren von Wirklichkeit haften allen Mythen an, und Hitler war nicht einfach das Gegenteil dessen, was seine Propagandamaschine aus ihm machte. Freilich stimmt es, daß er, abgesehen von seiner Teilnahme am Ersten Weltkrieg, keine unbedingt »heroische« Erscheinung darstellte[1], weder in seiner Gestalt noch in seinem persönlichen Auftreten. Freuds psychoanalytisches Journal *Imago* ist voll von Krankengeschichten künstlerischer Dilettanten, denen Hitler jedenfalls insofern ähnlich war, als er die fahrigen Gewohnheiten nie ganz los wurde, die diesem Typ eignen. Er scheute physische Gefahr und war auch nicht bei den Folterungen und Morden zugegen, die er selbst angeordnet hatte. Zur selben Stunde, als Ernst Röhm kurz vor seiner Erschießung durch die SS in einem Münchner Gefängnis sich weigerte, Selbstmord zu begehen, und mit offener Brust hektisch verlangte, Hitler persönlich solle das eben gefällte Todesurteil vollstrecken, gab dieser für die Angehörigen seiner Regierung samt Frauen und Kindern in der Reichskanzlei ein intimes Gartenfest mit Kaffee, Schlagsahne und Streuselkuchen[2]. Der Mann, der die Endlösung plante und in Gang setzte, war persönlich zu zartbesaitet, eine Köchin zu entlassen, deren jüdische Abstammung er herausgefunden hatte[3]. Erst im Februar oder März 1945 besuchte er persönlich eine zerbombte deutsche Stadt. Und in dem Augenblick, als er, nahezu ganz Europa zu seinen Füßen, seine ehrgeizigsten Ambitionen auf eine heroische Führerschaft erfüllt sah, war er eingehüllt in eine Atmosphäre, die von einem seiner Generäle wie folgt beschrieben wird: »Nichts war dort echt außer der Angst – eine Angst in allen Schattierungen ... Durch dieses Fluidum von Servilität, Nervosität und Verlogenheit war man nicht nur seelisch fast erdrückt, sondern man spürte es geradezu in physischem Unwohlsein.«[4] Man kann sagen, daß sein Verhalten ebensoweit abwich von dem heroischen Mythos, den er nährte, wie seine äußere Erscheinung von dem nordischen Ideal, das er häufig pries (und zuweilen verspottete).

Es gibt jedoch einen weiteren Aspekt des heroischen Mythos, der tatsächlich zur ungetarnten Wirklichkeit des Regimes gehört: der Appell an das Selbstopfer und eine Vernichtungsbereitschaft, wie wir sie aus der *Götterdämmerung* kennen. Und mehr noch: Auch die zerstörerische und schließlich selbstzerstörerische Tendenz in Hitlers geistiger Verfassung und in seiner Politik gehört zum intellektuellen Klima seiner Zeit und spiegelt sie wider. Auch hier – ja gerade hier – repräsentiert er seine Zeit und sein »Volk«. Der liberale Journalist Carl von Ossietzky (der nach Aufenthalten in mehreren KZs starb) bemerkte einmal, unter den deutschen Intellektuellen fänden sich »uneigennützige Liebhaber jeder Katastrophe, Feinschmecker weltpolitischer Mißgeschicke«.[5] Franz Werfel, einst Angehöriger der expressionistischen Avantgarde, verfaßte kurz vor seinem Tod in Hollywood im August 1945 eine der treffendsten Charakterisierungen des Geistes jener Epoche, den Hitler – der Mythos *und* die Wirklichkeit – verkörperte und auszubeuten verstand:

»Ich habe viele Arten von Hochmut erlebt, an mir und an anderen. Da ich aber in meiner Jugend eine Zeitlang dazu gehört habe, kann ich aus eigener Erfahrung bekennen, daß es keinen verzehrenderen, frecheren, höhnischeren, teufelsbesessenen Hochmut gibt als den der avantgardischen Künstler und radikalen Intellektuellen, die von eitler Sucht bersten, tief und dunkel und schwierig zu sein und Wehe zu tun. Unter dem amüsiert empörten Gelächter einiger Philister waren wir die unansehnlichen Vorheizer der Hölle, in der nun die Menschheit brät.«[6]

Doch es waren keineswegs nur die selbstbesessenen Satanisten und eitlen Schriftsteller *in extremis* der zwanziger Jahre, die das Feuer der künftigen Hölle schürten. Auch bei den konservativen Autoren der älteren Generation, die überzeugend von der edlen Tradition des Geistes und von der nationalen Verantwortung der Literatur sprachen, herrschte dieselbe bestürzend selbstzerstörerische Einstellung – herrschte ein aktiver Nihilismus, den wir hier das »Opfersyndrom« nennen können. Nicht einmal Thomas Mann, bei weitem der einsichtsvollste von ihnen, scheint die volle Bedeutung dieser Denkungsart begriffen zu haben, wenn sie nicht nur als unverbindliches literarisches Thema, sondern als Musterbild konkreter nationaler Tugenden und Verhaltensweisen angewandt wurde.

Im Herbst 1914 begann Thomas Mann seinen »Gedankendienst mit der Waffe«[7], wie er es nannte, das heißt eine Reihe polemischer Schriften, in denen er die nächsten vier Jahre hindurch als deutscher Intellektueller und Patriot Deutschlands Rolle im Krieg bestimmen sollte. Die wohl faszinierendste dieser Schriften heißt *Friedrich und die Große Koalition*[8], verfaßt im Dezember 1914 und veröffentlicht Anfang 1915. Die patriotische und homiletische Tendenz dieses eleganten und komplex ironischen Essays ist nicht zu verkennen. Den barschen, fanatischen Charakter des größten preußischen Königs wie auch seine diplomatischen und militärischen Schachzüge will Thomas Mann typologisch verstanden wissen: der August 1914 ist eine »Wiederholung oder Fortsetzung« von 1756; der »vorbeugende Angriffskrieg« gegen Belgien wird mit Friedrichs Besetzung Sachsens identifiziert; Friedrichs lange Jahre der Mühen und der Kriegführung, sein Mangel an Freunden und verläßlichen Bündnisgenossen werden seiner unbeugsamen Entschlossenheit zugeschrieben. Er ist besessen von der Idee, daß »Deutschland« (d.h. Preußen) sein schweres Schicksal erfüllen müsse, indem es seinem, Friedrichs Stern bis zum Ende folgt. Friedrichs Unternehmungen werden als Vorwegnahmen jener späteren deutschen Anstrengungen gedeutet, mit denen »westliche« Werte verworfen und die eigene, antidemokratische und antivoltairianische Tradition verteidigt werden sollte – notfalls mit Waffengewalt. Ist diese anachronistisch gefärbte Studie mehr als eine patriotische Gelegenheitsschrift? Die Parallele zwischen dem Siebenjährigen Krieg und dem zeitgenössischen Konflikt, die Thomas Mann seine Leser nachvollziehen läßt, besitzt die Überzeugungskraft, die solchen Parallelen halt eigen ist. Die Gestalt Friedrichs, großenteils zusammengesetzt aus charakteristischen Anekdoten, Klischees und bekannten Zitaten, ist eher eine literarische Montage aus der Feder des Autors (und vielleicht auch Helden) des zwei Jahre vorher erschienenen *Tod in Venedig*; sie ist gewiß kein Produkt einer kühlen, geschichtswissenschaftlichen Analyse. Und es ist übrigens unwahrscheinlich, daß Hitler diesen Essay je gekannt hat, auch wenn er in den letzten Jahren seines Lebens offenbar alle Darstellungen Friedrichs d. Gr. – in dem er einen idealen Staatsmann sah – gelesen hat. Was immer auch der historische Wert dieser Studie von Thomas Mann sein mag – der Gesichtspunkt, unter dem er Friedrich vorstellt, nämlich das »Opfersyndrom«, nimmt getreu Hitlers eigene Selbststilisierung und *einen* Aspekt des Mythos vorweg, der sich in den kommenden Jahren entwickeln sollte. Und diese Antizipation ist gewiß kein Zufall. Sie ist vielmehr ein weiterer Hinweis darauf, um wieviel breiter die Basis des Hitlerschen Image war, als es diejenigen vermuteteten, die (Thomas Mann eingeschlossen) sich ihm widersetzten. Auch die, die das »Opfersyndrom« nicht teilten oder billigten, mußten seine Anziehungskraft, seinen *appeal* anerkennen, denn sie hatten ihm keinen eigenen Wert entgegenzusetzen.

Die subtile und feinfühlige Art, mit der Thomas Mann die Geistesverfassung des preußischen Königs darstellt, kann nur schwer wiedergegeben werden, denn sie ist nicht nur voller Verständnis für dessen Paradoxien, sondern zugleich durchsetzt von den Paradoxien des Autors. Sein großer Preußenkönig ist ein kaltes Ungeheuer, ein Mann der äußersten Härte, dessen ausschließliches Interesse und rücksichtsloser »Wille« einem einzigen Ziel gelten: der Sicherung und Vergrößerung jenes sandigen, sumpfigen, gottverlassenen und doch auch wieder keineswegs reizlosen Landstrichs, den er von seinem drakonischen Vater, dem ersten preußischen König, geerbt hatte. Friedrich opfert sein ursprünglich künstlerisches Naturell (»Ich hätte zu den größten Architekten Deutschlands gehören können«, wird sein Bewunderer den Sekretärinnen in der Wolfsschanze erzählen) bewußt den Erfordernissen des Staates, opfert dem Staat seine Freunde, jeden persönlichen Komfort, sein eigenes Wohlergehen. Doch den Erfordernissen des Staats opfert er auch die Regeln der allgemein verbindlichen Moral. Getrieben von seinem »inneren Dämon«, verwirft er nicht nur jegliche zivilisierte Sitte und Höflichkeit, sondern auch jedes unbequeme Gesetz; jeder Vertrag und jede Vorstellung von Gerechtigkeit, die seinem Ehrgeiz im Wege stehen, werden beiseitegefegt. *Seinem* Ehrgeiz? Keineswegs, sagt Thomas Mann. Wenn Friedrich sein philosophisches Leben »opfert«, das sich erfüllt in seiner Freundschaft mit Voltaire, so treiben ihn nicht Eitelkeit oder militärische Ruhmsucht oder persönliches Machtstreben, ja nicht einmal der Haß des Invertierten auf die Frauen und ihre Herrschaft, wenngleich all diese Umstände in Thomas Manns Untersuchung seiner Beweggründe durchaus erwähnt und erwogen werden. Verknüpft mit diesen Motiven, doch sie übersteigend, ist Friedrichs höchstes Bewußtsein des Schicksals, das seiner Nation bevorsteht: »Er war ein Opfer«, schreibt Thomas Mann[9], als sei der Begriff des »Opfers« nicht ohnehin schon genügend zweideutig. (Es wird nicht häufig genug bemerkt, daß in dem einen deutschen Wort »Opfer« die zwei Begriffe *offertum* und *sacrificium* – engl. *victim* und *sacrifice* – undifferenziert enthalten sind.) »Er war ein Opfer. Er meinte zwar, daß er sich geopfert habe: seine Jugend dem Vater, seine Mannesjahre dem Staate. Aber er war im Irrtum, wenn er glaubte, daß es ihm freigestanden hatte, es anders zu halten. Er war ein Opfer. Er mußte Unrecht tun, und ein Leben gegen den Gedanken führen, er durfte nicht Philosoph, sondern mußte König sein, damit eines großen Volkes Erdensendung sich erfülle.« Und Thomas Mann zitiert weiter Friedrichs ahasverische Klage: »Der Stier muß Furchen ziehen, die Nachtigall singen, der Delphin schwimmen, und ich – muß Krieg führen.«[10] Diese Härte der Person, diese Unerbittlichkeit des Schicksals, dieser teure Kauf sind es, denen Thomas Mann einen nahezu absoluten Wert zuschreibt und die er seinen patriotisch erregten Lesern von Anno 14 zur Nachahmung vorstellt: Friedrich braucht seine Siege, denn sie allein rechtfertigen seine Stellung. Soll das etwa heißen, Macht sei gleich Recht? Nun, vielleicht nicht ganz ... und doch heißt es: »Nur wenn sich durch den Erfolg herausstellte, daß er der Beauftragte des Schicksals war, nur dann war er im Recht und immer im Rechte gewesen.«[11]

Dies ist der Gedankengang, den Thomas Mann seinem Helden zuschreibt, als er sich zu seiner einsamen und unheimlichen Sendung aufmacht, Europa seinen Willen aufzuzwingen. Doch auf diesem Gedankengang gründet auch Thomas Manns eigene Beurteilung des Königs, den er als Begründer und wahren Vertreter eines künftigen Deutschland sieht. »Diese Nation hat es schwer mit sich selbst«, schrieb Thomas Mann bei Kriegsanfang (neben manchem, was wir lieber nicht zitieren wollen): »Das Volk hat es schwer mit sich selbst, es findet sich fragwürdig, es leidet zuweilen an sich bis zum Ekel; aber noch immer, unter Individuen wie Völkern, waren diejenigen die wertvollsten, die es am schwersten hatten.«[12] Und dieser Satz, »die es am schwersten hatten«, wird nicht von der bekannten Mannschen Ironie überholt, nicht von einer kritischen Besinnung problematisiert. Er sollte Thomas Manns durchgehendes »moralisches« Motto bleiben und im *Doktor Faustus* von 1947, seiner endgültigen Abrechnung mit der Welt Hitlers, ausführlichste Bestätigung erfahren.

Der Essay über Friedrich d. Gr. enthält, so meinen wir, Thomas Manns erste Proklamation der »Ideologie des Schweren«. Die wahre Größe des Königs kommt in Manns Darstellung nicht aus seinen diplomatischen Erfolgen (die immer problematisch blieben) oder aus seinen (Pyrrhus-)Siegen, sondern aus dem, was seine Leistungen ihn selbst (und nicht die anderen, die er ignoriert) gekostet haben: aus dem Umfang seines »Selbstopfers« und dem Ausmaß seiner Anstrengung. Innerhalb dieser Ideologie ist Wert gleichbedeutend mit *der menschlichen Bereitschaft zum Scheitern: der Bereitschaft zum eigenen Untergang wie zu dem der anderen.*

Dies ist, durch keine kritische Dialektik vermittelt, durch keinerlei Ironie eingeklammert, die Botschaft in *Friedrich und die Große Koalition.* Aber, werden wir fragen, führt wirklich ein Weg von diesem geistvollen Essay in geistvoller historischer Spekulation zur Hitlerschen Welt der brutalen und primitiven Machtpolitik? Die Antwort ist in jenem »Opfersyndrom« zu suchen, für dessen Beziehung sowohl zum Hitlermythos als auch zu Hitlers eigenem Selbstverständnis die ganze Karriere des »Führers« zeugt. Kaum eine Seite der *Tischgespräche,* die nicht Spuren von dieser Ideologie trägt.

Natürlich appelliert Hitler in erster Linie an eine intellektuell wenig anspruchsvolle Schicht der Bevölkerung: »Es gibt einzelne Menschen, die glauben, dem Nationalsozialismus einen Schlag versetzen zu können, indem sie sagen: Ja, aber es erfordert ja auch alles Opfer. Ja, meine würdigen Kleinbürger, Opfer hat unser Kampf ununterbrochen gefordert. Das habt nur ihr nicht erlebt. Ihr bildet euch vielleicht ein, daß dieses heutige Deutschland geworden ist, weil ihr keine Opfer gebracht habt! Nein. Weil wir Opfer bringen konnten und bringen wollten, deshalb ist dieses Deutschland gekommen! Wenn also jemand uns erklärt: ›Auch die Zukunft wird also Opfer erfordern‹, dann sagen wir: ›Jawohl!‹ Der Nationalsozialismus ist keine Lehre der Trägheit, sondern eine Lehre des Kampfes. Keine Lehre des Glücks, des Zufalls, sondern eine Lehre der Arbeit, eine Lehre des Ringens und damit auch eine Lehre der Opfer.«[13]

Die fatale Ambiguität dieser »Opfer«-Rhetorik muß hier nicht noch einmal betont werden. In Gegenwart seiner Tischgenossen in der Wolfsschanze ließ Hitler gelegentlich die Maske fallen: »Kurz gesagt ist es doch so, daß einer, der für sein Haus keinen Erben hat, sich am besten mit allem, was darin ist, verbrennen läßt – wie auf einem großartigen Scheiterhaufen.«[14]

Endlos wird das Thema wiederholt, vom »Treueschwur« des primitiven Martin Bormann, zugrundezugehen »wie die weiland ollen Nibelungen in König Etzels Saal«[15], bis zum ekstatisch jubelnden Dr. Goebbels, der im Jahre 1945 die Diktion der expressionistischen Stücke aus den frühen zwanziger Jahren wieder aufwärmt und so an seine eigenen literarischen Anfänge als Mitglied jener Schule erinnert: »Unter den Trümmern unsrer verwüsteten Städte sind die letzten sogenannten Errungenschaften des bürgerlichen neunzehnten Jahrhunderts endgültig begraben worden ... Zusammen mit den Kulturdenkmälern fallen auch die letzten Hindernisse zur Erfüllung unserer revolutionären Aufgabe. Nun, da alles in Trümmern liegt, sind wir gezwungen, Europa wiederaufzubauen. In der Vergangenheit zwang uns Privatbesitz bürgerliche Zurückhaltung auf. Jetzt haben die Bomben, statt alle Europäer zu töten, nur die Gefängnismauern geschleift, die sie eingekerkert hatten ... Dem Feind, der Europas Zukunft zu vernichten strebte, ist nur die Vernichtung der Vergangenheit gelungen, und damit ist es mit allem Alten und Verbrauchten vorbei.«[16]

Goebbels wußte genau, woran er appellierte: Es gab keinen bedeutenden deutschen Autor jener Jahre, der nicht seinen Beitrag zum Katastrophenbewußtsein der Zeit und zu ihrer bitteren Lust an apokalyptischen Vorstellungen geleistet hätte.

»Keine Lehre des Glücks ... sondern der Opfer ... «; »wie auf einem großartigen Scheiterhaufen ... «; »nun, da alles in Trümmern liegt ... «: dies ist die Mischung von Wahrheit und Lüge, der das Regime – mitsamt seinen ökonomischen Versprechungen und Erfolgen – sein Dasein verdankte und die das Land bis in die totale Niederlage trieb. Was hier zum Ausdruck kommt, ist der Todeswunsch im Zentrum des Willens zur Macht. Die berühmte »Nibelungentreue«, die das Regime für sich beanspruchte, war vielleicht dem Geist der alten Dichtung gar nicht so fremd: denn charakteristisch für jene ist ja nicht die Treue der Nibelungen zueinander bis in den Tod, sondern die *Treue zum Tod.* So hatte der neue »Mythos« seine Wurzeln im alten – und in der deutschen Wirklichkeit.

Doch genau wie die Nationalsozialisten keine Mondbewohner waren, die plötzlich aus dem Weltall auf Deutschland herabstiegen, sondern in ihren Vorstellungen und in ihrer Praxis extreme Versionen gewisser traditioneller deutscher Werte und Überzeugungen darstellten, genauso war auch die deutsche Wirklichkeit jener Jahre dem übrigen Europa nicht völlig fremd. Denn auch sie hatte ihre Wurzeln in der kulturellen Problematik des europäischen neunzehnten Jahrhunderts – und wäre uns andernfalls kaum zugänglich. Jedenfalls gilt dies für den Anfang der nationalsozialistischen Epoche. Ihr Ende ist tatsächlich am Rande allen denkbaren europäischen Geschehens zu suchen, auf der dunklen Seite des Mondes.

4. »Worte sind Taten«: Propaganda als performativer Akt

Hitlers Wille zur Macht wird für gewöhnlich in Freudschen Begriffen als Kompensierung der neurotischen Psyche für Entbehrungen, Unsicherheiten und allumfassende Ängste erklärt. Was immer auch diese Hypothese zur Erklärung der Entstehung des Willens im Einzelmenschen beitragen mag, seinen Erfolg in der Welt der Politik kann sie nicht erklären. Und dieser

Erfolg ist alles andere als eine Sache der inneren Konstellation; er ist die Antwort, die das Ich im Akt der Selbstbehauptung erfährt, »denn die Menschen glauben an die Wahrheit dessen, was ersichtlich stark geglaubt wird«, schreibt Nietzsche. Das histrionische Ich ist untrennbar mit seinem Publikum verknüpft, und zwar durch einen unendlichen Schwall von Worten. (»Mein ganzes Leben war nichts als ein ständiges Überreden.«[1]) Das histrionische Ich ist in der Tat »engagiert«: nicht aber für eine Idee oder ein Ideal, nicht für eine Sache, die außer ihm selbst läge, sondern für den Akt seines eigenen Engagements: »Bei allen großen Betrügern ist ein Vorgang bemerkenswert, dem sie ihre Macht verdanken«, schreibt Nietzsche in der Nachfolge der großen französischen Moralisten: »Im eigentlichen Akte des Betrugs, unter all den Vorbereitungen, dem Schauerlichen in Stimme, Ausdruck, Gebärden, inmitten der wirkungsvollen Szenerie überkommt sie der *Glaube an sich selbst*: dieser ist es, der dann so wundergleich und bezwingend zu den Umgebenden spricht.«[2]

Vollzogen wird der »eigentliche Akt des Betrugs« in der politischen Massenveranstaltung; und obgleich Hitler das Beispiel von Mussolinis theatralischen Schaustellungen vor sich hatte, verleihen das kunstvolle Ritual wie ihre Funktion diesen Veranstaltungen innerhalb der nationalsozialistischen Praxis eine Bedeutung, die sie im italienischen Faschismus nicht besaßen. Verschiedene Berichterstatter haben die orgiastische Atmosphäre betont, und zeitgenössische Zeugen haben den Erschöpfungszustand Hitlers nach seinen großen Auftritten in eindeutig sexuellen Begriffen beschrieben[3], wobei sie allerdings nicht klar erkannten, daß diese Auftritte zugleich spontan *und* genau geplant waren (auch diese Vereinbarkeit gegensätzlicher psychischer Inhalte im gesteigerten Affekt ist der Nietzscheschen Analyse zu entnehmen).

Was man an Hitlers Reden bei diesen Gelegenheiten bemerkt, ist der geringe Unterschied zwischen denen, die vor dem Februar 1933 gehalten wurden, um Stimmen in angeblich demokratischen Wahlkämpfen zu gewinnen, und denen nach der Machtergreifung, die populäre Betätigung seiner politischen Ziele und aktive Unterstützung bei ihrer Ausführung einbringen sollten. Vorher wie nachher tragen ziemlich die gleichen Mittel zu ziemlich dem gleichen Zweck bei. Meistens folgt die Rede unmittelbar auf irgendeinen lokalen oder nationalen Erfolg, später dann auf einen größeren diplomatischen oder militärischen Sieg.

Stets werden die Reden am späten Abend gehalten; Hitler erkennt, daß zu anderen Tageszeiten die entsprechende Stimmung von Gespanntheit und verhaltener Erwartung kaum erzeugt werden kann[4]. Zur Einleitung, manchmal eine ganze Stunde lang, erinnert er an die »Parteierzählung« mit ihrer Aufreihung der vertrauten Metamorphosen (unbekannter Soldat wird Volksführer, kleinste Gruppe von Idealisten wird größte »Bewegung« in der Geschichte, verratenes und betrogenes Vaterland wird große und machtvolle Nation). Darauf folgt, was man das Element der Information nennen kann: zum Beispiel Hitlers Beschluß, für das Präsidentenamt zu kandidieren; seine Entscheidung, Deutschlands Mitgliedschaft im Völkerbund zu kündigen oder sich für eine »Lösung der Sudetenfrage« einzusetzen. Diese »Information« wird von einer Vielfalt historischer, ideologischer oder wirtschaftlicher Überlegungen untermauert. Wichtiger ist, daß sie umkleidet wird von zahllosen, sehr ausführlichen Anklagen, in denen der Redner ein ganzes Netz von Beschuldigungen, angeblich erlittenem Unrecht, Bedrohungen, echten und künstlich erzeugten Ängsten als *existentielle Angriffe* auf den Führer des deutschen Volks und damit auf jeden einzelnen Angehörigen dieses Volks *personalisiert.* Der Charakter dieser Angriffe ist sorgsam dosiert. Ihre Agenten (Juden, Kommunisten, Slawen, der plutokratische, dekadente Westen) sind vorhersehbar. Die Gefahren, die in diesen Angriffen lauern, können immer nur durch die größte nationale Anstrengung überwunden werden – und nur durch eine aufs äußerste entschlossene Führung: in der Tat müssen die Feinde fast übermächtig sein, um so eine Situation zu erzeugen, in der es keine andere Antwort gibt als ein stereotypes *Ja* oder *Nein, Entweder-Oder, Alles* oder *Nichts.* Zum Abschluß wird des »Führers« eiserner Entschluß und seine uneingeschränkte Verpflichtung gegenüber der Zukunft des Volkes wiederholt, wobei die unveränderliche Form dieser »Prophezeiungen« stets Vergeltung verheißt und die Erfüllung der ausgestoßenen Drohungen verspricht.

Grundbedingung dieser Praktik ist natürlich nicht nur die wachsende Machtlosigkeit der inneren Opposition, sondern vor allem die bodenlose Nachgiebigkeit der europäischen Nachbarstaaten. In dieser Situation werden schließlich Mythos und Wirklichkeit, Wort und Tat zu einem: die politische Ansprache wird zum performativen Akt[5], sie tut, wenn nicht alles, so doch die Hälfte von dem, was sie sagt. Sie beansprucht für den Augenblick eine engere »Volksgemeinschaft«, als Deutschland sie je in seiner Geschichte gekannt hat, und sie verwirklicht diese Gemeinschaft im Akt der Behauptung. Der wahre Endzweck der politischen Veranstaltung – und das weiß auch eine immer wachsende Mehrzahl der Anwesenden – ist nicht Information oder politische Aufklärung, sondern die Demonstration von Macht, verschwörerischer Solidarität und volksweiter Zustimmung, nicht zu trennen von ständigen Hinweisen auf weltweite Bedrohungen. Indem Solidarität und Einigkeit *ausgedrückt* werden, sind sie schon *erreicht*, bevor eigentlich recht klar geworden ist, worüber man sich einig ist. Das Publikum wird nicht informiert, sondern zu Taten mobilisiert: es »macht Geschichte«. Massenpolitik, wie sie Hitler versteht, ist nur unter dem hier implizierten Ausschluß der Freiheit möglich[6].

Recht wichtig ist es dabei, daß der Anteil an wirklicher Information gering bleibt[7], man kann sogar ernstlich bezweifeln, ob Hitlers große öffentliche Reden jemals etwas enthielten, was nicht schon vorher auf irgendeine Weise verbreitet worden wäre. Ihrem deutschen Publikum jedenfalls boten sie kaum etwas Neues. Und das hat seinen guten Grund, denn die Wirkung solcher Reden ist abhängig von der fast vollständigen Vorkenntnis ihres Informationsgehalts – wobei das Neue den meisten Zuhörern schon durch Flüsterpropaganda und Andeutungen als »geheime Information« vertraut ist. Jeder öffentliche Redner kennt jene schwierigen Augenblicke, in denen er seinem Publikum ein ganz neues Stück Information übermitteln muß: es sind Augenblicke, in denen die Aufmerksamkeit der Zuhörer aufs äußerste beansprucht, also das Band zwischen Redner und Auditorium stark strapaziert wird. Doch es gibt auch andere Augenblicke: jene, in denen kaum etwas gesagt wird, was nicht schon vorher gesagt worden wäre – in denen der Informationsgehalt peinlich gering ist und doch das Band zwischen Redner und Publikum nahezu eine Identität zwischen beiden herstellt. Für einen Außenstehenden sind diese Augenblicke der Gipfel der Langeweile, für ein schon vorher enthusiasmiertes Publikum wird die fast inhaltslose Repetition zum quasi-religiösen Ritual. Und genau in diesem Moment – bei einem Minimum an Information – ist das Publikum dann bereit, des Redners *Parole* aufzugreifen und auszubrechen in eine Affirmation seiner Botschaft: die stärkste Affirmation aber ist die chorische Wiederholung.

Information gelangt bekanntlich in Form einer Frage-Antwort-Serie zu uns: jede neue Information wird in der Form einer Antwort auf eine vorher gestellte – oder häufiger nur implizierte – Frage geboten. Und ein Dialog ergibt sich dann, wenn die Antwort selbst zur Basis einer neuen Frage wird. – Diese Serie wird nun von Massenrednern wie Hitler übernommen, doch dabei radikal verändert. Die »Information« wird in einem Frage- und Antwortspiel vermittelt – im Stil jener »Kasperltheaterbefragung«[8], die wie nichts anderes die authentische Einheit von Redner und Publikum, Führer und Geführten demonstriert (authentisch ist diese Einheit insofern, als in ihr alle individuellen Motivationen – wenigstens zeitweilig – aufgehoben werden). Die Fragen, die der Redner dabei seinem Publikum stellt, mögen die Form jener Teilfragen annehmen, die zur Beantwortung Überlegung und Wahl erfordern – »Was wollt ihr?« –, oder die Form der genuin halboffenen Pilatusfrage, die immerhin noch eine Wahl zuläßt – »Welchen von beiden wollt ihr?«; doch was der Demagoge dem Publikum wirklich vorsetzt, sind jene Totalfragen, auf die es nur eine Antwort mit *ja* oder *nein* gibt.

D'Annunzio in Fiume: *»A chi l'Italia?«* Antwort der Zuhörer: *»A noi, a noi, a noi ...«*[9]

Hitler 1936: »Ich lege dem deutschen Volke die Frage vor: ›Deutsches Volk, willst du, daß zwischen uns und Frankreich nun endlich das Kriegsbeil begraben wird und Friede und Verständigung eintritt?‹ Willst du das, dann sage Ja.« – Zurufe: »Ja!«[10]

»Ich frage mich: Wer sind denn eigentlich diese Elemente, die keine Ruhe, keinen Frieden und keine Verständigung haben wollen, die fortgesetzt hetzen und Mißtrauen säen müssen, wer sind sie eigentlich?« – Zurufe: »Die Juden!« – »Ich weiß ...« – Minutenlanger Beifall: es ist klar, daß Hitler diese Antwort wollte, doch in diesem Stadium möchte er noch die direkte Nennung und Beschuldigung vermeiden, und so wiederholt er die Wendung, um Zeit zu gewinnen und den Satz mit einer harmlosen Verallgemeinerung beenden zu können: »Ich weiß, es sind nicht die Millionen, die zu den Waffen greifen müßten, wenn diesen Hetzern ihre Absichten gelingen würden ...«[11]

Und Goebbels nach Stalingrad: »Glaubt ihr mit dem Führer und mit uns an den endgültigen totalen Sieg des deutschen Volkes?« – Antwort: »Ja!« – »Wollt ihr ihn, wenn nötig, totaler und radikaler, als wir ihn uns heute überhaupt vorstellen können?« – Antwort: »Ja!«[12]

Die Antwort auf die totale Frage, und somit das Maß an Überlegung, das verlangt wird, ist minimal, lediglich ein Ja oder Nein. Mehr braucht das Publikum auch gar nicht beizutragen. Denn es ist schließlich gekommen, um sich in eine Lage hineinmanövrieren zu lassen, in der *diese* Antwort – dieses Ja oder Nein – die einzige ist, die es physisch wie moralisch zu geben imstande ist, wobei das Moralische hier ganz nahe am Physischen liegt; wobei, um es weniger abstrakt auszudrücken, die Botschaft von der Stimme, die Stimme vom Lärm, von der Hitze und dem Rauch, dem Bierdunst, den Scheinwerfern, den Schlagringen, dem Schreien und den Tränen nicht mehr zu unterscheiden ist. Und auch das Ja und das Nein können noch ausgespart werden. Der Ablauf der Massenveranstaltungen, wie er sich in den zwanziger Jahren entwickelte, vollzieht sich so, daß der existentielle Gehalt der Reaktion durch das Publikum immer größer wird, während der informative Gehalt der Reden schwindet, bis er dann bei den Nürnberger Parteitagen ganz ausfällt und der »Austausch« zwischen Führer und Massen zum puren Ritus wird:

Hitler: *»Deutschland!«*
Antwort: *»Sieg Heil!«*

Ja oder nein: drei Aspekte des Verhältnisses zwischen Mythos und Wirklichkeit werden unter diesem Schlagwort der öffentlichen Veranstaltungen zusammengefaßt. Allem voran repräsentiert diese Formel Hitlers persönlichen Lebensstil und seinen intellektuellen Habitus. Das bedeutet, auf biographischer Ebene gesehen, daß er vielschichtige Situationen verabscheute, unfähig war, in Nuancen zu werten und zu denken, Menschen als etwas anderes denn Freund oder Feind anzusehen; daß er zu jeder Zeit, angefangen von seinen frühen Tagen in Wien bis zu seinen letzten Tagen im Bunker der Reichskanzlei, keines wirklichen Meinungsaustauschs fähig war und sich entweder auf Hetze oder auf Monologe, allenfalls auf wienerische Höflichkeiten oder dann wieder auf düsteres Schweigen beschränkte; daß er stets einer jeden Zuhörerschaft, einer jeden Gruppe von Anwesenden entweder seinen Willen aufzwingen[13] oder, wenn sie sich diesem Willen widersetzte, sie von Grund auf ablehnen mußte; daß er schließlich – nach dem Modell seiner privaten Beziehungen[14] – *eine* große »gleichgeschaltete« nationale Situation plante und schuf[15], in der keiner persönlichen Überzeugung, keinem persönlichen Einsatz irgendwelche Bedeutung mehr zukommen durfte, außer wenn sie zur »Totalität« seines Regimes beitrugen.

Zum zweiten verweist die Formel *ja oder nein* auf das Maß an gemeinsamer Erfahrung und vorangegangener Indoktrination, dessen sie bedarf, um sinnvoll zu sein, und auf den zunehmend sicheren Konsens, auf den Hitler von einer Versammlung zur nächsten, von einem Erfolg zum nächsten bauen konnte. Das Bedürfnis, alle komplizierten Probleme auf einfache Schwarz-Weiß-Sachverhalte zu reduzieren, wird nicht nur wiederholt in *Mein Kampf* bezeugt, zum Beispiel wenn mit unverhohlener Bewunderung von der »unbedingten, frechen, einseitigen Sturheit« der alliierten Propaganda über Deutschlands Verantwortung für den Ersten Weltkrieg die Rede ist[16]. Dieselbe rhetorische Praxis wird auch in politisches Handeln übersetzt, da Hitler weiß, daß eben dies die Art von »Erlösung« ist, auf die sein verworrenes, kompliziertes und unfreundliches Zeitalter wartet: »Ich will Ihnen verraten, was mich in meine Stellung hinaufgetragen hat«, sagt er zu Bertrand de Jouvenel am 21. Februar 1936. »Unsere Probleme erschienen kompliziert. Das deutsche Volk konnte nichts mit ihnen anfangen. Unter diesen Umständen zog man es vor, sie den Berufspolitikern zu überlassen. Ich dagegen habe die Probleme vereinfacht und sie auf die einfachste Formel gebracht. Die Masse erkannte dies und folgte mir.«[17] Was hier erreicht und vollendet wird, und zwar von einem totalen Außenseiter, ist nichts geringeres als der Traum der deutschen Romantik: der Traum von einer organischen »Volksgemeinschaft« – allerdings um den Preis der totalen Unfreiheit.

Drittens schließlich geht die Entsprechung zwischen Hitlers absolutistischer Ja-oder-nein-Einstellung und der »geistigen Situation« seiner Zeit noch wesentlich weiter, als er selbst es verstand oder zu verstehen brauchte (wie er ja auch, da er nur die Sprache seiner Zeit kannte, nicht wußte, daß eben dies die Sprache war, die er sprach). An ihrer Geistes- und Literaturgeschichte erweist sich die Zeit als eine Zeit der Enterbung mit einer tiefen Sehnsucht nach den sicheren Werten der Tradition[18], als eine Zeit ungewöhnlich komplexer, gefährlicher und bemühter Denkversuche, erfüllt vom Wunsch nach Erlösung von allem Denken, eine Zeit voller Katastrophenbewußtsein und einem düsteren »Heroismus« mit dem Verlangen nach einem »Durchbruch« zu simplen Lösungen und »authentischen« Zielen. Hitler brauchte Spenglers *Untergang des Abendlandes* nicht erst zu lesen, um seine Botschaft zu verstehen: »Die Geschichte dieser Zeit ist nicht mehr ein geistreiches Spiel in guten Formen um ein Mehr oder Weniger, aus dem man sich jederzeit zurückziehen kann. Standhalten oder untergehen – ein drittes gibt es nicht.«[19] Ja oder nein? In all den Jahren seiner »Karriere« und besonders in ihrem letzten Stadium wird vor allem das *Nein* als reale Möglichkeit vorgestellt, wird jene Pathologie der *Götterdämmerung*, die Nietzsche bei Wagner angriff, aus einer privaten Besessenheit übersetzt in die Praxis der nationalen und internationalen Politik.

Die dominierende Bedeutung von Hitlers *Ja oder Nein* ist nicht bloß die einer rein rhetorischen Vereinfachung. Der Sinn muß (wie der Sinn gewisser anderer Teile seiner Ideologie) in einem dialektischen Dreischritt gesucht werden: erstens ist es das Schlagwort der Propaganda und als solches wahr und wirkungsvoll, weil es Befreiung von der Vielschichtigkeit des Lebens in der modernen Demokratie verheißt; und – wir müssen es betonen – für zwölf kurze Jahre und um einen unannehmbaren Preis wird diese Befreiung tatsächlich erreicht. Zweitens ist es offensichtlich eine Lüge, da es die Seitenwechsel, den Opportunismus, das Zögern und die taktischen Anpassungen verbirgt, die Hitlers Innenpolitik wie seine diplomatischen Manöver kennzeichnen. Doch in einem dritten, abschließenden Sinne verrät Hitlers *Ja oder Nein* nicht nur die zerstörerische und selbstzerstörerische Natur *seiner* Schachzüge, sondern die Beschaffenheit der deutschen Gesellschaft jener Zeit: jenseits der Hoffnung auf ein *Ja* verrät es die tiefe Sehnsucht nach einem *Nein*.

5. Die Wurzeln im neunzehnten Jahrhundert

Das Zeitalter Napoleons ist die Zeit eines neuen Menschenbildes, dessen europäischer Name Romantik heißt. Es stellt den Einzelmenschen in Gegensatz zu einer Welt, die erst jetzt als Außenwelt begriffen und erfahren wird, und es sieht den Menschen in Begriffen, die man bisher für widersprüchlich gehalten hatte, als ein Geschöpf, das zugleich sentimentalisch *und* heroisch ist. Der Wert, nach dem dieser neue Mensch strebt, ist weder Frömmigkeit noch Tugend, weder Freundschaft noch Liebe noch Beständigkeit, ja nicht einmal die Suche nach wissenschaftlicher Wahrheit – sondern allem voran die Fähigkeit zum *Erleben*. Eine grenzenlose Empfindsamkeit und Offenheit für immer feinere Erlebnisse und Eindrücke der Außenwelt, verbunden mit einer Fähigkeit zur heroischen Selbstbehauptung, kennzeichnet das romantische Bild des Menschen: in diesem Selbst-Verständnis lebt er ausschließlich von seiner Phantasie und von seinem – sich selbst bestimmenden – Willen. Und unter diesen beiden Gesichtspunkten – als Künstler und als Machtmensch – sieht er sich selbst nicht als das Werkzeug eines göttlichen Willens, als Diener einer öffentlich anerkannten Autorität oder als Glied einer prästabilierten Hierarchie, sondern als Schöpfer. Der Wille – nicht der gemeinsame Wille einer politischen Gemeinschaft, sondern *sein* individueller, einsamer Wille, zu einer heroischen Dimension mythologisiert – ist sein Mittel. Er ist der Schöpfer seines eigenen Königreichs. Die machtvolle Persönlichkeit, aggressiv und verschanzt zugleich, wie wir sie bei Balzac, Dickens oder Melville finden (und in einigem Abstand auch bei den deutschen Schriftstellern, bei Gustav Freytag, Otto Ludwig, C. F. Meyer und besonders bei Friedrich Hebbel), zwingt der Welt ihre Forderungen auf und versucht, sie nach ihrem eigenen Bilde zu formen. Der romantische, faustische Mensch formt und schafft in einem fast buchstäblichen Sinne die Bedingungen seiner eigenen Existenz und mithin die Welt.

Auf diese neue Vorstellung vom Menschen treffen die Imperative der traditionellen Moral, sei sie christlich oder aufgeklärt, nicht zu; und angesichts seiner Selbstbehauptung und seinem Verlangen nach Autonomie wird klar, daß keine objektiv gültige Moral, sondern nur ein (letzten Endes unmögliches) Schema rein privater Werte für diesen Menschen verbindlich sein wird. Seine Handlungen werden nicht länger in bezug auf einen öffentlich anerkannten Moralkodex oder eine Konvention der *public virtues* beurteilt, nicht nach seiner Konformität mit einer traditionell akzeptierten Lebensform oder gar nach den Geboten seines Gewissens (denn das Gewissen kann ja nie etwas anderes sein als die innere Form eines öffentlich anerkannten Moralkodex). Seine Handlungen werden beurteilt nach einem Maßstab der immanenten, inneren Einheit, das heißt nach dem Maß, in dem die Worte und Handlungen eines Menschen seine ganze Persönlichkeit ausdrücken und seine Erlebnisfähigkeit anzeigen. Äußerungen werden als Handlungen verstanden, Handlungen als Poesie, und Poesie als der Vollzug von »Erlebnis«, von gelebter Erfahrung. (Die Abwertung der Rhetorik als einer eigenen und besonderen Wissenschaft, wie auch das Zurücktreten der Poetik hinter individuelle Theorien von »organischer Form« sind literarische Analogien eines Vorgangs, in dem das neunzehnte Jahrhundert die Befreiung des sich erfahrenden Ich erblickte, eines Vorgangs, den wir heute kritischer sehen.)

Der Existentialismus ist die letzte und radikalste Form dieser heroischen Romantik – die radikalste, weil sie am weitesten von der moralischen und sozialen Autorität früherer und gesicherter Vorstellungen vom Menschen entfernt ist. In seinem populärsten und konkretesten Ausdruck ist der Existentialismus eine Philosophie des heroischen Lebens. Seine Werte sind Authentizität, Engagement und das, was wir mangels eines besseren Wortes »persönliche Wahrheit« nennen mögen. Als solcher lehnt er – von Kierkegaard über Nietzsche zu Heidegger und zu Sartre – alle Werte ab, die nicht Ausdruck des individuellen Ich sind, nicht von diesem Ich geschaffen wurden. »Aber ich will, daß euer Muthmassen nicht weiter reiche als euer schaffender Wille«, sagt Nietzsche in *Also sprach Zarathustra,* und »daß *euer* Selbst in der Handlung sei wie die Mutter im Kinde ist.«[1] Authentisch oder »eigentlich« wird dieses Selbst oder Ich durch sein Engagement für die einmal gewählte Aufgabe. Die Wahl dieser Aufgabe, die ausschließlich vom Ich getroffen wird unter Bedingungen, die als gänzlich verfügbar empfunden werden, ist letzten Endes willkürlich. Was die Verpflichtung des Ich aber »eigentlich« macht, ist nicht der Wert oder Rang des Objekts, dem es sich verpflichtet, sondern die Stärke, Energie und Originalität des wollenden Ich. Und die »persönliche Wahrheit« ist dann nichts anderes als die Funktion dieses *circulus vitiosus.*

In dieser Vorstellung von dem, was ein Mensch ist und was er in der Welt zu tun hat, nimmt der Wille die herrschende Stellung ein. Er ist das Mittel des Politikers, zugleich aber (in Schopenhauers ästhetischer Philosophie) der Gegenstand der willenlosen, schöpferischen Betrachtung des Künstlers. Nietzsche führt diesen Gedanken zu seiner radikalen Schlußfolgerung: »Nur als ästhetisches Phänomen ist das Dasein und die Welt ewig gerechtfertigt.«[2] Unter dieser ästhetischen Devise nimmt das »Werk« – Attrappe einer oft theatralischen unheroischen Persönlichkeit – heroische Dimensionen an: der Künstler-Politiker wird geboren. Dieser hybriden Rasse, sagt Nietzsche, gehört die Zukunft: der Politiker ist der Künstler in der anderen Sphäre: »Mit solchen Wesen rechnet man nicht, sie kommen wie das Schicksal an, ohne Grund, Vernunft, Rücksicht, Vorwand, sie sind da wie der Blitz da ist« – diese nicht gerade subtilen Naturmetaphern sollen die Spontaneität des »Erlebnisses« betonen, für das eine bescheidenere Moral nicht gilt – »wie der Blitz: zu furchtbar, zu plötzlich, zu überzeugend, zu ›anders‹, um selbst auch nur gehaßt zu werden. Ihr Werk ist ein instinktives Formen-schaffen, Formen-aufdrücken, es sind die unfreiwilligsten, unbewußtesten Künstler, die es gibt: ... In ihnen waltet jener furchtbare Künstler-Egoismus, der wie Erz blickt und sich im ›Werke‹, wie die Mutter in ihrem Kinde, in alle Ewigkeit voraus gerechtfertigt weiß.«[3] Hier spricht ein solcher »wie Erz blickender Künstler« – Mussolini: »Die Bereitschaft des modernen Menschen zu glauben ist unglaublich. Wenn ich dann die Masse in meinen Händen fühle, wie sie glaubt, oder wenn ich mich unter sie mische und sie mich beinahe zerdrückt, dann fühle ich mich als ein Stück dieser Masse. Und doch bleibt ein Stück Aversion, wie der Dichter sie gegen die Materie hat, die er bearbeitet. Zerschlägt der Bildhauer nicht manchmal aus Wut den Marmor, weil er sich unter seinen Händen nicht genau nach der ersten Vision gestaltet? Hier steht sogar die Materie gegen den Bildner auf.« (Auch Lenin, meint Mussolini, sei ein Künstler gewesen, der mit Menschenmaterial gearbeitet habe wie andere mit Marmor oder Metall.)[4]

Von Hitler ist eine vergleichbare Formulierung nicht zu erwarten. Liest man aber seine Tischgespräche, so ist man überrascht von der Leichtigkeit, mit der er innerhalb kürzester Frist von einem Thema zum anderen springt: von der Spurweite europäischer und russischer Eisenbahnen zur rassischen »Aufnordung« Berchtesgadens, von einem amüsierten Bericht, wie er sich die Dienste Hjalmar Schachts zur Mitwirkung an einem neuen Eherecht kaufte, über Erwägungen, was mit den Juden zu tun sei und wie in Polen und der Ukraine Maßnahmen zur Empfängnisverhütung zu fördern seien, hygienische Verbesserungen aber zu hintertreiben, bis zur Verspottung der englischen Düsenjägerprojekte und schließlich zu seinen eigenen großen Plänen für Linz, wo er nach dem Krieg eine ungeheure Kunstgalerie zu erbauen gedachte ... Frappierend in solchen Phantastereien ist die Verfügbarkeit der Welt und all dessen, was sie enthält, ihre scheinbar widerstandslose Formbarkeit in den Händen dieses *artiste manqué*, der (wie Diderot ihn einst sah) »dreißig Arien, italienische, französische, tragische, komische, von aller Art Charakter, häufte und vermischte; bald mit einem tiefen Baß stieg er bis in die Hölle, dann zog er die Kehle zusammen, und mit einem Fistelton zerriß er die Höhe der Lüfte ..., wechselweise rasend, besänftigt, gebieterisch und spöttisch.«[5] Freilich, bei Hitler bleibt es nicht bei den Phantastereien, seine Welt und sein »schöpferischer Wille« sind – jedenfalls solange es gutgeht – identisch.

Erkannte Nietzsche diese monströse Verfügbarkeit der Welt in den Händen des Künstler-Politikers? Oder sah er vielleicht nicht alle Konsequenzen seines philosophischen Entwurfs voraus? Die Frage muß hier offen bleiben. Sicher ist freilich, daß für seinen Künstler-Politiker *Selbst*erfüllung und »Eigentlichkeit« stets ein und dasselbe sind. Ein Leben lang strebt Nietzsche nach der Fusion (im Blick auf die Folgen können wir wohl von einer vernichtenden *Konfusion* sprechen) der ästhetischen, ethischen und persönlichen Werte. In der späteren Ideologie, die andere auf seinem skizzenhaften Philosophieren bilden, sind alle Trennungen, alle kritischen Unterscheidungen des »bloßen Verstandes«, darunter die Trennung zwischen privater Sphäre und öffentlicher, als inauthentisch verpönt. Kritik, die Vernünftigkeit selbst, gilt nun als dekadent. Das »Erlebnis« ist alles – und alles ist »Erlebnis«.

Was Hitler hier repräsentiert, ist mithin das moderne, der Tradition entsagende Individuum, dessen Genealogie Hegel aus seinem Verständnis des oben zitierten Diderot ableitete.

Hegel sah in der »sich entfremdenden Selbständigkeit« und »Zerrissenheit« dieses Ich den historischen Weg des modernen Menschen von seiner ursprünglichen Unterwerfung im absoluten Dienst der Staatsmacht (er meinte Ludwig XIV.) zur absoluten Emanzipation. Er begründete die Veränderungen im Wertdenken des modernen Ich als Folgen dieses historischen Prozesses. Und er begrüßte die »Zerrissenheit« des Ich als notwendiges Stadium des sich selbst entfremdeten Geistes auf dem Weg zu sich selbst.

Gewiß haftet meinem Versuch, Hitler als Teil dieses welthistorischen Dramas zu verstehen, etwas Absurdes an. Bedarf das Infame wirklich so hochgestochener Erklärungen? Trotzdem wollen wir sie näher ansehen. Denn wie chimärenhaft und abstrus der Hegelsche Begriff des zu sich selbst gelangenden

Weltgeistes auch sein mag, wie kritisch wir seiner Bewertung dieses Prozesses gegenüberstehen, seine Beschreibungen einzelner Szenen in diesem Drama bleiben unübertroffen – in ihrer Genauigkeit und in ihrer Relevanz.

Das in seiner Emanzipation begriffene Ich (argumentiert Hegel)[6] besteht »der Staatsmacht gegenüber« auf seiner »Ungleichheit« (Nietzsche wird von »Ressentiment« sprechen). Hegel nennt dieses Bewußtsein des Ich »das niederträchtige«, weil es »in der Herrschergewalt« nicht mehr den edlen Dienst-Herrn, sondern »eine Fessel und Unterdrückung des Fürsichseins [= seiner eigenen Autonomie] sieht und daher den Herrscher haßt, nur mit Heimtücke gehorcht und immer auf dem Sprung zum Aufruhr steht« – der ja dann Hitler gelingt und *ihn* zum »Herrscher« macht. Jetzt gewinnt die Sprache eine ihr früher nicht zukommende Wichtigkeit, denn »es ist die Kraft des Sprechens als eines solchen, welche das ausführt, was auszuführen ist« – es wird zur Tat. Dieser ganze Prozeß aber – so fährt Hegel fort – wird von einer Umkehrung oder »Aufhebung« althergebrachter Werte begleitet: der Unterschied zwischen »edelmütig« und »niederträchtig« fällt ... hinweg und beide sind dasselbe«; und indem das neue Ich sich seiner selbst bewußt wird, sieht es, daß »in dieser Zerrissenheit zugleich alles, was Kontinuität und Allgemeinheit hat, was Gesetz, gut und recht heißt, auseinander und zugrunde gegangen ist«: denn »das reine Ich ... ist absolut zersetzt«. In diesem Zustand aber ist »der Inhalt der Rede des Geistes von und über sich selbst ... die Verkehrung aller Begriffe und Realitäten, der allgemeine Betrug seiner selbst und der andern; und die Schamlosigkeit, diesen Betrug zu sagen, ist eben darum die größte Wahrheit.«

Literaten neigen immer dazu, die pragmatische Funktion der Literatur (und somit der Literaten) zu übertreiben. Was hier mit Hegels Worten beschrieben wurde, gehört noch in die Literaturgeschichte, es sind kulturelle Bestrebungen und Träume. Es ist nicht – noch nicht – der Lauf der europäischen Politik im neunzehnten Jahrhundert. Freilich: gewisse Teile dieser romantischen Vision ließen sich allzuleicht in politische Ideologie übersetzen. Was jedoch diesen Vorgang bestimmte, war die »unerbittliche Härte der politischen Realität«, waren politische Sachverhalte, nicht literarische Überlegungen. Je fester die Institutionen einer bestimmten Gesellschaft verankert waren und je älter ihre Loyalitäten, desto weniger erfolgreich sollte die

Vision außerhalb der imaginativen Sphäre sein, der sie entstammte. Besondere Bedingungen gehörten dazu, um dieser wesentlich literarischen und poetischen Vision eine politische Wirkung zu sichern; Bedingungen freilich, deren Entstehung die Vision selbst zu fördern wußte, in Deutschland eher als im übrigen Europa: die Bedingungen von radikaler Entfremdung und Anomie.

Die Anfänge von Hitlers Karriere fallen mit jenem Moment in der deutschen Geschichte zusammen, in dem Deutschlands gesellschaftliche und institutionelle Bindungen, darunter auch sein jüngst gewonnener nationaler Zusammenhalt, näher der Auflösung waren als zu jeder anderen Zeit; als die geschriebenen und ungeschriebenen Regeln des politischen und öffentlichen Lebens radikal in Frage gestellt und für viele Menschen ungültig oder jedenfalls wertlos geworden waren. In diesem Moment, da tatsächlich alles möglich schien – in dieser Situation, da, wie Nietzsche vorausgesehen hatte, »alles erlaubt« war – und die Zeitgenossen meinten, jede Alternative sei dem drohenden Chaos vorzuziehen, erging der Ruf nach einer sich selbstbestimmenden, charismatischen Persönlichkeit: in diesem Augenblick war der Ruf nicht mehr Literatur, sondern nahm, fast über Nacht, den Charakter praktischer und praktikabler Politik an.

Der Historiker ist auf Kontinuitäten aus. Nietzsches Metaphorik des Plötzlichen und seine Vorliebe für das Katastrophische können unser Verständnis irreführen. Der beschriebene Moment hat eine recht lange Vorgeschichte, in der Nietzsches eigene Schriften – Prophezeiung und Ausdruck von Intention zugleich – einen wichtigen Platz einnehmen. Der Ruf nach dem »natürlichen« oder »volkstümlichen« Führer, nach Abschaffung der »Politik« zugunsten des nationalen Heils, nach »Kultur« anstelle von »Zivilisation«, der Appell an die Natur, an das Blut, an den eisernen Willen, an »nordische«, später dann »arische« Werte – all das gehörte zur spannungsgeladenen Atmosphäre des Zweiten Reichs. Ja, es gibt nicht einen einzigen Satz im nationalsozialistischen Parteiprogramm vom Februar 1920 oder in seinen späteren Varianten und Zusätzen, der nicht schon in der politischen Literatur lange vor 1914 propagiert worden wäre. Und das stete Beschwören des Notstands – jenes ungeduldige Harren auf »den Tag« – ließ schon viele wilhelminische Autoren erschrecken. Im gleichen Geist der Erwartung wurde der Ausbruch des Kriegs im August 1914 von den meisten Politikern und Intellektuellen begrüßt; nahezu alle Literaten waren dabei.

Der Moment der Niederlage und die darauffolgende Zeit der Anarchie haben dann wohl etwas von jener Plötzlichkeit, von jener »blitzartigen« Schnelle, von der Nietzsche mehr als dreißig Jahre zuvor gesprochen hatte. Und es muß daran erinnert werden, daß die Nachricht von der Kapitulation des Generalstabs mit Ludendorff an der Spitze und von den Friedensbemühungen zu einer Zeit, als die deutsche Armee noch weit über hundert Kilometer auf Feindesboden und kein alliierter Soldat auf deutschem Boden stand, den Großteil der Deutschen so unerwartet traf wie eine Naturkatastrophe.

Die Rhetorik imitiert die Geschichte: aus der Erfahrung von Plötzlichkeit, Naturhaftigkeit und Unwiderstehlichkeit der Ereignisse bezieht demagogische Politik ihren Stil. *Das* ist die Sprache der Zeit. Daher genügt es keineswegs, die Selbstreklame des Nationalsozialismus als der »Bewegung« im Gegensatz zum sozialdemokratischen »System« als »bloße Propaganda« abzutun. Gewiß: worum es hier geht, ist Propaganda. Und sie war erfolgreich, teils weil ihr Stil den Hoffnungen jener entsprach, die sich Gewinn von jeder »plötzlichen« und dramatischen Veränderung versprachen; teils weil die vitale Energie des Führers und sein Talent für anscheinend plötzliche, grundsätzliche Entscheidungen als sichtbare Bestätigung seines Charisma, seines grenzenlosen, weltverändernden Willens gedeutet werden konnten. Die hastigen Fahrten von einem Ende Deutschlands zum anderen (im hochtourigen Mercedes, dem Geschwindigkeitssymbol jedes deutschen Schuljungen), die Überlandflüge von einer Parteiversammlung zur nächsten (heroische Fliegertage im offenen Focke-Wulf-Doppeldecker) – all dies war Propaganda im Dienst jenes Mythos vom jähen Blitzstrahl, der dadurch einzuschüchtern sucht, daß er einem schlauen politischen Schachzug den Anschein eines allgegenwärtigen Schicksalsschlags oder Naturereignisses gibt.

6. Die Sprache der Natur

Ein Naturereignis: auch heute sind wir uns noch nicht genügend bewußt, in welchem Ausmaß die Sprache, das Denken und die Praxis faschistischer Bewegungen im allgemeinen und des Nationalsozialismus im besonderen von jenem »Natur«-Vokabular bestimmt sind, das seine Wurzeln in der Romantik des frühen neunzehnten Jahrhunderts hat und einst die Fundgrube der schönsten und ergreifendsten lyrischen Dichtung der europäischen Literatur gewesen war. Seit jenen frühen Jahren hoher Geistigkeit und literarischer Begeisterung stellte die Romantik stets mehr oder weniger deutlich eine Alternative zur Moral des Christentums dar, und in dieser Distanzierung vom Christentum stimmt Goethe mit den romantischen Autoren überein, von denen er sich sonst bewußt abgrenzte. Wenn er das christliche Gewissen als »bösen Geist« dramatisiert und wenn »verdammte Unnatur« zum schlimmsten Schimpfwort in seinem Vokabular wird, so verrät das deutlich ein moralisches Schema, das weder mit christlicher Orthodoxie noch mit einem naiven Christentum viel zu tun hat. Die normative Vorstellung von Natur, Natur als Musterbild menschlicher Existenz, übte eine tiefe Anziehung auf Nietzsche aus und durch ihn auf die Ästhetik und Philosophie der Jahrhundertwende – übrigens nicht nur in Deutschland. Verknüpft mit dem romantischen Traum von der »Einheit aller Dinge«, färbt der Naturbegriff zunehmend die philosophischen und ideologischen Schriften am Rande des politischen Establishment der wilhelminischen Epoche. Wie zweideutig das Kompliment auch sein mag: Goethe und Nietzsche sind die beiden neueren Autoren, die von Spengler am häufigsten zitiert werden; und es ist kein Zufall, daß Spengler seinen gesamten weltgeschichtlichen Megazyklus auf eine Analogie mit dem Pflanzenleben aufbaut, die er Goethes botanischen und morphologischen Studien entnimmt, und darin den scheinbar unumstößlichen Beweis für einen historischen Determinismus sieht, den Goethe sicher verworfen hätte. Die Romantiker hatten die Einheit von Wissenschaft und dichterischer Inspiration gepredigt: um die Jahrhundertwende beziehen die Doktrinen von Rasse und Sozialdarwinismus (monströse Ableger von Darwins philosophischer Ahnungslosigkeit) ihre Autorität zu gleichen Teilen aus ihren »wissenschaftlichen« Ansprüchen wie aus ihrer dogmatischen Behauptung, den Naturprozeß selbst getreu wiederzugeben. Dies ist die Zeit der prägenden Jahre Hitlers in Wien. *Mein Kampf* ist das repräsentative Dokument der volkstümlichen »Wissenschaft« jener Zeit, das in rücksichtslos deutlicher Art die letzten Folgerungen des normativen Denkens jener Zeit darstellt und zugleich radikalisiert.

Bei der Lektüre des Buches fällt auf, wie sehr unsrer gegenwärtigen, konkreten Verschmutzung der Natur die intellektuelle Verschmutzung des Naturbegriffs voranging. Das Leben der Völker, Rassen, Kulturen und Kontinente, schreibt Hitler in *Mein Kampf,* wird von denselben Gesetzen der Gesundheit und Krankheit bestimmt wie das Leben der Individuen. Staaten sind lediglich ein künstliches (soll heißen unnatürliches) Mittel zum Zweck (ein Widerhall des *Zarathustra),* und die echte, »natürliche« Einheit ist die Nation. Geistige, moralische, rassische und gesellschaftliche Gebrechen sind lauter Abweichungen von der natürlichen Norm, obwohl manche von ihnen als Naturkatastrophen zu einer »Veredelung der Art« führen können: deren wichtigste ist der Krieg. Die »Sünde gegen Blut und Rasse« ist eine ansteckende Krankheit des gesellschaftlichen Körpers, absolut analog der Syphilis (die ja Hitler persönlich stets fürchtete) als einer Krankheit des physischen Körpers, und ihr muß hier wie dort durch entsprechende Rassengesetze vorgebeugt werden. Eugenische Erziehung muß von Kommissionen durchgesetzt werden, die das Recht haben, über die Würdigkeit eines Mannes zur Staatsbürgerschaft, seine Eignung zur Ehe und seine Berechtigung zu ständiger Niederlassung zu entscheiden (es geht hier um Vorschläge, die erst 1942 verwirklicht werden können). Gesund ist eine Nation, in der »echter Idealismus« im Einklang mit dem »Willen der Natur« dem »aristokratischen« Prinzip der natürlichen Selektion folgt. Dementsprechend begünstigt die Natur den Menschen, der den »Willen« besitzt, sich über andere zu behaupten, und die Rasse, die den »Willen« besitzt, alle anderen aus dem Feld zu schlagen. Früher, schreibt Hitler, habe dieses »aristokratische« Prinzip nur in Wirtschaft, Kunst und Kultur gegolten; nun sei es an der Zeit, es auch auf die Politik anzuwenden. Ein rassisch unreiner Staat (Österreich-Ungarn), der ein verseuchtes Herz (Wien) besitze, habe »zwangsläufig« eine dekadente Kultur, die wiederum in seinem »Lebenswillen« zum Ausdruck komme, in seinem geschwächten »Willen zur Selbstverteidigung« und seinem »Abwehrwillen gegenüber der Infektion« (auch dieses ganze Willens-Gerede geht auf Nietzsche und Schopenhauer zurück). Verursacht wird dieser Zustand von Dekadenz vornehmlich durch den Verlust eines instinktiven, nicht-rationalen Verstehens des genetischen und unabwendbaren Naturprozesses; durch die Unfähigkeit zu erkennen, woher die Bedrohung und Verseuchung der Rassenart stammen; durch die Unfähigkeit zu erkennen, daß der Jude die verkörperte »Unnatur« ist. Im Endstadium dieses Vorgangs sieht Hitlers apokalyptische Phantasie die Erdkugel als einen leeren Planeten, der in die Ewigkeit rollt. Das Vokabular der »Unnatur« – »Abszesse«, »Paralysen«, »Blutbahnen, die das Gift in jedes Glied tragen«, »Kolonien« und »Kulturen« von »Parasiten« und dergleichen mehr – wird zur Hauptwaffe in der Attacke auf den jüdischen Einfluß im deutschen und arischen Leben (abgesehen von den antisemitischen Assoziationen erinnert dieses Vokabular an die frühen Gedichte Gottfried Benns). Ein Verweis auf gewisse Skandale im zeitgenössischen Wien erlaubt es Hitler, diese Bilderwelt voll auszuschöpfen: »Sowie man nur vorsichtig in eine solche Geschwulst hineinschnitt, fand man, wie die Made im faulenden Leibe, oft ganz geblendet vom plötzlichen Lichte, ein Jüdlein!«[1]

Die volkstümliche Anziehungskraft dieser Sprache kann nicht bezweifelt werden. Freilich ist Hitlers Antisemitismus nicht ausschließlich auf diesen oder irgendeinen anderen Einzelwortschatz beschränkt; so flicht er mit großer Vorliebe theologische Anspielungen ein, etwa am Schluß des zweiten Kapitels: »So glaube ich heute im Sinne des allmächtigen Schöpfers zu handeln: indem ich mich des Juden erwehre, kämpfe ich für das Werk des Herrn!«[2] Doch seit seinen Anfängen in München war Hitler von Intellektuellen umgeben, die sich von dieser *Opus-Dei*-Sprache und (etwas später) von seiner messianischen Bildlichkeit nicht beeindrucken ließen. Was sie mit ihm verband, war die Gewohnheit, gesellschaftliche und psychologische Fragen nach rassischen und biologischen Analogien zu entscheiden, deren Autorität für sie schon durch ihre angeblich wissenschaftliche Herkunft verbürgt war: durch die Schriften von Politikern wie Georg von Schönerer[3], kulturellen Vielwissern wie Houston Stewart Chamberlain (dessen *Grundlagen des neunzehnten Jahrhunderts*, erschienen 1898, jedoch kaum antisemitisch ausgerichtet sind) oder Psychologen wie Otto Weininger (dessen antisemitisches Buch *Geschlecht und Charakter* von Hitlers Dichterfreund und Mentor Dietrich Eckart[4] bewundert wurde). Für jene Intellektuellen aus Hitlers Frühzeit lag die Faszination dieses Mannes in seiner völlig ungezügelten Radikalisierung der »Theorie des Organischen«.

Was Hitlers Generation entdeckt, die Erben jener wilhelminischen Theoretiker und Ideologen, ist die Tatsache, daß »alles erlaubt« ist: daß es keine Grenzen gibt für das, was sich in diesem »natürlichen«, konservativen Idiom ausdrücken läßt, während die Kritik dieses Idioms immer beschränkter, immer mehr diskreditiert wird. Diese neuen Männer (so hervorragend porträtiert in Thomas Manns *Doktor Faustus*) bieten das außerordentliche Schauspiel von Intellektuellen, die um alles entschlossen sind, den Intellekt abzuwerten und zu zerstören: Kaffeehausphilosophen, ewige Studenten, krakeelende Radikale mit Schlagringen, die das »echte Leben« der Instinkte über alles preisen und Kritik in jeglicher Form als dekadent, unschöpferisch und undeutsch angreifen. Und wiederum finden sie ihre Inspiration in Nietzsches Denken. Wo aber Nietzsche besorgt den modernen Aberglauben in Frage stellt, nach dem alles Wissen wertvoll und alle Forschung gerechtfertigt seien, wo er das Recht auf Erkenntnis von seinem hohen Begriff des persönlichen Adels abhängig macht, reduzieren diese sein vielschichtiges Philosophieren auf das Schlagwort von der »organischen« oder »Volksgemeinschaft«, die angeblich schon als solche entscheidet, welches Wissen wertvoll und welche Forschung gerechtfertigt seien. Autoren wie Heidegger, Gottfried Benn und Josef Nadler (um nur diese wenigen zu nennen, die eine deprimierend lange Liste anführen) stellen ihren aggressiven Intellekt in den Dienst jener »authentischen« Werte, die von der modernen, kosmopolitischen Welt zerstört werden. Und jeder von ihnen findet für sie ein anderes Refugium: Heidegger in einer Mischung aus vorsokratischer Ontologie (ein absolutes Primat des *Seins* und *Ausgesetzt-seins* über alle Formen des Gesellschaftlichen) und der »Selbstbehauptung des deutschen Geistes«; Benn in seiner poetischen Verherrlichung der chthonischen Zustände und urtümlichen Triebe; Nadler in einer Literaturgeschichte Deutschlands, die sich nach stammlichen, rassischen und geographischen Gesichtspunkten gliedert – ein Werk, das zu jeder anderen Zeit als das Werk eines harmlosen Spinners gegolten hätte.

Zu jeder anderen Zeit ... Es geht hier nicht um eine ausführliche Untersuchung der Wurzeln des nationalsozialistischen

Denkens in der Romantik, sondern nur um eine Skizze ihrer Folgen. Um jene auch nur annähernd gerecht beurteilen zu können, müßte die amorphe, unsystematische Beschaffenheit des romantischen Denkens herausgestellt werden. Schon die schiere Aggressivität, die allen Formen des Faschismus eignet, ist dem Geist des romantischen Philosophierens im neunzehnten Jahrhundert und den meisten, wenngleich nicht allen, seiner politischen Proklamationen fremd. In dem historischen Augenblick, der hier erfaßt werden soll, geht es nicht um das »romantische Denken als solches«. Dieses Denken, das in der Verherrlichung des natürlichen Seins des Menschen und seines naturgegebenen Wesens gipfelt, wird vor der Folie der radikalen Gesetzlosigkeit der zwanziger und frühen dreißiger Jahre in den Dienst einer neuen gesellschaftlichen Praxis gestellt, in der Menschen nicht für ihre Taten sondern *für ihr bloßes Dasein* verantwortlich gemacht, verurteilt und schließlich vernichtet werden. Dies ist der Triumph des berühmten »ontischen« Denkens in der modernen Welt. Die faschistische Ideologie ist nicht ein Rückschritt zu den alten Apologien der Sklaverei vor 1789. Im Gegenteil: das Primat des »natürlichen Seins« setzt sich genau in dem Augenblick durch, da die alten Einrichtungen mit ihren Wurzeln im Obrigkeitsstaat und seinem Autoritätsdenken aufgehört haben, annehmbare Formen gesellschaftlicher Kohärenz zu gewähren.

Was erhofften sich eigentlich jene deutschen Intellektuellen, Künstler und Wissenschaftler, als sie 1933 ihre eigene Vergangenheit verleugneten, ihre Freunde verrieten und sich bewußt blind stellten vor den brutalen Eigenschaften ihrer neuen Herrscher, obwohl diese doch einfach nicht zu übersehen waren? Nur zum Teil war es die Furcht vor der Modernität (wie Dahrendorf, Habermas, Fest und andere behauptet haben), der dieser Abfall von der Vernunft entsprang. Der Köder, den man den Intellektuellen vorhielt, war eine »völkisch«-autoritäre Gesellschaft, in der die autoritären Gepflogenheiten des deutschen privaten und öffentlichen Lebens ihre Fortsetzung und Bestätigung finden sollten. Eine Gesellschaft wurde ihnen versprochen, die insofern »unpolitisch« sein sollte, als sie ihre Mitglieder von der »Qual der Wahl« – der Notwendigkeit demokratischer Entscheidungen – befreien würde und die Integration mit einer traditionellen, antistädtischen, ländlichen und »natürlichen« Gemeinschaft versprach. Nur wenige jener Intellektuellen hatten sich wohl herabgelassen, einen Blick in *Mein Kampf* zu werfen; noch weniger dürften bis Seite 713 vorgedrungen sein; doch wer von ihnen hätte nicht begeistert jener Vision von der deutschen Gemeinschaft zugestimmt, die dort beschrieben wird?

»Allein auch in dieser Zeit sind die guten Grundelemente unserem Volke nicht ganz verlorengegangen, sie schlummern nur unerweckt in der Tiefe, und manches Mal konnte man wie Wetterleuchten am schwarzbehangenen Firmament Tugenden aufstrahlen sehen, deren sich das spätere Deutschland als erste Anzeichen einer beginnenden Genesung einst erinnern wird. Öfter als einmal haben sich Tausende und Tausende junge Deutsche gefunden mit dem opferbereiten Entschluß, das jugendliche Leben so wie 1914 wieder freiwillig auf dem Altar des geliebten Vaterlandes zum Opfer zu bringen. Wieder schaffen Millionen von Menschen emsig und fleißig, als hätte es nie die Zerstörungen durch eine Revolution gegeben. DER SCHMIED STEHT WIEDER AM AMBOSS, HINTER DEM PFLUGE WANDELT DER BAUER, UND IN DER STUDIERSTUBE SITZT DER GELEHRTE, alle mit der gleichen Mühe und gleichen Ergebenheit gegenüber ihrer Pflicht.«[5]

Soweit also gilt die Theorie der »Flucht aus dem zwanzigsten Jahrhundert«. Andererseits aber sollte diese Gesellschaft gar nicht aus der europäischen Gegenwart fliehen, sondern dank ihrer totalitären Form (und nicht *trotz* dieser Form) die organisatorischen und sozialen Probleme eines modernen technologischen Staates »reibungslos« bewältigen; das Erstaunliche daran ist (wie noch gezeigt werden soll), wie weit dieser scheinbare Widerspruch in den zwölf Jahren des Tausendjährigen Reichs tatsächlich gelöst wurde. Die »agrarischen« Werte (»Scholle«, »Sitte und Brauchtum« usw.), die die nationalsozialistische Ideologie predigte, sind auch in der *Action française* und, auf höherer Ebene, bei dem irischen Dichter W. B. Yeats, bei Ezra Pound und seinem Freund T. S. Eliot oder bei D. H. Lawrence zu finden. Doch ihre Verquickung mit der technologischen Mentalität, wie wir sie z. B. in Ernst Jüngers *Der Arbeiter* finden, ist eine rein deutsche Angelegenheit.

Wer war bereit, das anachronistische Märchen vom Pflüger und vom Gelehrten in seiner Stube beim rechten Namen zu nennen? Die Naturmetaphern, die in der Androhung gewaltsamer Veränderung gipfeln, jedoch tatsächlich einen *status quo ante* bestätigen; die scheinbar sinnlose Wiederholung des religiösen *Opfer*-Begriffs, die, vielleicht unbeabsichtigt, Hitlers Überzeugung von der Kontinuität von Krieg und Frieden verrät; die Beschwörung eines vorindustriellen, rustikalen Idylls, das nicht nur ans frühe neunzehnte Jahrhundert, sondern auch an manche von Stefan Georges nostalgischen Feierlichkeiten erinnert – so an das notorische Gedicht *Der Krieg* (1917):

> O Land
> Zu schön als daß dich fremder tritt verheere:
> Wo flöte aus dem weidicht tönt · aus hainen
> Windharfen rauschen · wo der traum noch webt
> Untilgbar durch die jeweils trünnigen erben ...

und schließlich der Appell an die traditionellen deutschen Tugenden – all diese Ingredienzien der »völkischen« Propaganda, die Hitler an anderer Stelle im selben Buch verspottet, sind hier erbarmungslos versammelt. Freilich, auch der deutsche Gelehrte in seiner Studierstube und bodenlosen Witzlosigkeit[6] mochte dies unmöglich als ein authentisches Bildnis Deutschlands im Jahre des Herrn 1926 (zur Zeit der ersten Autobahnprojekte) angesehen haben. Doch dort, wo der Glaube verblaßte, trugen Ehrgeiz und materielle Erwartungen frische Farbe auf. Diese Erwartungen waren keineswegs bloß »idealistisch«, sie konnten von Hitler auf recht simple und traditionelle Art – nämlich durch Beute- und Machtversprechen – erfüllt werden. Auch der romantischen Ideologie ist diese Verheißung nicht ganz fremd. Denn Hitler radikalisierte jenen Glauben, der aus der romantischen Naturvergötzung erwachsen war und in dem sie gipfelte – den Glauben an den »Willen«. Was er jedoch nicht vermochte, auch darin ein Erbe der Romantik: den einzelnen Menschen gegen die Tyrannei »natürlicher« Unterschiede zu schützen. Und so tat er, was größere Männer und bessere Denker schon vor ihm taten: er mythologisierte, was er nicht ändern konnte.

7. Hitlers Ideologie des Willens

Die Sprache »des Willens« formt Hitlers Reden und Schriften in allen Phasen seiner politischen Laufbahn. Alle, die ihm begegnet sind und alle, die über ihn geschrieben haben, sind sich darin einig, daß dies der Wortschatz ist, zu dem er Zuflucht nahm, wann immer die Autorität hinter seinen Befehlen und Entscheidungen in Frage stand. »Mein unbedingter Wille« ist das Konzept, auf dem die meisten seiner politischen Argumente gründeten und worin sie gipfelten, das *fiat*, das er nicht nur seinen Anhängern und Mitarbeitern, sondern dem gesamten deutschen Volk als eine mystische Gewähr für Erfolg darbot. An diesen »Willen« glaubte er zweifelsohne, diesen Glauben teilte – jedenfalls in den Jahren des Aufstiegs – die Mehrheit der Deutschen aller Schichten. Darüber berichtet Hans Frank ein Jahr vor seiner Hinrichtung (1946): » ... so wie man ... stillschweigend jene Zahl von Deutschen ausnehmen mußte, die sich trotz aller Erfolge und Leistungen Hitlers niemals irgendwie zu ihm bekannten – eine stattliche Millionenzahl sicherlich –, so muß man vom Begriff ›deutsches Volk‹ jene Zahl von Deutschen – auch eine stattliche Millionenzahl – ausnehmen, die sich nun trotz seiner Mißerfolge nicht von der Führertreue und Hitlerverbundenheit abbringen ließen.«[1]

Hitlers tödlicher Ernst, seine Zielbewußtheit und sein Engagement stammen alle von diesem Begriff »mein eherner Wille« her. Der Ursprung dieses Begriffs und seines Vokabulars bei Schopenhauer und Nietzsche ist ein Gemeinplatz der Geistesgeschichte. Gewiß, es ist sehr unwahrscheinlich, daß Hitler Schopenhauer in größerem Umfang gelesen hat (trotz seiner Behauptung, er habe in den Schützengräben die kleinen Bände gelesen und wiedergelesen, bis sie auseinanderfielen ...); bestimmt kannte er, zum Unterschied von Mussolini, auch von Nietzsches Werk kaum mehr als ein paar Schlagworte wie den »Willen zur Macht« und »nur wer gefährlich lebt, lebt ganz«[2]; und auch die paar Lehrsätze des Sozialdarwinismus entnahm er wohl lediglich den Broschüren, die in den Wiener Kaffeehäusern, Arbeiterherbergen und Leihbibliotheken auslagen: trotzdem ist es klar, daß er zur Zeit der Abfassung von *Mein Kampf* den persönlichen und politischen Wert dieses Vokabulars des »Willens« voll erkannt hatte und beschloß, es sich zu eigen zu machen. Konrad Heiden bemerkt, daß Hitler nach seiner Entlassung aus der »Ehrenhaft« in der Landsberger Festung aufhörte, die krokodillederne Reitpeitsche zu gebrauchen, die er in den Straßen des revolutionären Nachkriegs-München stets bei sich trug: die Gesinnung und das Vokabular, die zu jener Peitsche gehörten, blieben jedoch bis zum Ende unverändert. Wenn er je konstant war, dann in der Behauptung seines »unabänderlichen Willens«.

Wir sprechen von einem historischen Zeitraum, in dem – zumindest in Mitteleuropa – niemand, der die politische Macht nicht ererbt hatte, auf eine politische Karriere hoffen konnte, ohne für sich eine kohärente Weltanschauung in Anspruch zu nehmen. Einem Mann von Hitlers Herkunft und Ehrgeiz stand freilich mehr als nur *eine* Ideologie zu Gebote. Und wir dürfen vielleicht den frühen Kapiteln von ›Mein Kampf‹ glauben, wo er schreibt, er sei während seines Aufenthalts in Wien an der politischen Literatur des Sozialismus interessiert gewesen und habe auch den österreichischen Gewerkschaften, die zur damaligen Zeit die rührigsten in Mitteleuropa waren, keineswegs feindselig gegenübergestanden. Sehr bald jedoch (so behauptet er) habe er sich gegen jede Form des Sozialismus gewandt, wie er in den ihm bekannten Kreisen debattiert und praktiziert wurde. Warum eigentlich? War es wirklich, weil er »nach einem langen Seelenkampf« den Sozialismus und die Gewerkschaften als untrennbare Bestandteile der »jüdischen Weltverschwörung« »demaskiert« hatte? Doch zu der Zeit (so schreibt er) könne er sich nicht entsinnen, jemals Juden begegnet zu sein, obgleich wir wissen, daß seine Mutter von einem jüdischen Arzt in Linz operiert wurde, mit dem er selbst sich übrigens gut verstand. Seine Erklärung, daß er sich bald gegen den Sozialismus gewandt habe, weil sein »arischer Geist« sich instinktiv von allem »Jüdischen« abgestoßen fühle, kam erst viel später. Was ihn tatsächlich vom Sozialismus trennte, war die am zähesten behauptete und verzweifeltste aller gesellschaftlichen Haltungen: die kleinbürgerliche Furcht vor dem *déclassement,* das grundsätzlich Konservative und den Klassenstatus Erhaltende seiner Gesinnung. Was immer auch erfunden sein mag an dem Bild, das er von sich selbst zeichnete, wie er isoliert von seinen Kumpeln auf einer Baustelle saß und seine Flasche Milch trank – seine von dieser Furcht geprägte Einstellung war zweifelsohne echt. Was war seine Alternative? Wenn der Drang nach Selbstbestätigung und der fiebrige, verzehrende Machthunger, zusammen mit seiner Furcht vor dem sozialen Abgrund, dem ihn sein Versagen als »Künstler« ausgesetzt hatte, die dominierenden Motive seines frühen »Kampfes« waren, so bot ihm die »Ideologie des Willens« die einzige Alternative; und sein Griff nach ihr war tatsächlich »instinktiv«. Nicht um eine bewußte Wahl ging es hier, sondern um die wachsende Erkenntnis, daß diese Ideologie allein seinem innersten Bedürfnis entsprechen würde, da sie allein identisch war mit seinen innersten Antrieben.

Marxistische Sozialisten wie Rosa Luxemburg und Bert Brecht haben von der anstrengenden intellektuellen Disziplin, dem rigorosen Lernprozeß gesprochen, dem sie sich unterziehen mußten, um mit der Doktrin und ihrer Denkweise vertraut zu werden. Auch wenn Hitler in späteren Jahren damit großtat, alle fünfhundert Bände einer Wiener Leihbibliothek auf einen Satz gelesen zu haben, sprechen doch alle Anzeichen dafür, daß seine Studien kein sehr hohes intellektuelles Niveau erreichten, jedenfalls in dem Sinne, als sie – und das ist charakteristisch für ihn – unmittelbar und in jedem Fall zu sofortiger Bejahung oder sofortiger Ablehnung führten. Zu einer fortgesetzten kritischen Anstrengung, wie sie das Studium des Marxismus verlangt und die zumindest ein gewisses Maß an geistiger Offenheit und Selbstkritik erfordert, war er nicht fähig. Im Gegensatz dazu ist die »Ideologie des Willens« grundsätzlich und ausdrücklich aller rationalen Kritik feindlich und sieht in der interesselosen intellektuellen Offenheit nichts als einen Inbegriff der Schwäche. Ein antirationales und antikritisches Element kennzeichnet die Struktur jedes Voluntarismus. Auf unseren Fall angewandt: zwischen dem Mann und seiner Doktrin herrschte eine prästabilierte Harmonie.

Die Ideologie, die er zusammenbraute, war eine ausdrücklich persönliche Sache, die ihre Geltung von der Behauptung bezog, daß sie mit seinem Ich identisch sei – genauer gesagt, mit dem Bild, der *persona*, die er aus seinen Absichten formte und mit der er seine Ängste tarnte; und dieser Zuschnitt auf die *persona* ist einer der Gründe, warum am Ende seiner Karriere nichts blieb, was einer neuen Generation überliefert werden konnte. Und doch war es nicht eine zufällige Erfindung, sondern eine durchdachte und erfühlte Ideologie: ein Gefüge von Ideen mit dem Ziel, die politische Macht zu erringen und zu behalten, und von Praktiken, die im Licht der wechselnden politischen Lage taktisch modifiziert wurden. Seine »Weltanschauung« zeigte auffallende Ähnlichkeiten mit dem französischen und italienischen Faschismus einerseits und mit lokalen (deutschen und österreichischen) Vorläufern andererseits; zugleich aber besaß sie einen besonderen, erkennbaren Eigenstil. Ihre Elemente waren das intellektuelle Eigentum der Zeit: ein traditionell österreichischer, religiöser Antisemitismus, radikalisiert zu einer rassischen und gesellschaftlichen Doktrin, die mit dem Vokabular des Sozialdarwinismus argumentierte; schlechtverdaute Brokken von Schopenhauer, Nietzsche und Wagner, Houston Stewart Chamberlain und dem phantastischen Lanz von Liebenfels, dem Propagator von »Ostara«-Kult und Hakenkreuz; vielleicht auch ein wenig Le Bon, Gobineau und Sorel, sicher aus zweiter Hand – und all das (wobei Lagarde erst später dazukommt) in Hitlers Denken nach dem Ersten Weltkrieg wiederbelebt durch seinen Freund, den Poeten Dietrich Eckart. *»There is a tide in the affairs of men* – nimmt man die Flut wahr, führet sie zum Glück«: Hitlers Aufgabe zu Beginn seiner Laufbahn als Politiker bestand in der Radikalisierung dieser durchaus unoriginellen Mixtur nach der – durchaus originellen – Erkenntnis, daß nun eine Lage entstanden war, die eine solche Radikalisierung erlaubte und ihre Übersetzung aus Flugblättern und Broschüren in praktische Politik ermöglichte. Die *intellektuelle* Aufgabe (und es soll hier betont werden, daß es um eine solche ging, trotz seiner intellektuellen Schlampigkeit und seinem »artistischen« Temperament) bestand einmal darin, die Charakterzüge der Selbstbehauptung und Furcht, die ihn in die politische Arena trugen, zu einer Doktrin zu sublimieren. Sein Talent hingegen war es, diese Eigenschaften selbst in einer Form zu artikulieren, die öffentlich verständlich war, zugleich aber die Merkmale eines leidenschaftlichen *persönlichen* Engagements voll ausbeutete. Der Nationalsozialismus war *seine* Schöpfung. Er bot der Welt der zwanziger Jahre das Bild einer »Bewegung«, in der öffentliche und politische Tugenden privatisiert und personalisiert wurden, während ihre tagtägliche Praxis auf das Gegenteil zielte, auf eine Politisierung aller Werte, die privatesten und persönlichsten inbegriffen: dies ist die formale Struktur der Ideologie, die er sich zusammenbraute. In verschiedenen wichtigen Aspekten war sie umfassender als jede andere Tyrannei in der Geschichte; sie war eins mit den Erzeugnissen von Kafkas prophetischer Vorstellungsgabe: die Vision eines einzelnen Menschen wird zu einem Gesetz erhoben, das für alle Menschen gilt, private Willkür zu einem System politischer und ethischer Regeln: »Du hattest Dich allein durch eigene Kraft so hoch hinaufgearbeitet«, schreibt Kafka in seinem berühmten *Brief an den Vater*[3], der seinen biographischen Anlaß so ungeheuerlich, so unvergleichlich übersteigt und somit zur literarischen Repräsentation bringt, »infolgedessen hattest Du unbeschränktes Vertrauen zu Deiner Meinung ... In Deinem Lehnstuhl regiertest Du die Welt. Deine Meinung war richtig, jede andere war verrückt, überspannt, meschugge, nicht normal. Dabei war Dein Selbstvertrauen so groß, daß Du gar nicht konsequent sein mußtest und doch nicht aufhörtest recht zu haben. Es konnte auch vorkommen, daß Du in einer Sache gar keine Meinung hattest und infolgedessen alle Meinungen, die hinsichtlich der Sache überhaupt möglich waren, ohne Ausnahme falsch sein mußten. Du konntest zum Beispiel auf die Tschechen schimpfen, dann auf die Deutschen, dann auf die Juden, und zwar nicht nur in Auswahl, sondern in jeder Hinsicht, und schließlich blieb niemand mehr übrig außer Dir. Du bekamst für mich das Rätselhafte, das alle Tyrannen haben, deren Recht auf der Person, nicht auf dem Denken begründet ist.«

Dies ist das Recht, das Hitler in der geschwollenen Diktion von *Mein Kampf* in Anspruch nimmt: »Hier muß aus dem Heer von oft Millionen Menschen, die im einzelnen mehr oder weniger klar und bestimmt diese Wahrheiten ahnen, zum Teil vielleicht begreifen, einer hervortreten, um mit apodiktischer Kraft aus der schwankenden Vorstellungswelt der breiten Masse granitene Grundsätze zu formen und so lange den Kampf für ihre alleinige Richtigkeit aufzunehmen, bis sich aus dem Wellenspiel einer freien Gedankenwelt ein eherner Fels glaubens- und willensmäßiger Verbundenheit erhebt. Das allgemeine Recht zu einer solchen Handlung liegt begründet in ihrer Notwendigkeit, das persönliche Recht im Erfolg.«[4]

Kafkas Vorwegnahmen sind sicherlich überraschend, auch wenn wir seinem Werk nicht (wie dies viele mystifizierende Kritiker getan haben) allen Realismus absprechen. Doch wir müssen hinzufügen, daß es bei Kafka um Ahnungen, nicht um Prophetien geht. Er gibt uns kein Wort der Warnung oder des Rates, *wie* wir dem solipsistischen Bösen widerstehen sollen, das er so deutlich erkennt. Etwas von Kafkas erstarrter, selbstmörderischer Passivität gehört auch zur Welt Hitlers.

Wenn jede der Überzeugungen, die man Hitler zugeschrieben hat, sich als unwahr herausstellen sollte, an seinem Glauben an »den Willen« kann kein Zweifel bestehen. Nach den Maßstäben dieser chimärenhaften Überzeugung wählte er seine Helfershelfer, seine militärischen und politischen Führer. Dies galt für alle Zeiten und alle Situationen, doch boten die letzten Jahre des Zweiten Weltkriegs einige der bezeichnendsten Beispiele dieser Überzeugung.

Angesichts der beinahe vollkommenen Einkreisung der Stalingrad-Armee sagte er zu Zeitzler, seinem Generalstabschef, gegen Ende Dezember 1942: »Stalingrad muß einfach gehalten werden. Es muß. Es ist eine Schlüsselposition.«[5] Vierundzwanzig Stunden später hieß es nach Görings Zusicherung der vollständigen Versorgung der Truppen aus der Luft (alles, was zu den Soldaten gelangte, waren Präservative und Flugblätter, in denen die unmittelbar bevorstehende Niederlage der russischen Streitkräfte angekündigt wurde) und in der vollkommenen Gewißheit, daß ohne Rückzugsgenehmigung für die Sechste Armee und ihre Hilfstruppen das Schicksal von einer Viertelmillion Männer besiegelt war: »Dann ist Stalingrad zu halten! Es ist unsinnig, weiter von einem Ausbruch der 6. Armee zu sprechen. Sie würde alle ihre schweren Waffen verlieren und keine Kampfkraft mehr haben. Die 6. Armee bleibt in Stalingrad!« Und über Feldmarschall von Kluges Unvermögen, den Vormarsch der Dritten Armee unter General Patton (15. August 1944) aufzuhalten: »Der Erfolg kam nur deshalb nicht, weil Kluge den Erfolg nicht wollte!«[6] Wenige Tage später, während einer der ungezählten Beratungen mit seinen Generälen (die am Ritual dieser endlosen »Lagebesprechungen« unterwürfig teilnahmen, in deren Verlauf sie sich kaum je Hitlers unrealistischsten Schätzungen oder seinen phantastischsten Plänen zu widersetzen wagten): »Meine Aufgabe ist es, besonders seit dem Jahre 1941, unter allen Umständen nicht die Nerven zu verlieren, sondern wenn irgendwo ein Zusammenbruch ist, immer wieder Auswege und Hilfsmittel zu finden, um die Geschichte irgendwie zu reparieren ... «[7] Und noch einmal mit seiner charakteristischen Mischung aus »unabänderlicher Entschlossenheit« und Selbstmitleid: »Ich bin seit fünf Jahren von der übrigen Welt abgeschieden: ich habe kein Theater besucht, kein Konzert gehört, keinen Film mehr gesehen. Ich lebe nur der einzigen Aufgabe, diesen Kampf zu führen, weil ich weiß: wenn nicht eine eiserne Willensnatur dahintersitzt, kann der Kampf nicht gewonnen werden ... «[8]

Und nach der ersten Ardennenoffensive vom 18. Dezember 1944, in einem Ausbruch, der kennzeichnend ist für die kraß persönliche Art, in der er alle strategischen und politischen Fragen entschied: »Etwas, meine Herren, muß ich noch betonen. Ich stehe jetzt seit elf Jahren in diesem Geschäft und habe seit elf Jahren noch nie gehört, daß mir jemand gemeldet hat: Jetzt sind wir völlig fertig ... denn wir sind in keiner anderen Lage als der Russe von 1941 zu 1942 ... es handelt sich nur darum, ob Deutschland bestehenbleiben will oder ob es vernichtet wird ... Für mich ist also die Situation, in der wir uns heute befinden, nichts Neues. Die Situation war für mich einst eine ganz andere, viel schlimmere. Ich sage das nur, damit Sie ermessen, warum ich mit einem solchen Fanatismus mein Ziel verfolge und warum mich nichts mürbe machen kann.«[9]

Was sollen diese verbalen Ausbrüche? Sind sie mehr als hektische Behauptungen ohne Substanz, mehr als hysterische, häufig kindische Beschwörungen? Noch eine abgenutzte Schallplatte, voller Kratzer und Nebengeräusche, die man sich in den eigenen vier Wänden anhört, vermag die ganze rhetorische Gewalt seiner Reden zu vermitteln. Man braucht nur der erstaunlichen Energie, dem zügellosen Pathos zuzuhören, mit dem Hitler seine erste Kriegsrede schließt (1. September 1939):

»Wenn wir diese Gemeinschaft bilden, eng verschworen, zu allem entschlossen, niemals gewillt zu kapitulieren, dann wird unser Wille jeder Not Herr werden. Ich schließe mit dem Bekenntnis, das ich einst aussprach, als ich den Kampf um die Macht im Reich begann:

Damals sagte ich: Wenn unser Wille so stark ist, daß keine Not ihn mehr zu zwingen vermag, dann wird unser Wille und unser deutscher Staat auch die Not zerbrechen und besiegen!«[10]

Man braucht nur auf jenen Ton der Hingabe an die Gewaltsamkeit zu achten, mit dem »unser Wille« wiederholt und jedesmal dem leidenschaftlichen Steigen und Fallen von »Not« entgegengesetzt wird (einem Wort, das wie »Bekenntnis« randvoll ist von religiösen Assoziationen[11]), man braucht nur mit einem Minimum an Einfühlung der liturgisch anschwellenden Note jenes »niemals« zu folgen, um zu der Einsicht zu gelangen, daß echt ist, was echt klingt, und daß die ganze Sequenz eine vollkommene Überzeugung vermittelt und des Redners Engagement an die Sache, die er mit seinem Publikum teilt, voll und uneingeschränkt zum Ausdruck bringt. Wie die gesamte Rede wird auch der Abschluß von den beiden Leitmotiven »Wille« und »Not« beherrscht. Geschrieben ist das kaum mehr als eine verbale Tautologie.

Die reale Gewalt dieser Rhetorik, wie die Gewalt aller Reden Hitlers, stammt jedoch aus der sicheren Erwartung des Verstandenwerdens – verstanden im Sinne der Ideologie, zu der dieses Vokabular gehört, verstanden sogar von denen, die ihr zuweilen kritisch gegenüberstehen. Und dieser Rapport kann – Hitler weiß das genau – nur erreicht werden durch das *gesprochene* Wort[12]. Um sicherzugehen, vermeidet die Rede jegliche größere Variationen – ja, sie ist ihrer unfähig. Sie ist emphatisch und vehement ohne die komplexen histrionischen Wirkungen einer Goebbels-Rede (Goebbels gilt beim »Volk« als Intellektueller); die Intonation, von der ich sprach, beschränkt sich auf eine geringe Reihe von Tönen, und die eigentlichen rhetorischen Mittel zielen auf eine Wirkung, die ans Monotone grenzt. Doch auch dieser allgemeine Effekt hilft dabei, den Eindruck von Aufrichtigkeit zu schaffen und zu erhalten, den Eindruck der authentischen »Stimme des Volkes«, die sagt, was alle sagen wollen, in einer Art und Weise, die allen vertraut ist und von allen geteilt wird.

Es gibt natürlich weitere, vielleicht auch subtilere Möglichkeiten der Übermittlung dieser Ideologie. Eine davon besteht in dem häufigen Gebrauch, den Hitler in seinen öffentlichen Reden wie in seinen aufgezeichneten Gesprächen von dem einfachen Wort »ruhig« macht. Es ist wohl zu gewöhnlich und unscheinbar, um vom Redner bewußt gewählt zu sein. Seine primäre lexikalische Bedeutung zeigt wenig oder nichts von seiner besonderen Kraft. In Wendungen wie »ich kann ruhig behaupten, daß ... «, »so habe ich mich ruhig entschlossen ...«, oder in einem anderen Zusammenhang, »sie sollen ruhig einmal versuchen ... « verrät das Wörtchen mehr als ruhige Sicherheit, mehr als die besonders zynische Sicherheit einer unangreifbaren Machtposition: es verrät die Stärke eines aggressiven, allumfassenden, unerschütterlichen Willens.

Hitlers Vertrauen in die eigene Fähigkeit, seinen »Willen« zu gebrauchen, um Einzelpersonen während einer persönlichen Begegnung umzustimmen, ist oft beschrieben worden. Daß er dieses Vertrauen bis zum Ende behielt, wird von einer seiner Privatsekretärinnen bezeugt, die für ihn während der ganzen zwölf Jahre seiner Herrschaft arbeitete. Sie beschreibt eine Szene im März 1945, als Gauleiter Forster aus Danzig nach Berlin kam, um mit Hitler zu sprechen (Forster selbst war, wie wir aus seinen öffentlichen Reden und aus den Erinnerungen Rauschnings wissen, nicht weniger hart als seine Kollegen): »Er kam durch mein Büro, völlig verzweifelt über die Ereignisse. Er eröffnete mir, daß 1100 russische Panzer vor Danzig ständen, denen die Wehrmacht alles in allem nur vier Tiger entgegenzusetzen hätte, die dazu nicht einmal über den nötigen Brennstoff verfügten. Forster war entschlossen, mit seiner Auffassung nicht zurückzuhalten und Hitler die ganze unheilvolle Wirklichkeit der Lage vorzustellen ... ›Darauf können Sie sich verlassen, ich sage ihm alles, selbst auf die Gefahr hin, daß er mich rausschmeißt.‹ Wie groß war meine Überraschung, als er nach seiner Unterredung mit Hitler völlig verwandelt zurückkehrte. ›Der Führer hat mir für Danzig neue Divisionen versprochen‹, sagte er. Auf mein skeptisches Lächeln erwiderte er: ›Freilich, ich wüßte nicht, woher er sie nehmen soll. Aber er hat mir erklärt, daß er Danzig retten wird, und da gibt's nichts mehr zu zweifeln.‹ Ich war wahrhaftig enttäuscht von Forsters Worten ... es war unzweifelhaft Hitlers verhängnisvolle Suggestivkraft, die auf ihn gewirkt hatte.«[13]

Doch dies war nicht nur die Reaktion eines Parteibonzen, es gab auch Soldaten, die gleichermaßen beeindruckt sein konnten. Im selben Monat, März 1945, fand sich Feldmarschall Ernst Busch (der als ein seriöser Berufsoffizier der alten Schule bezeichnet wird) im Bunker unter der Reichskanzlei ein, »in verschmierter Felduniform, zermürbt, verärgert und aufgebracht, ... um ihm [Hitler] endlich einmal unverblümt ›die Meinung‹ zu sagen«[14]. Eine Stunde zuvor hatte Busch seine Truppen weit im Westen der Oder verlassen und die verzweifelte Situation ihres Rückzugs gesehen – Truppen, deren einziges Ziel es nun war, die Sicherheit eines amerikanischen Kriegsgefangenenlagers zu erreichen. Doch auch Busch kam aus dem Gespräch mit der Gewißheit, daß nun die (vermutlich geheimen) Mittel, die ihm Hitler beschrieben hatte, angewandt werden würden, und in der Überzeugung, daß der deutsche Endsieg nur noch eine Frage der Zeit sei.

Derartige dramatische Begegnungen sind häufig als Beispiele für Hitlers charismatische Psyche angeführt worden. Aber auch Autoren, die seiner Karriere feindlich gegenüberstanden, scheinen an diese okkulten Kräfte geglaubt zu haben, und die Überzeugung, daß er mit dämonischen oder satanischen Kräften im Bunde gestanden habe, ist in der Literatur auch heute noch anzutreffen. Ausgangspunkt dieser extravaganten Deutung sind die zwanziger Jahre in Deutschland, mit ihren zahlreichen apokalyptischen Sekten und Chiliasmen, von denen die meisten auf Fehldeutungen Dostojewskijs beruhten. Künstler und Intellektuelle, die ohnehin nicht zögerten, das traditionell fatalistische Geschichtsbild zu perpetuieren und die Rolle der Verunft in der zeitgenössischen Politik zu bespötteln, nahmen diese Dämonologie mit Begeisterung auf. In dieser Atmosphäre wurde der

Begriff »Vernunftrepublikaner« geprägt, um die Haltung derjenigen zu bezeichnen, welche die Republik »lediglich« aus Gründen der Vernunft unterstützten, ohne sich ihr mit dem Gefühl, »mit Herz und Seele« zu verpflichten. In einer Kultur, die beherrscht wurde von der Idee der »totalen« Verpflichtung als höchstem Wert, mußte alles, was weniger total und weniger absolut war, als unzulänglich und provisorisch abgetan werden.

8. »Denn es gibt keinen Willen ...«

Thomas Mann war einer von den Intellektuellen, die dank ihrem Spürsinn diese absolutistische Erwartung der deutschen Politik früh verstanden und kritisierten und die Gefahren des charismatischen Führerprinzips erkannten. Seine Novelle ›Mario und der Zauberer‹ (1930)[1] beschreibt die Labilität des liberalen Geistes im Griff des demagogischen Willens und zugleich sein ambivalentes Verhältnis zu den Massen – sie beschreibt all dies mit größerer Genauigkeit und Eindringlichkeit als irgendein anderes Prosawerk jener Zeit. Und doch wird auch hier, in einer Geschichte, die einen deutlich antifaschistischen Charakter trägt, die Analyse verkürzt durch eine überraschende Unklarheit.

Die Geschichte spielt in einem Badeort im Italien Mussolinis, doch verweist die treffend geschilderte Atmosphäre von Fremdenfeindlichkeit, provinziellem Chauvinismus und Massenhysterie unverkennbar auf Hitlers München. Es geht um eine »magische« Abendunterhaltung; die Geschichte wird von einem Erzähler berichtet, der trotz seiner Distanz zu den absurden und erschreckenden Geschehnissen beinahe ebenso ihr Opfer wird wie seine minder gebildeten Mitzuschauer. Angeführt wird die Vorstellung von dem *artiste* Cipolla: »Ein Mann schwer bestimmbaren Alters, aber keineswegs mehr jung, mit scharfem, zerrüttetem Gesicht, stechenden Augen, faltig verschlossenem Munde, kleinem, schwarz gewichstem Schnurrbärtchen und einer sogenannten Fliege in der Vertiefung zwischen Unterlippe und Kinn ... Cipolla hatte in seinem Gesamthabitus viel von diesem historischen Schlage, und der Eindruck reklamehafter und phantastischer Narretei, die zum Bilde gehört, wurde schon dadurch erweckt, daß die anspruchsvolle Kleidung ihm sonderbar, hier falsch gestrafft und dort in falschen Falten, am Leibe saß oder gleichsam daran aufgehängt war: Irgend etwas war mit seiner Figur nicht in Ordnung, vorn nicht und hinten nicht –, später wurde das deutlicher. Aber ich muß betonen, daß von persönlicher Scherzhaftigkeit oder gar Clownerie in seiner Haltung, seinen Mienen, seinem Benehmen, nicht im geringsten die Rede sein konnte ... «

Cipolla, der klassisch Nietzsche-Freudsche Typus des »Schlechtweggekommenen«, der durch seine »Kunst« seine vitalen und emotionalen Bedürfnisse zu kompensieren sucht, ist ein fahrender Zauberer und »wissenschaftlicher Hypnotiker«. Allmählich gelingt es ihm, ein Publikum in die Hände zu bekommen und zu dominieren, das sich aus italienischen und ausländischen Sommergästen und der Lokalbevölkerung von Wirten, Kellnern und Fischern zusammensetzt. Im Verlauf des Abends werden die meisten von ihnen, auch ein römischer Aristokrat, in die Vorführung einbezogen. Den einen läßt Cipolla tanzen, ein anderer wird in eine steife Mumie verwandelt und ein dritter verwechselt den Zauberer mit seiner eigenen Freundin und drückt ihm einen Kuß auf die schweißnasse, aschgraue Wange. Auf dem Höhepunkt der Saturnalien ist die Bühne voll von willenlosen Marionetten, die tanzend, schielend, verdreht, stotternd von den Schnüren des Magiers manipuliert werden, bis er sie plötzlich mit einem Knall seiner Reitpeitsche freisetzt. Der Bereitwilligkeit, mit der sie sich ihm zur Verfügung stellen, entspricht die beinahe sexuelle Befriedigung, die ihm die Ausübung seiner Willenskraft bereitet. Der charismatische Führer nimmt hier Anstrengungen auf sich, die Hans Frank bei Hitlers Auftritten auf den Nürnberger Parteitagen so beschreibt: »Er gab aber auch sein letztes an Kraft, um die ungeheuerlichen Strapazen dieser Tage zu bestehen.«[2] Cipollas endloses Gerede (*parla benissimo* sagen die Italiener voll Bewunderung), sein emotionales Bedürfnis nach dem »Volk« und sein Selbstmitleid darüber, daß er mit seinen Opfern zu leiden und ihre Schande auf sich zu nehmen hat (*qui tollit peccata mundi*) – all diese genau formulierten Einsichten (»Befehlen und Gehorchen, sie bildeten zusammen nur ein Prinzip, eine unauflösliche Einheit ... der eine Gedanke sei in dem anderen einbegriffen, wie Volk und Führer ... «) erleuchten die komplexe psychologische und soziale Situation sowohl auf der Ebene der Handlung selbst als auch im Sinne der historischen Allegorie. Und so ist es auch mit der Ermordung, mit der die Geschichte schließt. Wie in einer Höllenszene von Hieronymus Bosch dient das Groteske der dichterischen Wahrheit. Und doch geht ein ganz feiner Riß durch die Geschichte.

Einige wenige Angehörige des Publikums, unter ihnen der Herr aus Rom, widersetzen sich mit größter innerer Anstrengung den Forderungen des Magiers. Doch auch sie, so lesen wir, werden einem Willen unterworfen, dem sie nicht standhalten können – und zwar im gleichen Maße wie die anderen, die bereitwillig den immer erniedrigenderen Befehlen gehorchen. In der Tat, was Cipolla seinen Versuchskaninchen suggeriert (und auch der Erzähler bestätigt es in eigener Person) ist, daß sie überhaupt keinen eigenen Willen haben: alles, was *sie* tun können, ist, *nicht* zu wollen, was er von ihnen verlangt; und (wieder bestätigt der Erzähler diesen Sophismus) es ist nur ein kleiner Schritt vom »nicht wollen« zum »überhaupt nichts mehr wollen«, und daher zu dem, was *er* – der Zauberer – von ihnen will ... Nun ist aber allgemein bekannt, daß Hypnose nie zu gänzlich heterogenem Handeln führen kann. Sie vermag nicht mehr, als vermittelnde Situationen zu »suggerieren«, in denen das Subjekt genötigt wird, etwas zu tun, was es normalerweise ablehnen würde – doch nur, wenn es »prädisponiert« ist, das heißt hypnotisch über den wahren Charakter der Situation getäuscht wird. (Ein Beispiel: jemand wird dazu gebracht, einen anderen zu erschießen, wenn man ihm suggestiv einredet, er sei im Dschungel und werde von einem Tiger bedroht.) Thomas Mann bezieht sich hier unmittelbar auf den Schopenhauerschen Sophismus, demzufolge »etwas nicht wollen« heißt: »überhaupt nichts mehr wollen«. Daher insistiert er auf einem unvermittelten Antagonismus, einem frontalen Zusammenstoß zweier Willen. Das ist wohl dramatischer, als es in Wirklichkeit wäre, doch dabei wird mehr als zweifelhaft, ob in einer solchen Situation, wo »du mußt dies tun« eine vollkommen uncharakteristische Handlung darstellt und mit einem »ich will nicht« zusammenprallt, hypnotische Wirkungen der beschriebenen radikalen, das Ich ganz und gar verneinenden Art sich entfalten können. Auf der allegorisierten Ebene hieße das dann, daß in einer solchen Situation keine normalen (soll heißen: demokratischen), sondern nur katastrophale Mittel, nur Gewalttaten Abhilfe schaffen können.

Einfache Landleute und ein paar Gebildetere sehen sich einem dämonischen, angeblich unwiderstehlichen Willen ausgeliefert, dessen Forderungen ihrer Moral zuwiderlaufen. (In der schmutzigen Wirklichkeit des Bürgerbräukellers war es durchaus nicht der »magische Wille« des »Führers«, sondern die Schlagringe und bleigefüllten Gummiknüppel der SA, die jeden etwaigen Gegner zum Schweigen brachten ...) Somit impliziert die Geschichte in gewisser Hinsicht das Gegenteil dessen, was Thomas Mann beabsichtigt hatte: die völlige Machtlosigkeit der Zuhörer in den Händen des »magischen Demagogen«, ihre uneingeschränkte Hinnahme seines Anspruchs, ein Zauberer zu sein. Und die politischen Implikationen *dessen*, betreffend Fatalismus und persönliche Verantwortlichkeit, sind erschreckend klar.

Von größerer politischer Bedeutung als Hitlers angeblich hypnotische Kraft war seine ganz und gar realistische Erwartung, von den Massen verstanden zu werden und dieses Verstehen politisch ausbeuten zu können. Ein gutes Beispiel dafür findet sich in seiner letzten Rundfunkrede vom 30. Januar 1945. Zur Ideologie selbst bringt diese Rede nichts wesentlich Neues, aber sie legt die Basis frei, die von seiner Ideologie mitgeschaffen worden ist und von der aus er fünfundzwanzig Jahre lang operieren konnte. Die Schlußpassage erinnert an das Vokabular jener ersten Kriegsrede, die ich bereits erwähnt habe: »Indem wir eine so verschworene Gemeinschaft bilden, können wir mit Recht vor den Allmächtigen treten und ihn um seine Gnade und seinen Segen bitten. Denn mehr kann ein Volk nicht tun, als daß jeder, der kämpfen kann, kämpft und jeder, der arbeiten kann, arbeitet und alle gemeinsam opfern, nur von dem einen Gedanken erfüllt, die Freiheit, die nationale Ehre und damit die Zukunft des Lebens sicherzustellen. Wie schwer auch die Krise im Augenblick sein mag, sie wird durch unseren unabänderlichen Willen, durch unsere Opferbereitschaft und durch unsere Fähigkeiten am Ende trotzdem gemeistert werden.«[3]

Die Erwartung, die hier ausgesprochen wird, richtet sich nicht nur auf passives Verstehen und Zustimmung, sondern auf eine volksweite »geheime« Verschwörung. Darüber hinaus scheint das Verständnis, das er anspricht, zwischen »unserem unabänderlichen Willen« und »unserer Opferbereitschaft« zu unterscheiden – zwischen dem »Willen« und seinen Mitteln. Aber nehmen wir die Rhetorik hier nicht zu ernst? Sind diese

Worte nicht nur eine Reihe von Klischees, unreflektiert hingeworfen? So mag es scheinen. Und doch ist diese Unterscheidung zwischen dem »Willen« und seinen Mitteln nicht zufällig. Am 20. Mai 1943 überschüttet Hitler (wie so häufig) seine Generäle mit Vorwürfen, weil sie das Unmögliche nicht zustande bringen. Als sie ihm mitteilen, daß die Division »Hermann Göring« nicht rechtzeitig von Sizilien aufs Festland verlegt werden kann, um der alliierten Landung zuvorzukommen, tobt er: »Die Fähren sind gar nicht das Entscheidende, sondern das Entscheidende ist der Wille.«[4]

Vielleicht braucht hier nicht erst erwähnt zu werden, daß diese Ideologie auch Hitlers Staatsauffassung und sein Geschichtsbild bestimmt. Der Staat (so lesen wir in einem Memorandum des Innenministeriums von 1935) sei nicht länger ein rechtliches Gebilde, das von mehreren »Willensbildnern« geleitet wird, er sei zum »Führerstaat« geworden, der von »einem Willen allein« regiert werde – einem Willen, der »das Gesetz ist« und in diesem Sinne alle anderen Gesetze überflüssig macht. Das Prinzip des »Führerwillens« (so argumentiert Hans Frank in einer Rede vor der »Akademie für deutsches Recht« am 18. Juni 1938) ersetze eine »formale, geschriebene Verfassung«[5]. Hitlers Bewunderung für Friedrich den Großen (dessen Porträt bis zuletzt in seinem Bunker hing und dessen »Endsieg« er seiner »Seelenstärke« zuschrieb), seine Bewunderung für Mussolini, für Stalin und – *dans cette galère* – für Lloyd George, rührte daher, daß er sie als »Willensmenschen« verstand, als »Fanatiker des Willens« – wie denn auch seine Verachtung für die westlichen Demokratien seinen Verhandlungen mit den »willensschwachen«, »dekadenten« Politikern entsprang.

»Der Wille« scheint also für Hitler das zu sein, was er für Schopenhauer und Nietzsche (und auch für die deutsche Volksmythologie im Zweiten Reich) war: das Werkzeug eines Gesetzes der Natur und der Geschichte, ein allumfassendes metaphysisches Prinzip – kurz: Schöpfer der Welt. Zweifellos ist dies die Mythologie, deren Sprache er gebraucht und an die er uneingeschränkt appelliert. Und zahlreiche Historiker, nicht nur in Deutschland, haben Hitlers Behauptung (an deren Aufrichtigkeit kein Zweifel besteht) akzeptiert, daß sein überlegener »Wille« der Schlüssel zu seinem Erfolg sei. Sogar Alan Bullock, dem man kaum nachsagen kann, daß er zum Hitlermythos beitragen wollte, nennt »die Stärke des Willens, die hinter all seinem Zögern, seinem Opportunismus und den Temperamentsausbrüchen steht«, einen Aspekt von Hitlers »ungewöhnlich konsistenter Zielstrebigkeit«[6]. Bevor wir jedoch diese Deutung akzeptieren, wollen wir uns fragen, ob sie überhaupt sinnvoll ist.

Kant, dessen Ansichten über diese Dinge wesentlich einfacher sind, als manche seiner Interpreten meinen, gründet seine Deduktion des kategorischen Imperativs auf eine durch und durch realistische Beschreibung dessen, was wir tun, wenn wir in einer konkreten Situation unseren »Willen« gebrauchen. Weit davon entfernt, irgendein abstraktes kosmisches Prinzip daraus zu machen, sieht er den Willen als eine Geistes- und Gemütsverfassung, die es einem Menschen ermöglicht, ein bestimmtes Ziel zu erreichen. Genauer: der Wille ist die Fähigkeit, sich nicht nur dieses Ziel vorzustellen, sondern auch die Mittel abzuschätzen und zu wählen, mit denen es erreicht werden kann. Eine Erwägung dieser Mittel – mit dem Augenmerk auf ihre Angemessenheit – stellt für Kant nicht die Funktion irgendeiner *anderen* menschlichen Fähigkeit im Gefolge des Willens dar, wodurch der Wille irgendeinen »reinen« transzendentalen Rang für sich selbst erhielte. Im Gegenteil: alle diese Erwägungen bilden einen unabtrennbaren Teil der Ausübung unseres Willens. (Auch was Kant den »reinen Willen« nennt, enthält immer noch eine Wahl der Mittel, wenngleich es hier um Mittel besonderer Art geht.) So eindeutig besteht Kant auf der unteilbaren Natur dieses Wollens, daß er den Satz, der sie als solche definiert, als analytisch bezeichnet: »Wer den Zweck will, will (sofern die Vernunft auf seine Handlungen entscheidenden Einfluß hat) auch das dazu unentbehrlich nothwendige Mittel, das in seiner Gewalt ist. Dieser Satz ist, was das Wollen betrifft, analytisch ...«[7]

Es ist klar – ja, es ist der reinste Gemeinplatz –, daß der Ursprung der »Ideologie des Willens« jedenfalls nicht in Kants Schriften zu suchen ist. Doch ist es nicht ebenso klar, daß dieser Ursprung bei Nietzsche liegt, in seinen notorischen Spekulationen über den »Willen zur Macht«? Schließlich haben ja die meisten Bücher, die Nietzsche selbst veröffentlichte, und alle seine im Nachlaß gesammelten Aufzeichnungen etwas über dieses Thema zu sagen, dergestalt, daß man den größeren Teil seines Werks *sub specie voluntatis* zusammenfassen könnte. Auch stimmt gewiß, daß Nietzsche häufig so argumentiert, als sei »der Wille« genauso ein abstraktes, von seinen Mitteln unabhängiges metaphysisches Prinzip, wie es in Hitlers Rhetorik impliziert ist: ein *agens immobile,* das hinter der empirischen Welt steht und die menschlichen Handlungen in der Welt erklärt, etwa wie Hegels »Geist«, dessen Realisierung die universale Geschichte der Menschheit ist (mit der wichtigen Einschränkung, die weder für Schopenhauer noch für Nietzsche gilt, daß bei Hegel ein *sittlicher* Wert, nämlich »das Recht«, das *sine qua non* dieser Verwirklichungen des »Geistes« in der Welt ist[8]). Gewiß gibt es viele Stellen in Nietzsches Werk, wo das Schopenhauersche System des kosmischen »Willens« einfach mit umgekehrtem Vorzeichen übernommen wird: wo also Schopenhauers Verneinung in eine (gelegentlich fast hysterische) Bejahung umgeändert wird. Doch es geht Nietzsche um mehr als um eine bloße Aufwertung: nicht umsonst sehen wir in ihm den kritischsten der modernen Philosophen.

Diese kritische Ader eben fehlt in Schopenhauers Werk – jedenfalls in bezug auf den zentralen Begriff seines Systems. In seiner systematischen Darstellung ist der Wille *das* universale Prinzip, das – logisch und auch in der Zeit – der menschlichen und der natürlichen Welt vorausgeht: die Welt und alles in ihr sind seine »Objektivationen«; er kann weder durch Vernunft festgestellt noch durch wissenschaftlichen Verstand bewiesen werden, da er ja der Vernunft und dem Verstand vorausgeht und das Beweisen als solches (angeblich) nur in der objektivierten Welt möglich ist, während »der Wille« als Grundlage und als Ursprung dieser Welt postuliert wird.

Der Wille ist undefinierbar: ihn definieren hieße, ihn dem Verstand, seinem Knecht, unterordnen ... Was hier wie ein Stück abstrakter Wortspalterei aussieht, ist ein Sophismus mit unabsehbaren Folgen. Von Schopenhauer wird er an Nietzsche weitergereicht, von Nietzsche an Rosenberg und an den Ernst Jünger der zwanziger Jahre[9], an Gottfried Benn in den frühen Dreißigern und von dort an Hinz und Kunz in deutschen und österreichischen Landen. Er nimmt syllogistische Form an:

(1) Man setze X als den »intelligiblen Charakter« oder »Willen« des Menschen (nach Schopenhauer), als seinen »Willen zur Macht« (nach Nietzsche) und später (nach Rosenberg und Ernst Jünger) als sein »Blut« oder was immer als Urgrund des menschlichen Wesens postuliert wird;

(2) man setze Y als Verstand oder analytische Vernunft oder als Kritik, später dann (in der Parteisprache) als »kritisches Meckern« – kurz, was immer als bläßlich und degeneriert empfunden wird;

(3) dann muß jeder Versuch, X durch Y zu definieren, scheitern, denn X ist ja (angeblich) Basis, Wurzel, Ursprung oder Urgrund von Y – und wer wollte je das Ur- und Grundsätzliche mittels des Abgeleiteten, also das Primäre durch das Sekundäre definieren! (Der Fehlschluß kommt vom Begriff der falschen Konkretisierung, als hätten X und Y unterschiedlichen Tiefgang.)

Doch zurück zu Schopenhauer: auch wenn sein Hauptwerk *Die Welt als Wille und Vorstellung,* besonders im zweiten Band, sich in Erläuterungen und Folgerungen aus dieser Erkenntnis *a priori* ergeht, so ist die Erkenntnis selbst – »die Welt ist mein Wille« – absolut und uneingeschränkt. Und dies muß so sein, sagt Schopenhauer, auch wenn in dieser Welt ein Verständnis dieses Satzes nicht zu erlangen ist; denn die Welt, die »Wille durch und durch« ist, kann als solche nur vom besonderen Gesichtspunkt der »Welt als Vorstellung« begriffen werden. In dem Maß, als wir uns ihrer vollsten ideellen Erfassung nähern, wird die Welt uns immer fremder – dem, was wir »sind und vorstellen« und wonach wir als gesellschaftliche und politische Wesen streben. »Die Welt als Vorstellung«, sagt Schopenhauer, ist die Heimstätte des Philosophen, des Künstlers und des Heiligen; diese »Welt als Vorstellung«, so lehrt die Geschichte, ist Heimstätte frustrierter, »unpolitischer« Intellektueller.

Und wieder zu Nietzsche: es gibt Stellen, wo er Schopenhauers Darstellung des Willens akzeptiert und sie lediglich weiter ausführt. Seine Umwertung der Schopenhauerschen Verneinung ist an sich noch keine Kritik des Systems oder der aus ihm abgeleiteten Eschatologie. Jedoch ist Nietzsche, zum Unterschied von Schopenhauer, kein Systembauer. Schon die Form seiner Äußerungen – von den kürzesten Aphorismen und Sätzen zu erweiterten Reflexionen und kurzen Aufsätzen – bezeugt eine unvergleichliche intellektuelle Energie, die keine Rast kennt. Die von ihm bevorzugten Gattungen haben zwar auch ihre Nachteile, als Waffen einer antisystematischen, antiideologischen Kritik sind sie jedoch unübertroffen. Kaum hat Nietzsche sich eine durchgehende Forschungsmethode zu eigen gemacht, schickt er sich an, sie in Frage zu stellen und zu kritisieren, mit dem Verdacht, daß jede »Wahrheit« nur eine bequeme Ausflucht sei: er unterwirft alle Meinungen, samt seiner eigenen, seinem »bösen Blick«, den schärfsten Zweifeln, deren er fähig ist. Und dies betrifft auch die letzte Phase seines Philosophierens. In diesen letzten Jahren und Monaten schreibt er jene Reflexionen und Notizen nieder, die für eine systematische philosophische Abhandlung (mit verschiedenen Titeln, darunter *Der Wille zur Macht*) gedacht sind – ein Buch, das er nie schrieb. Doch genauso wie in seinen früheren Büchern wird auch hier die Gefahr, aus dem Begriff des »Willens« ein Absolutum zu machen, gezügelt: und zwar durch Nietzsches empirisches Interesse an dem, was wir tatsächlich tun, wenn wir unseren »Willen« einer anderen Person aufzwingen, welche Motive, Mittel und Absichten wir dabei mitspielen lassen. Nietzsches Geist bleibt auch in dieser allerletzten Phase, am Rande des geistigen Zusammenbruchs, durch und durch kritisch. Im Bocksprung überholt das kritische Selbstbewußtsein seine eigenen früheren Positionen, und er schreibt unter dem Titel »Schwäche des Willens«: »Das ist ein Gleichnis, das irreführen kann. Denn es gibt keinen Willen, und folglich weder einen starken, noch schwachen Willen. Die Vielheit und Disgregation der Antriebe, der Mangel an System unter ihnen resultiert als ›schwacher Wille‹; die Koordination derselben unter der Vorherrschaft eines einzelnen resultiert als ›starker Wille‹ – im erstern Falle ist es das Oszillieren und der Mangel an Schwergewicht; im letztern die Präzision und Klarheit der Richtung.«[10]

Reflexionen wie diese haben einen Hobbesschen Realismus an sich; was immer auch Nietzsches intellektuelle Sünden waren – seinen eigenen Abstraktionen erlag er nicht.

»Denn es gibt keinen Willen«? Freilich besitzt das Wort im Alltag wie auch in der Philosophie einen Sinn. Es bezeichnet ein Wollen, das weder ein bloßes Wünschen noch ein Hoffen noch die bloße Empfindung des Begehrens ist[11]. Wo einer nichts unternimmt, um ein Vorgestelltes zu erreichen, übt er seinen Willen nicht aus. Die Grundbedeutung so verstandenen Wollens heißt *versuchen, etwas zu bekommen,* oder (häufiger), *etwas zu verändern.* Die Schlußfolgerungen der modernen analytischen Philosophie entsprechen genau der schlichten Beobachtung Kants, daß »wer den Zweck will ..., auch das dazu unentbehrlich notwendige Mittel [will], das in seiner Gewalt ist«. Oder um es anders auszudrücken: »Wo ein Wille ist, ist auch ein Weg« – da der Wille ja Teil des Weges ist.

Hitler scheint anderer Meinung zu sein, sonst würde er von seinem eigenen und dem Willen anderer Leute nicht stets als von einer Sache sprechen, die mit den Mitteln ihrer Verwirklichung nicht »notwendig« zusammenhängt. Je näher die Niederlage heranrückt, desto eindringlicher spricht er den Gedanken aus, den er »der Geschichte vermachen will«: daß nämlich sein »eherner Wille« nie versagt habe, sondern von den unwürdigen Mitteln, die ihm zur Verfügung standen, verraten wurde – von intrigierenden Generälen, verräterischen und feigen Offizieren, unfähigen Ministern und Bürokraten, zuguterletzt – so heißt es in seinem Testament – vom deutschen Volk selbst: verraten also von den Menschen des »schwachen Willens«, die vor seiner allerletzten Anstrengung und seinem allerletzten Opfer versagten. Es ist klar, daß er mit solchen Behauptungen im vorhinein seine Apologie für die künftige Niederlage formuliert. Was aber ermöglicht ihm überhaupt diese Unterscheidung? Was meint er, wenn er behauptet, das Heer oder die Generäle oder das deutsche Volk besäßen die Mittel, nicht aber den Willen zum Endsieg? Warum (um zu jenem erwähnten Zitat aus seiner letzten öffentlichen Rede zurückzukehren) unterscheidet er zwischen »unserem unabänderlichen Willen« einerseits und »unserer Opferbereitschaft und unseren Fähigkeiten« andererseits? Und wenn all dies (wie immer wieder versichert wird) bloße Rhetorik, bloße Propaganda ist, warum nimmt es dann eben diese Form an? Weil es ein religiöses Bedürfnis erfüllt, das von der Propagandamaschine artikuliert wird.

Zwischen der politischen Propaganda des Nationalsozialismus und der Ideologie des Willens besteht eine Beziehung besonderer Art. Was sie miteinander gemein haben, ist ihr performativer Charakter. Denn wenn wir annehmen, Propaganda ist die Empfehlung einer Sache oder Handlung aus unzureichenden Gründen, so wird nun klar, daß dort, wo der Wille als etwas Absolutes und von den Mitteln Abstrahiertes empfohlen wird – als das also, was er nicht ist –, die Empfehlung selbst zum Mittel wird (zu dem, was Kant die »unentbehrlich notwendigen« Mittel zur Erreichung des gewünschten Zieles genannt hat). So entpuppt sich die Propaganda nicht als ein willkürliches Anhängsel der Hitlerschen Ideologie (und der Ideologie des Nationalsozialismus, die, wenn nicht mit ihr identisch, stets mit ihr in Übereinstimmung gebracht wird), sondern als ihr integraler, wesentlicher Bestandteil. Das Verhältnis zwischen Propaganda und Ideologie erinnert an eine rudimentäre poetische Struktur. Entfernt man die Propaganda von dem, was sie empfiehlt, so bleibt nicht etwa ein politisches Programm ohne Mittel zur Verwirklichung übrig, sondern ein Inhalt ohne Form, also ein unbrauchbares Nichts.

Alle Propaganda ist auf ein besonderes Publikum ausgerichtet und versucht, seine Erwartungen zu erfüllen; die Sprache der Willensmythologie ist, wie gesagt, die charakteristische Sprache des Publikums, der Zeit und des Ortes, die Hitler zu erobern sich anschickt. Sie ist jedoch nicht notwendigerweise die Sprache *aller* politischen Propaganda. Während der Bundestagswahl 1972 ermahnte der Spitzenkandidat Willy Brandt wiederholt seine Zuhörer, die »Persönlichkeiten« der Kandidaten außer Betracht zu lassen und sich an die parlamentarische Leistung und die Parteiprogramme zu halten (wir sind wohl nicht verpflichtet, ihm das wörtlich abzunehmen, doch zweifelsohne entspricht diese Ausdrucksweise seinem Verständnis der Erwartungen seines Publikums). Sein Rivale Rainer Barzel wurde in der Londoner *Times* folgendermaßen beschrieben: »Er ist nahezu das Modell eines modernen Politikers – wendig, charmant, artikuliert, selbstdiszipliniert, ehrgeizig, rücksichtslos und unbestimmbar.«[12] Wohl mögen einige dieser Adjektive auch auf das Hitlerbild der zwanziger und dreißiger Jahre zutreffen, doch im ganzen gehört dieses Bild in eine andere Zeit und ist von anderen Erwartungen geprägt.

Prägezeichen der Hitlerzeit – ihre Historizität – ist die Härte: »Ich bilde mir nun nicht nur ein, daß ich der härteste Mann bin, den das deutsche Volk seit vielen Jahrzehnten, vielleicht seit Jahrhunderten gehabt hat, sondern ich besitze außerdem die größte Autorität.« (8. November 1940)[13] Wenn wir versuchen, die populären Erwartungen der Hitlerzeit zu erklären, so müssen wir über historische Gründe der üblichen Art hinausgehen (als da sind: Dolchstoßlegende, Versailler Vertrag, Inflation, allgemeiner Vertrauensschwund, Weltwirtschaftskrise, Massenarbeitslosigkeit) – schon deshalb, weil eine Beschränkung auf diese materiellen Gründe nichts anderes hieße, als den diskreditierten Determinismus der zwanziger Jahre wieder aufzuwärmen. Diese Faktoren sollen weder geleugnet noch unterschätzt, sondern ergänzt werden. Was wir hier suchen, ist eine Erklärung dafür, warum diese Sprache der Härte eine so große Anziehungskraft besaß, warum die Ideologie des »absoluten Willens« das herrschende Wertschema bot. Die Antwort ist beinahe eine Tautologie: weil eben diese Ideologie, und offenbar nur sie allein, ein religiöses Bedürfnis, wenn auch auf monströse Weise, zu stillen vermochte.

»Will solche Dinge tun .../Was, weiß ich selbst noch nicht;

doch soll'n sie werden/Das Grau'n der Welt ...«[14] In dem Maße, wie der Wille »absolut« wird und sich von allen konkreten Mitteln entfernt, verliert er seine Wirkung, und seine Äußerung gleicht dann kindischen Wutausbrüchen. Hitler selbst sieht sich freilich nicht so. Kein Gefühl für das Lächerliche hält ihn davon ab, die Verabsolutierung des Willens[15] dazu zu nützen, um jenes Ich immer wieder in den Mittelpunkt zu stellen, dessen Befriedigung und Bewahrung den zureichenden Grund für jede seiner Entscheidungen und jeden seiner politischen Schachzüge liefert. Die völlig subjektive Willensäußerung scheint vielmehr in ihr Gegenteil umzuschlagen – in eine »Objektivität«, wie sie uns Nietzsches großartige Beschreibung nahebringt: »Bei allen großen Betrügern ist ein Vorgang bemerkenswert, dem sie ihre Macht verdanken. Im eigentlichen Akte des Betrugs, unter all den Vorbereitungen, dem Schauerlichen in Stimme, Ausdruck, Gebärden, inmitten der wirkungsvollen Szenerie überkommt sie der *Glaube an sich selbst*: dieser ist es, der dann so wundergleich und bezwingend zu den Umgebenden spricht ... Denn die Menschen glauben an die Wahrheit dessen, was ersichtlich stark geglaubt wird.«[16]

Indem er den Willen zu etwas Absolutem erklärt, sucht der Demagoge das subjektive Ich hinter einem objektiven Prinzip zu verstecken. Der Wille wird dann zu einem kosmischen Gesetz und zu einem Element des religiösen Glaubens.

Zugleich erfährt dieses »Gesetz« seine wissenschaftliche Begründung als Teil des Sozialdarwinismus, der ja (wie wir gesehen haben) zur Ideologie gehört: und zwar als jene Naturkraft, die im sozialen und politischen Bereich mit derselben absoluten Gültigkeit wirkt wie das Prinzip der natürlichen Selektion in der Tierwelt. Diese Doktrin des »Willens« ist einer der zahlreichen Punkte, in denen sich der Nationalsozialismus mit den anderen Formen des Faschismus berührt.

Vor allem aber wird »der Wille« zu einem pseudoreligiösen Konzept: wenn Hitler sich selbst als Fügung der Geschichte oder als Werkzeug kosmischer Kräfte oder Naturgesetze bezeichnet, so kommt er damit dem Anspruch Christi nahe: »Ich kann nichts von mir selber tun. Wie ich höre, so richte ich, und mein Gericht ist recht; denn ich suche nicht meinen Willen, sondern des Vaters Willen, der mich gesandt hat« (Joh. 5, 30) – und wir haben guten Grund anzunehmen, daß er sich dieser Blasphemie recht wohl bewußt war. Versehen mit einer transzendenten Autorität und gesegnet von der Vorsehung (denn es gehört zur Propaganda, den Führer als Auserwählten des Schicksals oder der Vorsehung hinzustellen), wird sein Wille zum Gegenstand jener Hingabe an das Absolute, die einst für das Denken des deutschen Protestantismus kennzeichnend war und in besseren Zeiten würdigere, wenn auch nicht immer weniger heterodoxe Objekte gefunden hatte.

9. Die Sprache der Prophetie

Seit der Mitte des neunzehnten Jahrhunderts ergeht sich das deutsche literarische und philosophische Denken in apokalyptischen Bildern und Untergangsprophezeiungen. Doch obwohl bei Autoren wie Heine und Nietzsche moralische Warnungen mitklingen, geht es bei ihnen nicht um Prophetien im biblischen Sinne. In ihren Bildern künftiger Konflikte vereinigt sich die Beschreibung mit der zerstörerischen Intention. Soviel schöpferische Energie haben sie in ihre Vorhersage investiert und sowenig sind sie an die allgemeingültige Moral gebunden, daß sie kaum Skrupel haben, die Erfüllung ihrer Vorhersage zu erhoffen. Nietzsche versteht die Problematik der performativen Sprache recht gut: »Der Abbé Galiani sagt einmal: ›Die Vorhersagung ist die Ursache der europäischen Kriege. Wollte man sich alles Vorhersagen ersparen, dann bliebe in der Welt alles friedlich, und ich glaube nicht, daß man ohne Krieg unglücklicher wäre.‹ Da ich durchaus nicht die Ansichten meines verstorbenen Freundes Galiani teile, so fürchte ich mich nicht davor, einiges vorherzusagen und also möglicherweise damit die Ursache von Kriegen heraufzubeschwören.«[1] Wenn Spengler das Kommen einer neuen Menschenart – der Ingenieure und Techniker – voraussagt und sie als die Erben des »faustischen Menschen« und die Erfüller des europäischen Schicksals begrüßt, so fördert er dieses kommende Ereignis, denn er erklärt ja zugleich, alle Alternativen seien hoffnungslos unrealistisch, reine Wunschträume eines »weltfremden Idealismus«. Wenn schließlich Ernst Jünger in den Fußstapfen Spenglers die Heraufkunft des »Arbeiter-Soldaten« beschreibt, so verbindet er diese Utopie mit einem Rezept, wie das Ende des »bürgerlichen« Individualismus und des sozialen Progressismus so schnell wie möglich herbeizuführen sei.

Freilich sind solche und ähnliche Prophetien in den dazugehörigen Kontexten nichts weiter als Worte in Büchern – Worte, die jedenfalls vorläufig keine Aussicht auf Verwirklichung haben. Auch Nietzsche weiß das. In seiner Wahl der Gleichnisse ist er keineswegs zimperlich: So gibt Zarathustra, Nietzsches stentorisches Sprachrohr, seinen Schülern den Rat, sich dem Prozeß des gegenwärtigen Verfalls unter der »Degeneration« nicht zu widersetzen, wobei die Wahl der biologischen Metapher den angeblich unausweichlichen Charakter dieses Prozesses bezeichnet. Im Gegenteil, sie sollen den Untergang alles dessen, »was heute ist«, beschleunigen: »Was verfällt – das soll man auch noch stoßen!«[2] Gleichwohl sind das zu Nietzsches Zeit nur Metaphern, metaphorisch verbrämte Fiktionen. So sehr Nietzsche auch gegen die bloßen »Mutmaßungen«, das unverbindliche Spekulieren zürnt, so werden doch seine eigenen Metaphern in jenem experimentellen »literarischen« Erfahrungsbereich konzipiert, wo sie nicht mit Ereignissen in der Welt konfrontiert sind. Das Gespür für diese Welt und für die Zukunft, in der seine Prophezeiungen dereinst eintreffen werden, fehlt ihm häufig. Das einzige, was nicht metaphorisch ist, ist das prophetische Ich, ist Nietzsche, der *Träger* der Botschaft vom Untergang.

Bei Hitler dagegen ist es die *Botschaft*, die nicht metaphorisch ist. Die Metapher betrifft hier nicht das Handeln, sondern den Sprecher. Er ist natürlich gar kein »Prophet«, nicht einmal im säkularisierten, »literarischen« Sinne. Er versteckt sich hinter der Metapher vom Propheten, während er die Fiktion in einen wirkungsvollen politischen Mythos verwandelt. Beschreibung und Intention werden zum Aktionsprogramm: »Ich bin in meinem Leben sehr oft Prophet gewesen und wurde meistens ausgelacht. In der Zeit meines Kampfes um die Macht war es in erster Linie das jüdische Volk, das nur mit Gelächter meine Prophezeiungen hinnahm, ich würde einmal in Deutschland die Führung des Staates und damit des ganzen Volkes übernehmen und dann unter vielen anderen auch das jüdische Problem zur Lösung bringen. Ich glaube, daß dieses damalige schallende Gelächter dem Judentum in Deutschland unterdes wohl schon in der Kehle erstickt ist. Ich will heute wieder ein Prophet sein: wenn es dem internationalen Finanzjudentum in und außerhalb

Europas gelingen sollte, die Völker noch einmal in einen Weltkrieg zu stürzen, dann wird das Ergebnis nicht die Bolschewisierung der Erde und damit der Sieg des Judentums sein, sondern die Vernichtung der jüdischen Rasse in Europa.«[3]

Diese Erklärung muß in ihrem vollen Kontext verstanden werden. Sie erfolgt gegen Januar 1939, halbwegs zwischen dem Münchner Abkommen und der Besetzung Prags, an einem der Höhepunkte von Hitlers Popularität. Sie wendet sich an ein Publikum, das mit größter Wahrscheinlichkeit weiß, daß ein Krieg kommen wird; und sie wird abgegeben von einem, der weiß, daß seine Hörer dies wissen, und dessen taktisches Ziel es ist, diese offene Verschwörung aufrechtzuerhalten. Von diesem Publikum kann erwartet werden, daß es sich an den globalen Begriffen (»international ... Europa ... die Welt ...«) berauscht, da es dieses Vokabular schon aus früheren Parteierklärungen kennt. Die 885 nationalsozialistischen Abgeordneten, die sich zum erstenmal seit ihrer Wahl vor zehn Monaten in der Krolloper zusammenfinden, um dieser Mammutrede von zweieinhalb Stunden zu lauschen, sind freilich keineswegs Hitlers wirkliches Publikum. Sein wirkliches Publikum sind die Millionen an ihren Volksempfängern, zu Hause oder in den Versammlungslokalen und Gaststätten im ganzen Reich. Spenglers oder Jüngers hochgestochene »Prophezeiungen« kennen sie wohl kaum vom Hörensagen. Doch es besteht eine Brücke zwischen der »seriösen« Literatur und dem Denken der »Massen«. Gebildet wird diese Brücke von den zahllosen Artikeln des Dr. Goebbels, seines »Pressechefs« Otto Dietrich und dem Heer ihrer Mitarbeiter.

Dieses globale Vokabular ist nicht das einzige, was Hitlers Publikum als selbstverständlich hinnimmt. Es akzeptiert nun auch bereitwillig die eigentümliche Logik des Hitlerschen Antisemitismus, derzufolge die »internationalen Finanz- und Börseninteressen« mit der »Bolschewisierung« durch das Judentum nicht nur als vereinbar, sondern sogar als identisch erklärt werden. Und das Publikum akzeptiert diesen Widerspruch allein aufgrund der Tatsache, daß man ihm *sagt,* die beiden seien identisch; nur weil sowohl Kapitalismus wie auch Bolschewismus zu Aspekten eines jüdischen »Willens zur Weltmacht« erklärt worden sind, mit denen Deutschland oder der nordische Mensch oder die arische Rasse vernichtet werden sollen. Entsprechend dramatisiert und häufig wiederholt, besitzt diese Zweifronten-Attacke den Vorteil, daß sie als einzige von allen politischen Programmen des Augenblicks die gemäßigte Linke, das ganze Zentrum und die völkische Rechte zusammenbringt, indem sie ihnen einen gemeinsamen Feind schafft – den einzigen Feind, gegen den das gesamte politische Spektrum (gewisse linke Gruppen ausgenommen) gemeinsame Sache machen kann. Der Trick mag simpel erscheinen, doch er ist ein Akt von erstaunlicher politischer Phantasie. An die Kombination von Börse und Gewerkschaft hatte bisher noch niemand gedacht.

Der nächste Schritt ist die Gleichsetzung des »internationalen Judentums« mit der Gesamtheit der Feinde Deutschlands, das heißt all derer, von denen zu erwarten ist, daß sie sich den territorialen Ansprüchen Deutschlands widersetzen werden. Auch dies ist wieder ein Akt politischer Phantasie, der einige Monate später von Sir Neville Henderson bestätigt wird, der (wenn der Bericht stimmt) dem Führer mitteilt, im englischen Volk herrsche keine Abneigung gegen Deutschland und alle Feindseligkeit habe ihren Ursprung bei »Juden und Nazigegnern«[4]. Der Einfall, alle antideutschen Gefühle einer weltweiten jüdischen Verschwörung zuzuschreiben, entspricht trotz der Versicherung Hendersons kaum den Tatsachen der internationalen Politik, doch mindert dies, jedenfalls für den Augenblick, in keiner Weise die innenpolitische Wirkung. Das propagandistische Prinzip, das hier verwendet wird, ist schon in *Mein Kampf* erwähnt: »Es gehört zur Genialität eines großen Führers, selbst auseinanderliegende Gegner immer als nur zu einer Kategorie gehörend erscheinen zu lassen, weil die Erkenntnis verschiedener Feinde bei schwächlichen und unsicheren Charakteren nur zu leicht zum Anfang des Zweifelns am eigenen Rechte führt.«[5]

Hitlers sich selbst erfüllende Prophezeiung baut also auf einen Komplex gemeinsamer und implizit verstandener Hoffnungen und Ängste (Ängste mehr denn Hoffnungen), der die »Volksgemeinschaft« zu einer Gemeinschaft von Erwartungen macht. Die Prophezeiung hört sich wie eine Drohung an, doch sie ist zugleich eine Forderung nach Kontinuität. Was mit ihr ausgedrückt wird, ist nicht nur: »Der Krieg, den ich entfesseln werde, ist einer, in dem nicht unsere Feinde, die Juden, sondern wir siegreich sein werden«, sondern: »Dieser Krieg, in dem unser Sieg gleichbedeutend mit der Vernichtung der Juden sein wird, ist ein wesentlicher Teil meines Programms, in dem die innenpolitischen und internationalen ›Aufgaben‹ eine Kontinuität bilden und eine einzige kontinuierliche Lösung erfahren werden«; und schließlich: »Die Vernichtung der Juden, unserer gemeinsamen Feinde, ist der Lohn und die Erlösung, die ich euch dafür verheiße, daß ihr mir in diesem Krieg folgt.«

Wie die Rhetorik des »Natur«-Vokabulars, wie das Ja-oder-Nein-Schema weist auch die Prophetie, die keine Prophetie ist, das charakteristische Muster auf, nach dem der Führer und seine Partei wesentliche Aspekte ihrer Propaganda und Politik gestalten. Die Wahl, die in Wirklichkeit eine Beifallskundgebung ist, die Volksabstimmung, die lediglich eine Entscheidung bestätigt, die schon lange gefällt und großenteils ausgeführt worden ist, die Politik, die sich auf das »gesunde Volksempfinden« beruft, das auf der Erwartung einer Zustimmung aus Angst gründet, die Parteiversammlung, die in Wirklichkeit eine militärische Demonstration ist, und vor allem die Parteiansprache, die tatsächlich ein quasi-religiöses Ritual gegenseitiger Erneuerung darstellt – sie alle wurzeln in Verfahrensweisen der liberalen, sozialen Demokratie, adaptiert zu totalitären Zwecken.

Die Rolle, die hierbei von der modernen Technologie gespielt wird, ist beachtlich. Ohne Radio, den privaten Rundfunkempfänger wie das öffentliche Lautsprechersystem, ohne die Rotationspresse in Schwarz und Rot und den schnellen Druck aktuellster Flugblätter in Riesenauflagen, ohne den Massentransport von Menschen per Bahn, Lastwagen und Auto wären diese Adaptionen nicht möglich gewesen. Der Erfolg eines Nürnberger Parteitags (für den 400 Züge mobilisiert wurden) hing zweifelsohne zu einem großen Teil vom Organisationstalent eines Mannes wie Albert Speer ab und von seiner Gabe, einige große Erfindungen seiner Zeit voll auszunützen. Man kann Speer nur zustimmen, wenn er schreibt[6], das Eindrucksvollste, was er je entworfen habe, sei jener »Lichtdom« gewesen, der den britischen Botschafter so beeindruckte – ein riesiger Lichtraum, der das ganze Zeppelinfeld von Nürnberg umfaßte, eingerahmt von den Strahlen von 130 Flakscheinwerfern, die ein 8000 Meter hohes Lichtzelt bildeten.

Doch diese Technologie stand auch den Gegnern Hitlers zur Verfügung und darf nicht überbewertet werden. Zum Unterschied von der Propaganda konnte sie nie mehr sein als ein Mittel, jener Teil des Mediums, das nicht die Botschaft war. Speer ist freilich anderer Meinung. Wenn er zu seiner Verteidigung in Nürnberg vorbringt, die »verbrecherischen Ereignisse jener Jahre« sollten damit erklärt werden, daß »Hitler sich als erster der Mittel der Technik bedienen konnte«[7], eine Ansicht, die er unkritisch und ausführlich zwanzig Jahre später wiederholt, so ist sein Irrtum nicht zufällig. Wie diejenigen, die versuchten, das Dritte Reich deterministisch zu erklären – aufgrund irgendwelcher unpersönlicher und angeblich unwiderstehlicher »Mächte der Geschichte« –, so appelliert Speer an gewisse ebenso unpersönliche und ebenso unwiderstehliche »Mächte der modernen Technologie«, um zu erklären, was in Wahrheit bewußte persönliche Entscheidungen und politische Schachzüge mit deutlich bestimmten Zielen waren. (Manche dieser Ziele sollten unter ganz anderen Umständen und lange nach dem Zusammenbruch des nationalsozialistischen Staates erreicht werden, doch davon später.)

Diese technologische Mystifizierung, die (auf Umwegen) von Spengler herrührte, war nicht Teil der Hitlerschen Propaganda; zum Unterschied vom Mythos des Historizismus war sie für seine Zwecke, vielleicht sogar für sein Verständnis, zu kompliziert. (Hitler hatte ein einzigartiges Gespür für den Augenblick, an dem eine Meinung, eine Idee oder Praxis aufhörte, seinen Zwecken dienstbar zu sein, worauf er sie unverzüglich unterdrückte[8].) Doch auch dieser Mythos konnte in einen Popanz verkehrt werden, gegen den die »antimaterialistischen« und »natürlichen« Aspekte der Parteiideologie Schutz verhießen. Die Methode der Speerschen Apologie ist wohlvertraut: die moralische Skrupellosigkeit, die Sucht nach Macht, der Hunger nach Autorität, der Sadismus des »absoluten« Befehls und die Eitelkeit – sie alle werden zunächst zugegeben, doch dann wieder, zumindest teilweise, zerredet; was einst »Fatalismus der geschichtlichen Mächte« hieß, heißt heute »Automatik des Fortschritts« und »Terror der Technologie«[9]. Unerwartet ist vielleicht bloß die Tatsache, daß die ideologischen Rationalisierungen, mit denen Speer und andere ihr schlechtes Gewissen beschwichtigten, keineswegs notwendig waren. Wie so viele andere Intellektuelle stand er nicht unter dem Druck, die Parteiideologie unterstützen zu müssen; was er sagte und tat, war freiwillig und aus eigener Initiative gesagt und getan. Nichts ist erstaunlicher als der Selbstmord des Geistes. Ein Intellektueller im nationalsozialistischen Deutschland folgte, so scheint es, auch dort der Parteilinie, wo es keine Parteilinie gab.

Hitlers »Prophezeiung« vom 30. Januar 1939 erfüllte sich, und jedermann wußte, daß sie sich erfüllte. Bei mindestens zwei späteren Anlässen[10] bezieht er sich darauf, um seinem Publikum zu beweisen, daß er sich »vor voreiligen Prophezeiungen« hüte, daß er zu seinem Wort stehe. Diese Erklärungen scheinen nicht mehr Propaganda (Befürwortung künftiger Handlungen) zu sein, sondern brutale Demonstration und Prahlerei mit der Macht. Doch wo soll zwischen Befürwortung und Prahlerei, zwischen Prahlerei und Drohung eine Linie gezogen werden? Hannah Arendt warnt davor, die Gewalt der Propaganda über die Menschen zu überschätzen: »Propaganda« – so schreibt sie – »ist wohl ein Teil der ›psychologischen Kriegführung‹, doch Terror ist mehr. Terror wird von den totalitären Regimen auch dann noch benutzt, wo ihre psychologischen Ziele erreicht sind ... Wo der Terror uneingeschränkt herrscht, wie in den Konzentrationslagern, dort hat alle Propaganda aufgehört.«[11] Das Argument setzt jedoch eine Stabilität der »psychologischen Ziele« voraus, wie sie der Nationalsozialismus jedenfalls nie erreichte und auch nie erreichen wollte; denn vor allem war das Regime bestrebt, die von Hannah Arendt erwähnte Unterscheidung *in ein Kontinuum aufzulösen* – und eben darin war es höchst erfolgreich. Ein Spektrum reglementierter Praxis erstreckt sich von den HJ-Lagerfeuern mit ihren Chorälen und Landsknechtsliedern, von begeisterten Jungen zu Gitarren gesungen, über die Massenversammlungen mit ihrer Rückendekkung durch die Knüppel und Schlagringe der SA bis zum physischen Terror der Arbeitslager mit ihrer erniedrigenden Behandlung und den psychischen Folterungen unter dem Motto »Arbeit macht frei«. Die Vernichtungslager bilden das düstere Ende dieses Spektrums – hier hat, wie Hannah Arendt sagt, alle Propaganda aufgehört. (Ein ähnliches Spektrum führt, wie wir sehen werden, vom Antagonismus und Terror der Parteipolitik über die internationale Einschüchterungs- und Terrorpropaganda zum europäischen und zum Weltkrieg). Die Lager bedeuten die »Lösung der Judenfrage«, von der Hitler so oft gesprochen hat. Seine Worte sind nur deshalb »prophetisch«, weil er seine Opfer zu jeder beliebigen Zeit zusammentreiben kann, um diese Prophezeiung zu erfüllen – doch die Millionen, die ihm folgen, unterstützen seine Handlungen, weil ihnen versichert worden ist und weil sie sehen, daß seine Worte prophetisch sind. Dies ist die vollste Bedeutung von Propaganda als performativer Aussage.

So schafft Hitler eine feste Kontinuität zwischen Überredung, Propaganda, Einschüchterung und Terror, zwischen Worten und Taten, und diese Kontinuität ist die charakteristische Praxis seines Regimes. Angesichts dieser Kontinuität hat sich der Bürger des Dritten Reiches in eine Lage hineinmanövrieren lassen, in der er nur noch vor der Wahl steht: beifällig zu applaudieren oder brutal unterdrückt zu werden, ja oder nein zu sagen. Wer nicht für uns ist, ist gegen uns. Die religiöse Anspielung ist unmißverständlich.

10. Die religiöse Erwartung und ihr Ritual

Hitlers Behauptung, der Erlöser des Reichs (das von den germanistisch angehauchten Parteiideologen mit dem mittelalterlichen »rîche« identifiziert wurde) und der wahre Sprecher Deutschlands zu sein, trägt das ganze Pathos einer religiösen Überzeugung; eingedenk seiner österreichischen Abstammung stellt er sich in den Mittelpunkt einer Reihe von Ritualen, in der sich die Mentalität des Südens mit der des Nordens vereint. Die peinliche Sehnsucht nach metaphysischen Absoluten, von der ich gesprochen habe, ist zweifelsohne ein deutsches und lutheranisches Phänomen. (Sigmund Freud, der einzige Österreicher unter den modernen Mythenmachern, hat einige lakonische Bemerkungen zu diesem speziellen »Unbehagen« anzubringen.) Hitler und die Partei – besonders wohl auch Dr. Goebbels – erfüllen diese Sehnsucht, indem sie das unpersönliche Ethos des friderizianischen Zapfenstreichs mit Elementen der höchst personalisierten österreichischen und katholischen Liturgie versetzen. Daher auch die Ordnung des Parteikalenders, die den Gläubigen in enger und steter Verbindung mit dem allgegenwärtigen Regime halten soll.

Die Feste des »Parteijahres« stehen zu den Festen des christlichen Kalenders in einem ähnlichen Verhältnis wie diese einst zu den jahreszeitlichen Festlichkeiten der Heidenzeit[1]. Das Jahr begann am 30. Januar mit dem Jahrestag der Hitlerschen Machtergreifung 1933. An diesem Tag erhielt »die Nation« alljährlich einen langen Bericht darüber, »was ich übernommen und was ich mit der mir anvertrauten Macht getan habe ... «, und der Tag endete mit einer öffentlichen Zeremonie, die vom Rundfunk an jeder Straßenecke im Land übertragen wurde und bei der die Achtzehnjährigen, die in der Hitlerjungend ihre Führungseignung bewiesen hatten, zu vollen Parteimitgliedern eingeschworen wurden. Am 24. Februar feierte man die »Verkündung« des »unabänderlichen«[5] Parteiprogramms der fünfundzwanzig Punkte, die 1920 im Münchner Hofbräuhaus erfolgt war. Damals hatte Hitler auch seine erste Rede vor einer Massenversammlung gehalten. Jahr für Jahr pflegte er nun auf die Anfänge seiner Karriere als öffentlicher Redner zurückzublicken und die »alten Kämpfer« in den simplen, sentimentalen Worten eines Klassentreffens anzusprechen, obwohl auch diese angeblich intime Zusammenkunft wie alle anderen Zeremonien im ganzen Reich über den Rundfunk ausgestrahlt wurde. Hitler präsentierte sich selbst als den »wahrsten Walter des heiligen Parteierbes«. Die bescheidenen Anfänge der »Bewegung« wurden dramatisch kontrastiert mit dem großen Widerstand, der damals zu überwinden war, und während des Krieges wurden die früheren Erfolge als Gewähr für den künftigen Sieg der Partei und Deutschlands angeführt. Dann wurde der 18. März, der nationale Trauertag für die Gefallenen des Ersten Weltkriegs, in der Krolloper mit einem Vortrag des zweiten Satzes aus Beethovens *Dritter Symphonie* begangen – ein feierlicher, »kultureller« (und also nicht volkstümlicher) Anlaß, dem alle ausländischen Diplomaten beiwohnten. »Führers Geburtstag« war der 20. April (die Bilder und Kunstgegenstände, die Hitler erhielt, wurden getreulich an das Museum in Linz weitergeleitet, das er nach dem Krieg zur größten Kunstgalerie in Europa machen wollte); der Tag gipfelte in einer Parade der Wehrmacht durch das Brandenburger Tor, einer Demonstration der wachsenden militärischen Stärke Deutschlands. Dann kamen die Maifeiern: sie sollten die Solidarität zwischen Partei und Arbeitern (ihr »sozialistisches« Element) und Hitlers Rolle bei der Schaffung des Wohlfahrtsstaates unterstreichen.

Höhepunkt des Jahres war der – angeblich nach dem altgermanischen »Thing« entworfene – alldeutsche Parteitag: ab 1926 die ganze erste Septemberwoche einnehmend, fand er von 1927 bis 1938 in Nürnberg statt; die durchschnittliche Teilnehmerzahl lag bei einer halben Million Menschen, der Rekord wurde 1938 mit 950000 erreicht[3]. Hier stand das Verhältnis zwischen Partei und Führer im Mittelpunkt, denn »mit jedem Parteitag bekam [Hitler] gleichsam neue Generalentlastung für das gesamte seit dem letzten Parteitag abgelaufene Jahr und eine Generalvollmacht bis zum nächsten Parteitag.« In jenem »über eine Woche lang dauernden Jubel-, Farben-, Licht-, Musik- und Festhymnus« dachte »niemand ... ›ideologisch‹, ›programmatisch‹ oder ›objektiv-politisch‹«[4]. Vorbeimärsche von Soldaten mit aufgepflanzten Bajonetten in Zwölferreihen, SS-Männer mit Adlerstandarten, Bataillone des Reichsarbeitsdienstes mit blinkenden Spaten, Kundgebungen und Aufrufe, 140000 politische Aktivisten, die an der einsamen Gestalt des Führers vorbeidefilierten, Kongresse, Konferenzen, Resolutionen ... Jedes Jahr war irgendein »Heiliges Jahr«, und jedes Jahr stand dieser gigantische Aufmarsch (»Kein Land in Europa – ja, man könnte sagen: kein Land in der Welt – könnte seine Bedeutung nachahmen«, schrieb der begeisterte Korrespondent der *New York Times*[5]) unter einem anderen Motto: 1933 hieß es «Parteitag des Sieges«, 1934 »Einheit und Stärke«, 1935 »Parteitag der Freiheit«, 1936 »Parteitag der Ehre«, 1937 »Reichsparteitag der Arbeit«, 1938 »Parteitag Großdeutschlands«; der Aufmarsch von 1939, der »Parteitag des Friedens« heißen sollte, wurde abgesagt, und die Hunderte von Eisenbahnzügen, die man bereitgestellt hatte, wurden zur Mobilisierung der Truppen benutzt. Alle »positiven« Sektionen der Partei und des Staates sandten ihre Delegierten zu diesen Treffen: die alten Kameraden als Verkörperung der ruhmreichen Vergangenheit (bei anderer Gelegenheit nannte Hitler sie »meine uralten Höckergreise«[6]), die SA, die SS, die Bauern- und Arbeiterorganisationen als Repräsentanten der kämpferischen Gegenwart und die Hitlerjugend als Ausdruck der ewigen Zukunft; Zehntausende von Frauen zogen an ihrem geliebten Führer vorbei und vernahmen, das Endziel des nationalsozialistischen Staates sei »das deutsche Kind«: mit angemessener Strenge erzogen, werde es »Schirm und Schutz« der deutschen Frau. Im Rahmen dieser rein politischen Veranstaltung führte die Armee ihre jährlichen Manöver durch, wobei wie zufällig auch ihre untergeordnete Position und ihr problematisches Verhältnis zur Partei zum Ausdruck kam.

Wie die Wallfahrtspredigten dazu dienen, die anwesenden Pilger zu geißeln und sie auf die geistige Wiedergeburt im Jenseits vorzubereiten, so unterstützten die Schlagworte und großen Reden bei den Nürnberger Zeremonien den Chiliasmus der Partei: der Aufbau des Reichs sei bei weitem noch nicht vollendet, der alte Adam sei immer noch lebendig und Satan selbst lauere noch immer, die Partei sei ein lebendiger Organismus, stets unzufrieden mit der Gegenwart und stets im Dienste des Morgen – der Dorn im Fleische des Reichs und der Vorbote eines klassenlosen Jahrtausends.

War der »Reichsparteitag« erfüllt von einem Geist der Erwartung und Hoffnung, so war das nächste Fest im Parteikalender, Ende September, der »Reichserntedanktag«, zu dem 50000 Bauern, womöglich in alten Trachten (»diese schönen, starken, gesund-harten Menschen unseres Landvolkes«), auf den Bückeberg wallten und dort eine gigantische germanische Weizengarbe in Form einer Krone errichteten. Und schließlich, genau eine Woche nach Allerheiligen und Allerseelen und als Pendant dazu, gedachte man der Toten des Putsches, der »Bluttaufe« von 1923: Am 8. November trafen sich die Überlebenden, unter ihnen als einzige Frau jene Schwester Pia, die sich damals um die Verwundeten gekümmert hatte, den »Blutorden« angesteckt, zu ihrer traditionellen Versammlung im Münchner Bürgerbräukeller, um Hitlers Gedenkansprache zu hören, die den »sechzehn Märtyrern der nationalsozialistischen Bewegung« galt. Am folgenden Morgen wurde eine Wiederholung des Marsches auf die Feldherrnhalle inszeniert, und zwar in der genauen Anordnung von 1923, entlang einer Straße flankiert von Pylonen brennender Fackeln, begleitet von Trauermusik, Glockengeläute und der gemessenen Verlesung der Namen all jener, die seit 1919 im Dienst der Partei getötet oder tödlich verwundet worden waren; und wiederum tönte der zeremonielle Kitsch aus allen Lautsprechern im ganzen Land.

All diese Feste des Parteijahres waren in erster Linie Anlässe für Hitlers Rhetorik. Der informative Gehalt seiner Festreden ist noch geringer als sonst, ihr Ziel ist es, um Bestätigung für Entscheidungen zu werben, die bereits gefällt und häufig sogar schon verkündet worden sind. Bemerkenswert an diesen Reden sind die formelhaften Passagen, deren Funktion rein homiletisch ist. Hitlers Ansprache an die politischen Kader auf dem Nürnberger Parteitag von 1936 (»Ehre und Frieden«), in dessen Verlauf er sich ausdrücklich mit Christus dem Erlöser identifiziert, bietet ein schlagendes Beispiel dafür. Die Szene wird von einem Korrespondenten der *New York Times* (12. September 1936) wie folgt beschrieben:

»Als er erschien, strahlten von einem verborgenen Kreis von Suchscheinwerfern hinter den Tribünen 150 Lichtspeere auf die Stelle im Mittelpunkt. Es war dieselbe Sache wie bei der Schlußfeier der Olympischen Spiele, doch großartig verbessert und unvergleichlich eindrucksvoller.

In diesem hellen Licht schritt Hitler die Stufen durch die wartende Gruppe hinunter, und langsam marschierte eine Prozession mit ihm an der Spitze über das Feld zur Tribüne. Die donnernden Heilrufe übertönten die massierten Musikkapellen, die seinen Einzug umrahmten.

Er bestieg die Tribüne und verharrte, bis völliges Schweigen eingetreten war. Dann erschien plötzlich weit in der Ferne eine näherkommende Masse von roter Farbe. Es waren die 25000 Banner nationalsozialistischer Organisationen aus allen Teilen Deutschlands.

Die Farbenträger marschierten über den Platz hinter den braunen Kolonnen auf dem Feld. Dann kamen sie nach vorne, sechs nebeneinander in den engeren Gassen und zwanzig nebeneinander in der Mittelbahn, so daß es aussah, als flute eine gewaltige Woge von Rot durch die soliden Blöcke aus Braun.

Gleichzeitig wurden die kleineren Scheinwerfer entlang der Säulenreihe über den Tribünen hinuntergerichtet auf das Feld, wo sie die goldenen Adler auf den Standarten aufleuchten ließen, so daß die rote Flut gesprenkelt war mit Gold. Die Wirkung war von unbeschreiblicher Schönheit.«[7]

Das einzige, wofür der Verfasser dieses Genregemäldes kein Auge hat, ist das Groteske an dieser Szene. Der Mann mit den spontanen Sprachgewohnheiten der österreichischen unteren Mittelklasse (»Ihnen pressiert's wohl recht sehr?!«[8]) spricht zu 140000 Parteifunktionären in einem feierlichen Deklamationsstil, den er der intim persönlichen Sprache von Luthers Neuem Testament aufpfropft. Hier wird eine Szene totaler Immanenz durchgespielt, wobei vielleicht nur wenige an den Mann glauben, der da vor ihnen steht, aber alle, auch Hitler selbst, ganz und gar an das Bild, das sie gemeinsam geschaffen haben. Denn seine Rhetorik (oder ist es die des Dr. Goebbels?) appelliert nicht an die persönliche religiöse Erfahrung der versammelten Massen, sondern an ihre Bereitwilligkeit, am Schaffen des religiösen Bildes teilzunehmen, an der Selbstdramatisierung des Führers als einer messianischen Gestalt:

»Wie fühlten wir nicht wieder in dieser Stunde das Wunder, das uns zusammenführte! Ihr habt einst die Stimme eines Mannes vernommen, und sie schlug an eure Herzen, sie hat euch geweckt, und ihr seid dieser Stimme gefolgt. Ihr seid ihr jahrelang nachgegangen, ohne den Träger der Stimme auch nur gesehen zu haben; ihr habt nur eine Stimme gehört und seid ihr gefolgt.

Wenn wir uns hier treffen, dann erfüllt uns alle das Wundersame dieses Zusammenkommens. Nicht jeder von euch sieht mich und nicht jeden von euch sehe ich. Aber ich fühle euch, und ihr fühlt mich! Es ist der Glaube an unser Volk, der uns kleine Menschen groß gemacht hat, der uns arme Menschen reich gemacht hat, der uns wankende, mutlose, ängstliche Menschen tapfer und mutig gemacht hat; der uns Irrende sehend machte und der uns zusammenfügte!

So kommt ihr aus euren kleinen Dörfern, aus euren Marktflecken, aus euren Städten, aus Gruben und Fabriken, vom Pflug hinweg an einem Tag in diese Stadt. Ihr kommt, um aus der kleinen Umwelt eures täglichen Lebenskampfes und eures Kampfes um Deutschland und für unser Volk einmal das Gefühl zu bekommen: Nun sind wir beisammen, sind bei ihm und er bei uns, und wir sind jetzt Deutschland!«[9]

Eine erstaunliche Montage biblischer Texte wird in den Dienst dieser Selbstdramatisierung gestellt. Nach einer ersten Anspielung auf Christi Stimme in der Wüste (»Ihr habt nur eine Stimme gehört«, Lukas 3, 4) wird Christi Epiphanie (Joh. 20, 19–31) eingeführt, zusammen mit der *Exhortatio* zu einem transzendierenden Glauben: »Selig sind, die nicht sehen und doch glauben.« Die nächste Stelle (»Nicht jeden von euch sehe ich ... «) setzt diese messianische Parallele fort mit einer Anspielung auf Joh. 16, 16–17: »Über ein Kleines, so werdet ihr mich nicht sehen; und aber über ein Kleines, so werdet ihr mich sehen.« Und die folgende Aufzählung (»Uns arme Menschen ..., uns wankende, mutlose, ängstliche Menschen ...«) verweist auf Lukas 7, 22: »Die Blinden sehen, die Lahmen gehen ... den Armen wird das Evangelium gepredigt.« Der letzte Absatz beginnt mit Hitlers geliebter Antithese auf dem Thema »eure kleinen Leben ... meine große Sendung«; der Topos der »kleinen Dörfer« bezieht sich direkt auf Luthers Version von Micha 5, 1 und Matthäus 2, 6: »Und du Bethlehem, die du klein bist unter den Städten in Juda ... « Das abschließende Fortissimo »wir sind bei ihm und er bei uns« nimmt das frühere »aber ich fühle euch und ihr fühlt mich« wieder in Luthers Fassung von Joh. 14, 3 auf: »So will ich wiederkommen und euch zu mir nehmen, auf daß ihr seid, wo ich bin.« Und die Anspielung auf Johannes wird ergänzt durch einen Verweis auf einige der schönsten und vertrautesten Verse aus der mittelalterlichen deutschen Liebeslyrik: »Du bist mîn, ich bin dîn/des solt du gewis sin ... «: Tristan wirbt um Isolde, Christus-der-Bräutigam wirbt um die Kirche, Hitler wirbt um die kommunizierenden Angehörigen seines Volkes ...

11. Die Sehnsucht nach Transzendenz

»Je suis athée, mais je suis catholique«: Charles Maurras' Bemerkung[1] hat eine aphoristische Prägnanz (ein Interesse an der Form und nicht am Ich), deren Hitler nicht fähig war, doch trifft ihr Sinn auch auf ihn zu. Er war in katholischen Schulen erzogen worden, erzählte gerne von seinen Kindheitserlebnissen als Meßdiener[2] und von seinem damaligen Ehrgeiz, Abt zu werden. Er trat nie offiziell aus der Kirche aus, hörte auch nicht auf, Kirchensteuer zu zahlen. Er hatte eine zynische Bewunderung für die katholische Hierarchie[3] (nicht zuletzt nach dem Konkordat von 1933), für ihre weltweite Organisation, ihre Erziehungspolitik und ihren prunkvollen Pomp, während er für die »unsauberen Kragen und dreckigen Gehröcke«[4] der lutheranischen Geistlichkeit nichts als Verachtung empfand. Vor allem bewunderte er die Praxis der Kirche, ihre Priester aus allen Klassen der Gesellschaft zu rekrutieren, und baute seine Partei auf einer ähnlich breiten Basis auf. Das antisemitische Element im österreichischen und bayrischen Katholizismus lieferte ihm eine »religiöse« Rechtfertigung für seinen eigenen besessenen Judenhaß – ja, sein Bedürfnis nach einem sichtbaren Feind[5] entspricht dem Bedürfnis der Kirche, ihre eigene Herkunft aus dem Judentum zu verleugnen. In seinen Gesprächen machte er gerne Beichtstuhlwitze, und zweifellos »glaubte« er an die Sünde. Wenn sein Begriff der Sünde auf das Sexuelle beschränkt war und anscheinend alle politischen und gesellschaftlichen Verbrechen ausschloß (außer der »jüdischen« Wucherei), so folgte er darin genau der volkstümlichen Theologie des transalpinen Katholizismus seiner Zeit. Andererseits gab es da auch den häufig brutalen Hohn auf die katholische Geistlichkeit, die erbarmungslose Verfolgung vieler Priester und die Pläne (für

die Zeit nach dem gewonnenen Krieg) zur Liquidierung aller kirchlichen Institutionen und aller Religion[6]. In einer geheimen Ansprache im Jahre 1937 erwähnte er die »schweren inneren Kämpfe«[7], mit denen er sich »von noch vorhandenen religiösen Kindheitsvorstellungen freigemacht« habe, während er sich nun frisch fühle »wie ein Füllen auf der Weide«. Seine religiösen Studien hätten ihn vom Grundirrtum aller Religionen überzeugt und ihn die Gesetze des Sozialdarwinismus als alleingültige Determinanten des Lebens der Einzelmenschen wie der Rassen erkennen lassen.

Das Bild, das wir aus diesen mehr oder weniger widersprüchlichen Ansichten erhalten, ist kennzeichnend für viele Tausende seiner Zeitgenossen in ganz Mitteleuropa, die nach ihrer Landflucht in die völlige Entfremdung der Großstadt geraten, dort den letzten Rest ihres religiösen Glaubens verlieren und ihn durch irgendeine »wissenschaftliche« Weltanschauung zu ersetzen suchen. Die »religiösen« Ansichten, die ich kurz erwähnt habe, könnten aus dem Mund einer Nebenfigur von Gerhart Hauptmann oder Anzengruber stammen, oder aus dem einer Münchner oder Wiener Bedienerin. Ihre Banalität bedarf keines Kommentars. Sie sind der Hintergrund für die messianische Selbstdramatisierung, doch sie erklären sie nicht.

Was Hitler aus dem Bereich der Gemeinplätze heraushebt (und übrigens Karl Kraus' Behauptungen über die »Banalität des Bösen« widerlegt) ist seine gänzlich politische Erkenntnis des religiösen Bedürfnisses in der zeitgenössischen deutschen Gesellschaft und sein zunehmendes Vertrauen in die eigene Fähigkeit, dieses Bedürfnis für seine Sache auszubeuten.

Es stimmt zwar, daß der folgende Passus (im zweiten Band von *Mein Kampf*), wo diese Erkenntnis zum Ausdruck kommt, so verwickelt ist, daß man ihn kaum enträtseln kann. Die leeren Behauptungen, hilflosen Wiederholungen und angeberischen Pleonasmen, die ich dem Leser nicht ersparen kann (und die die Stelle zu einer geschmacklosen Parodie eines zeitgenössischen Doktor Teufelsdröckh machen), gehören zu den gängigen Mitteln eines Redners, der ein Publikum aus dem Volk »philosophisch aufklärt«. Doch der zentrale Gedanke – der dahin geht, daß die Ideale der Menschen ihren vitalen Bedürfnissen entsprechen – erscheint deutlich genug. Wir können uns nicht mit einer allgemeinen Definition der Religion begnügen, schreibt Hitler, da sie nicht imstande ist, uns »zu jener Wirksamkeit zu führen, welche der religiösen inneren Sehnsucht in dem Augenblick erwächst, da sich aus der rein metaphysischen unbegrenzten Gedankenwelt ein klar umgrenzter Glaube formt. Sicherlich ist dieser nicht der Zweck an sich, sondern nur ein Mittel zum Zweck; doch ist er das unumgänglich notwendige Mittel, um den Zweck überhaupt erreichen zu können. Dieser Zweck aber ist nicht nur ein ideeller, sondern im letzten Grunde genommen auch ein eminent praktischer. Wie man sich überhaupt darüber klarwerden muß, daß die höchsten Ideale immer einer tiefsten Lebensnotwendigkeit entsprechen, genau so wie der Adel der erhabensten Schönheit im letzten Grund auch nur im logisch Zweckmäßigsten liegt.

Indem der Glaube mithilft, den Menschen über das Niveau eines tierischen Dahinlebens zu erheben, trägt er in Wahrheit zur Festigung und Sicherung seiner Existenz bei. Man nehme der heutigen Menschheit die durch ihre Erziehung gestützten religiös-glaubensmäßigen, in ihrer praktischen Bedeutung aber sittlich-moralischen Grundsätze durch Ausscheidung dieser religiösen Erziehung und ohne dieselbe durch Gleichwertiges zu ersetzen [womit natürlich die Partei, ihre Dogmen und ihr Ritual gemeint sind], und man wird das Ergebnis in einer schweren Erschütterung der Fundamente ihres Daseins vor sich haben. Man darf also wohl feststellen, daß nicht nur der Mensch lebt, um höheren Idealen zu dienen, sondern daß diese höheren Ideale umgekehrt auch die Voraussetzung zu seinem Dasein als Mensch geben. So schließt sich der Kreis.«[8]

Dies ist die Schreibweise einer Zeit. In der Geschwollenheit des Ausdrucks erinnert die Stelle an das sozialdarwinistische und materialistische Denken von Gelehrten wie Ernst Haeckel, Ludwig Büchner und Alexander von Müller[9], des Historikers, dessen Vorlesungen an der Universität München Hitler im Frühjahr 1918 besucht hatte. Sie zeigt eine gewisse Vertrautheit mit der zeitgenössischen neoklassizistischen Ästhetik, vielleicht spielt sogar die Erwähnung der »Schönheit ... im logisch Zweckmäßigsten« auf die Schriften des Wiener Architekten Adolf Loos an. Und das Argument vom wechselseitigen Verhältnis zwischen »höheren Idealen« und »Lebensnotwendigkeit« gehört in den Gedankenkreis von Nietzsches *Genealogie der Moral.* Wo Nietzsche aus seiner Diagnose der kosmischen Verlassenheit des Menschen auf dessen Verantwortlichkeit für die eigene Zukunft schließt, bedeutet eben diese Diagnose für Hitler nichts mehr als eine Legitimation seines politischen Ehrgeizes. Meine frühere Behauptung, daß Hitler im Unterschied zu Mussolini von Nietzsche nur ein paar Schlagworte kannte, bleibt weiterhin gültig. Genauer als andere Denker erfaßte Nietzsche die Situation, die Hitler ausbeutete. Aus dieser Situation entstand Hitlers messianisches Bild, jene Religiosität verkörpernd, der Nietzsches ganze Verachtung galt. Die Schöpfung dieser Religiosität ist der politische Akt eines österreichischen Katholiken, doch durch seinen Anspruch auf Absolutheit gehört der Akt eher in einen deutschen als in einen österreichischen politischen Kontext.

Konfrontiert mit schweren Wirtschaftskrisen, Massenarbeitslosigkeit und kaum nachhaltiger Unterstützung durch die Westmächte, versucht die Weimarer republikanische Regierung, sich den rechten Flügel auf Kosten des linken mit einer Vielfalt neuer verfassungsrechtlicher, politischer und wirtschaftlicher Maßnahmen freundlich zu stimmen (wobei das Rechtssystem am wenigsten verändert wird). Nicht alle diese Maßnahmen scheitern – wir werden sehen, wie die Nationalsozialisten manche von ihnen übernehmen und das Verdienst für sich beanspruchen. Doch sie werden nur halbherzig durchgeführt, und zwar von einer Beamtenschaft, einer Polizei und Justiz, die weitgehend reaktionär sind. Dem demokratischen Regime gegenüber, das sie mit der »Erfüllungspolitik von Versailles« assoziieren, versagen die Beamten ihre Loyalität – ja, sie gehen auf die Zerstörung des neuen Staates aus. Die aktivsten Mitglieder dieser Gesellschaft sind zugleich die aufsässigsten. Die meisten von ihnen haben keine politischen Bindungen, einige kommen von der nationalistischen Rechten her, andere von der enttäuschten Linken. Nicht bereit, den kriegerischen Geist der Schützengräben und des »Nachkriegs« (der militärischen Scharmützel der Freikorps) aufzugeben, sehen sie ihr eigenes gesellschaftliches Versagen als nationales Unglück; und Schriftsteller wie Spengler und Ernst Jünger beteuern ihnen, daß ihr Versagen eine weltgeschichtliche Bedeutung habe. So suchen sie nun eine religiöse Lösung: religiös heißt hier total, absolut und Gegenstand des Glaubens, nicht der vernünftigen Überlegung. Und da sie nach einem einzigen »totalen« Ding suchen (von dem sie erwarten, daß es alle Interessen und alle auf einmal befriedigt), erscheint ihr Idealismus durchaus vereinbar mit materiellen Befriedigungen. In Wirklichkeit suchen sie gar nicht nach einer Lösung, sondern nach einer *Erlösung* – freilich soll diese nicht eine Alternative und weltloser Ersatz für materielle Interessen sein, sondern die Summe und Rechtfertigung eben jener Interessen.

Die Verkörperung dieser Erlösung finden sie im messianischen Führer. Je totaler und »religiöser« oder (um eines von Hitlers Lieblingswörtern zu gebrauchen) »fanatischer« die Forderungen sind, die er an sie stellt, und je kompromißloser sein Ruf nach den kriegerischen Tugenden des Gehorsams, der Härte und der Selbstaufopferung, um so sicherer sind sie, daß seine Berufung auf eine vom »Herrgott« verliehene Autorität und auf den »historischen« Charakter seiner Sendung authentisch, daß er der wahre Messias ist. In einer Zeit, der es weitgehend an gültigen religiösen Dogmen und auf Loyalität beruhenden gesellschaftlichen Institutionen gebricht – in einer unfreundlichen Zeit des geistigen Chaos und der materiellen Not – wird sein messianischer Glaube als anachronistisch im doppelten Sinne, als zugleich rückwärtsgewandt *und* utopisch erfahren und begrüßt. Je weiter das messianische Bild sich von dem Status quo entfernt, der die unmittelbare Quelle der Unzufriedenheit ist, desto mehr wird es zu einem Objekt des Glaubens und zu einem starken Faktor gesellschaftlicher Integration.

Ernst Noltes eingehende Beschreibung und Analyse des Faschismus gipfelt in der Behauptung, daß dieser in jeder seiner drei Formen (*Action française,* italienischer Faschismus, deutscher Nationalsozialismus) einen Angriff auf die Idee der »Transzendenz« darstelle[10]. Unter Transzendenz versteht Nolte die theoretische (bzw. philosophische oder theologische) Fähigkeit des Menschen, eine Idee oder ein Ziel zu entwerfen, das über seiner eigenen unvollkommenen und banalen Existenz steht, und zugleich auch die Gabe, seine Praxis von einer solchen Idee oder einem solchen Ziel leiten zu lassen: »Unter theoretischer Transzendenz ist das Hinausgreifen des Denkens über alles Gegebene und Gebbare in Richtung eines absoluten Ganzen zu verstehen; in einem Sinne soll jede Art des Überschreitens so heißen, die den Menschen aus der Befangenheit des Alltäglichen löst und als ›Horizontbewußtsein‹ das Ganze der Welt ihm erfahrbar macht.«[11] Folglich werden Denker von Parmenides bis Hegel, Marx und Max Weber – trotz aller Unterschiede ihrer Ziele – als Verkünder einer so definierten »Transzendenz« angesehen, Charles Maurras, Mussolini und Hitler dagegen als ihre unversöhnlichen Feinde. Eine enttäuschende Schlußfolgerung eines bemerkenswerten Buches, und angesichts mancher Formulierungen[12] fragt man sich schließlich, ob die Kritik sich scharf genug von ihrem Gegenstand distanziert. Was Hitler angeht, bedarf Noltes Behauptung jedenfalls einer beträchtlichen Modifizierung, für die seine eigene Behandlung des Nationalsozialismus das Material liefert: Hitlers Attacke gegen die »Welt als ein Ganzes« ist gerade deshalb so erfolgreich, weil sie unter dem Bild und in der Sprache der Transzendenz geführt wird, als Antwort auf eine religiöse Sehnsucht und Forderung. Nolte würde wohl zustimmen, daß dies die *falsche* Antwort war, doch die Gründe für solch ein Urteil liefert seine im Kern antinomistische Beweisführung nicht. Warum sollte der gigantische Vernichtungstraum, den Hitler nicht nur träumte, sondern in die Praxis umzusetzen versuchte, *nicht* als ein Plan angesehen werden, die menschliche Existenz in Richtung auf ein (rassisch reines) Ganzes zu transzendieren und den Menschen von der »Befangenheit im Alltäglichen« zu befreien? Bei einem solchen Argument kommt doch gewiß alles auf die Art an, wie jenes »Ganze« begriffen wird – und gerade in der Frage, ob das metaphysisch gültige »Ganze« nun »Stoff oder Geist, Kosmos oder Chaos, ein Gott oder ein Teufel« sein soll, ist Nolte erstaunlich indifferent. Wie beim Nationalsozialismus selbst liegt der Schwerpunkt seiner Argumentation ganz auf dem »Hinausgreifen des Denkens« und gar nicht auf den moralischen und politischen Sicherungen, mit denen dieses »Hinausgreifen« verbunden sein muß, wenn es nicht in eine negative Utopie abgleiten soll. Sein Argument war schon einmal da. Im Jahre 1943 kritisierte Ernst Jünger den Nationalsozialismus, weil er die falsche, nämlich eine »ametaphysische Lösung« darstelle[13]. Es gibt radikalere Einwände ...

12. Die Gleichgültigkeit gegenüber der Freiheit

Wenn hier ein pervertiertes religiöses Bedürfnis als Grund für die Anziehungskraft des »Führerwillens« genannt wird, so sollen damit die eher weltlichen Erklärungen nicht vernachlässigt werden, die unser Bild der dreißiger Jahre geprägt haben. Für die Mehrzahl der deutschen Wähler zwischen 1929 und 1933 war die Verheißung wirtschaftlicher Stabilität einerseits und einer »totalen« Reorganisation – einer »Wiedergeburt« – der deutschen Gesellschaft andererseits zweifellos die wichtigste Attraktion, wobei allerdings zu bemerken ist, daß diese zwei Ziele unvereinbar waren und bald die prekäre Einheit der Partei sowie nach 1933 des Staates gefährdeten. Die Furcht vor einer kommunistischen Revolution wie vor sozialistischen Reformen, die Aversion gegen ein schwaches parlamentarisches System, der Konformismus der Mittelklasse und die notorische Liebe zur Ordnung – das ganze Syndrom eines überholten Obrigkeitsstaates – wurden in vollem Umfang ausgebeutet. Den Industriellen und Patriziern der Volkspartei wurde versprochen, nichts zu tun, was die alte autoritäre Struktur erschüttern könnte (ein Versprechen, das mit dem »Führerprinzip« des totalitären Staates unvereinbar war), und wieder war es die erfolgreiche Parteipropaganda, die diesen Widerspruch verschleierte. Je nach ihren Interessen setzten verschiedene soziale Gruppen ihre Hoffnungen auf Vollbeschäftigung einerseits und auf strikte Arbeitskontrolle und niedrige Löhne andrerseits; auf wirtschaftliche Autarkie, auf revanchistische Politik gegen das »Verbrechen von Versailles« oder auf den alten Traum eines »Großdeutschland«, das sich über die Grenzen von Bismarcks Reich hinaus erstrecken sollte. Doch so verschieden auch ihre Ziele waren, in einer Hinsicht konnten Hitler und die Parteiführung mit der Zustimmung aller rechnen – sowohl derer, die ihm zur Macht verhalfen, wie auch seiner Opponenten, besonders der Kommunisten: Alle waren bereit, die politische Freiheit einem Gesetz zu opfern und alle (mit Ausnahme der Zeugen Jehovas) waren bereit, die individuelle Gewissensfreiheit aufzugeben. Hitler selbst verstand es, sich diese Gleichgültigkeit zunutze zu machen. Auf der Höhe seiner Macht verkündete er, die Bereitschaft, auf die Freiheit zu verzichten, sei das Zeichen einer wahrhaft kultivierten Nation; und er fügte hinzu: »denn je primitiver die Menschen sind, desto stärker empfinden sie jede Einschränkung ihrer persönlichen Freiheit als Zwang«[1].

Die Sorge um die bürgerliche Freiheit war erstaunlich gering – selbst heute, in einer völlig veränderten Lage, machen deutsche Historiker von dem Thema nur wenig Aufhebens. Alle anderen Aspekte des Regimes sind ausführlich behandelt worden: die soziologische Zusammensetzung der Partei, Form und Inhalt der Gesetzgebung, die ideologischen Grundsätze und Widersprüche, der Terror und die Bürokratie, die ihn möglich machte; die internen Taktiken und außenpolitischen Schachzüge Hitlers und natürlich seine Kriegführung ..., aber die grundlegende Verletzung jeder Idee von Freiheit in welchem Sinne auch immer – im westlichen wie in dem der deutschen liberalen Tradition – hat nur wenig Beachtung gefunden.

Noch heute gilt es als viel zu selbstverständlich, daß in den dreißiger Jahren der Verlust der Freiheit kaum wirklich als solcher empfunden wurde, weder von den Ideologen des Regimes und seinen Mitläufern noch von seinen Gegnern. (Von der Möglichkeit einer rein individuellen Opposition sprechen wir später.) Am 23. März 1933 fand im Reichstag die letzte wirkliche – öffentliche – politische Debatte im nationalsozialistischen Deutschland statt. Hitler war am 5. März mit 43,9 Prozent aller Stimmen (und 288 Abgeordneten in einem Reichstag von 647, in dem die Sozialdemokraten 120 und die Kommunisten 81 Stimmen hatten) zum Reichskanzler gewählt worden und forderte jetzt für sich und seine Regierung, in der es damals und in den nächsten Monaten keine nationalsozialistische Mehrheit gab, ein Ermächtigungsgesetz auf vier Jahre. Da die Kommunisten ihre Mandate nicht wahrnehmen konnten, weil man sie ganz einfach ins Gefängnis gesteckt oder in »Schutzhaft« genommen hatte, war der einzige Redner, der sich gegen Hitler stellen konnte, Otto Wels, der Führer der sozialdemokratischen Reichstagsfraktion. In einer Situation, in der die SA vor dem Gebäude johlte, mehrere SPD-Abgeordnete auf ihrem Weg in die Kammer verprügelt oder festgenommen worden waren und Hitler drei Wochen lang eine Atmosphäre des Terrors geduldet hatte, war die Tatsache, daß Wels überhaupt sprach, ein Akt echter Zivilcourage – doch sonst ist an seiner Rede kaum etwas bemerkenswert. In seiner Opposition gegen das Ermächtigungsgesetz beruft sich Wels *einmal* kurz auf die Verfassung und ihre Garantie für die Freiheit unter dem Gesetz – und dabei bleibt es. Alles übrige an der Rede stimmt melancholisch. In keiner Weise widerspricht er Hitlers Plänen für wirtschaftliche Autarkie und Wiederaufrüstung. Wie Hitler verhöhnt auch er die sozialistische Opposition, die sich zu jener Zeit in Prag versammelte (und der er sich selbst noch vor Jahresende anschließen sollte). Er bedauert die Zerstörung der Pressefreiheit, schränkt jedoch seine Bemerkungen sofort ein mit dem Hinweis auf »Übertreibungen« der ausländischen Presse in ihren Berichten über die innerdeutsche Lage. Die Sozialdemokraten, versichert er seinen Zuhörern, seien stets genauso patriotisch gewesen wie die Nationalsozialisten, und dies gelte noch immer. Die Sozialdemokraten seien die ersten gewesen, die »der Unwahrheit von der Schuld Deutschlands am Ausbruch des Weltkrieges entgegengetreten« seien, die ersten, die gegen die Ungerechtigkeit der Reparationen protestiert, die ersten, die Deutschlands Ehre vor dem europäischen Gerichtshof verteidigt hätten; den Sozialdemokraten lägen die wirtschaftlichen Nöte aller Klassen ebenso am Herzen wie den Nationalsozialisten: »Unsere Leistungen für den Wiederaufbau von Staat und Wirtschaft, für die Befreiung der besetzten Gebiete werden vor der Geschichte bestehen.«

Hitler wie Wels sprachen freilich zu einem viel größeren Publikum als dem Reichstag, und keiner von ihnen brachte etwas vor, was dieses Publikum nicht schon gewußt hätte. Daß Hitler absolute Vollmacht forderte, war ebenso vorauszusehen wie die Opposition der Sozialdemokraten und ihre Unfähigkeit, dabei in geschlossener Front aufzutreten. War es bereits zu spät? In einem gewissen Sinne – eben in dem der Hitlerschen dreißiger Jahre – hatte Wels die Redeschlacht schon verloren, noch ehe Hitler sich unter dem Feldstecher des Reichstagspräsidenten Göring erhob, um zu antworten. Denn in *diesem* Spiel, das er die vergangenen dreizehn Jahre hindurch gespielt hatte, war sich Hitler des Sieges gewiß. Dies war, wie bemerkt worden ist, einer der sehr wenigen Anlässe in seiner Laufbahn, wo er sich auf eine echte Debatte aus dem Stegreif einließ. Wer immer an seiner Fähigkeit im parlamentarischen Debattieren zweifelt, sollte seine Antwort nachlesen[2]. Sie ist zwar, wie Bullock anmerkt[3], in keiner Weise großzügig, doch sie nimmt die einzelnen Punkte auf, die Wels angesprochen hatte. Aus den Notizen, die er sich während der Rede gemacht hatte, konstruiert Hitler ein rhetorisches Gefüge, das in seiner Kunst der Reprise, der sarkastischen Litotes, der Anapher und anderer Tricks aus der Rednerkiste durchaus der Totenrede des Mark Anton gleicht. Wels wie Hitler bedienen sich in ihrer Ansprache an die breite deutsche Öffentlichkeit der Sprache des Nationalismus – der eine zögernd und mit einer abschließenden Note der Verzweiflung, der andere mit der Gewißheit eines Sieges, *der ihm noch nicht gehört,* den ihm aber diese Rede (und ein halbes Dutzend weitere in diesen entscheidenden sechs Wochen) sichern wird.

Das Resultat der Debatte stand fest. Nachdem er sich die Zustimmung der Zentrumspartei bereits vorher gesichert hatte, bekam Hitler sein Ermächtigungsgesetz mit einer bequemen

Mehrheit (441 zu 94). Und Wels? In seinem Bemühen, seinen Ruf als Patriot zu wahren, dachte er ebensowenig an einen Appell an die Solidarität der internationalen Arbeiterklasse wie seine Vorgänger in der berüchtigten Debatte um die Kriegsanleihen vom 4. August 1914. Die Sprache der politischen Freiheit stand ihm nicht mehr zu Gebote: dies bestätigt das Ausmaß, in dem es Hitler und seiner Partei gelungen war, alle Alternativlösungen der Krise zu diskreditieren. Von nun an war alle Opposition auf individuelle Proteste reduziert.

Das Schicksal der Zentrumspartei, ohne deren geschlossene Zustimmung Hitlers Mehrheit unsicher gewesen wäre, sollte ähnlich, doch weniger ehrenhaft verlaufen. Würde Hitler die Versprechungen einhalten, mit denen er die Stimmen dieser Partei gekauft hatte? Zwei Tage nach der Debatte schreibt eines ihrer Mitglieder: »Läßt es sich sittlich und politisch rechtfertigen, einer Regierung, welche so ganz andere Instinkte hat als wir wünschen müssen, eine so weitgehende, noch nie dagewesene Vollmacht zu bewilligen? Das Zentrum war stets die Partei des Rechtes und der Verfassung, auch der Freiheit. Was jetzt geschehen ist, hat mit Recht, Freiheit und der Verfassung nicht das mindeste noch zu tun ...« Und deshalb muß protestiert werden? Im Gegenteil: »Immerhin: Wir sind 1919 ruhig und entschlossen in das Schiff der Sozialdemokratie eingestiegen – da konnten wir ebenso 1933 in das Schiff der Nationalsozialisten einsteigen und versuchen, die Hand mit an das Steuer zu legen ... Das wäre gewiß eine große Sache, und wenn es so kommt, wird jedermann aus unserer Partei die jetzige Stellungnahme der Fraktion preisen. Gerade wie nach 1919, da das Zusammengehen mit den Sozialdemokraten uns vor dem Bolschewismus bewahrte. Schon wenn uns das Zusammengehen mit den Nationalsozialisten auch jetzt gegen Kommunismus, Bolschewismus und Anarchie schützt! Das letztere ist jetzt eine Hauptsache. Man kann sagen: *prius vivere, deinde philosophari.* Erst die Gefahr des Kommunismus bannen; das weitere muß sich dann finden.«[4]

Bezeichnend an diesen und ähnlichen Trauerreden am Grab der Demokratie ist natürlich die völlig falsche Einschätzung des künftigen Verhaltens der nationalsozialistischen Partei – als hätte es während der dreizehn Jahre vorher auch nur den geringsten Anhaltspunkt dafür gegeben, daß sie sich nach der Machtergreifung anders verhalten würde. Doch in dieser falschen Einschätzung steckt auch ein Element von willentlicher Blindheit; erschreckend ist, wie leicht es den Nationalsozialisten gemacht wurde, sich hinter legalen Formalitäten zu verstecken. Sie selbst machten die Absichten ihrer Partei so deutlich wie möglich. Jede Berufung auf das Recht wurde bei ihnen zu einer Farce, gespielt vor einem Publikum, das (wie der gute Herr Biedermann) bei der Untergrabung seiner eigenen Institutionen wacker mithalf: »Wir gehen in den Reichstag hinein«, verkündete Goebbels im Jahre 1928, »um uns im Waffenarsenal der Demokratie mit deren eigenen Waffen zu versorgen. Wir werden Reichstagsabgeordnete, um die Weimarer Gesinnung mit ihrer eigenen Unterstützung lahmzulegen. Wenn die Demokratie so dumm ist, uns für diesen Bärendienst Freifahrkarten und Diäten zu geben, so ist das ihre eigene Sache ... Uns ist jedes gesetzliche Mittel recht, den Zustand von heute zu revolutionieren ... Auch Mussolini ging ins Parlament ... Man soll nicht glauben, der Parlamentarismus sei unser Damaskus ... Wir kommen als Feinde! Wie der Wolf in die Schafherde einbricht, so kommen wir.«[5]

Was die verheerenden Fehlurteile (trotz so klarer Ankündigungen) möglich machte, war keineswegs bloß die Furcht vor dem Sozialismus und Kommunismus. Wichtiger scheint mir die allgemeine Gleichgültigkeit gegenüber jenen Gesetzen, die die persönliche und die politische Freiheit wie auch die Unabhängigkeit des Parlaments verbürgen. Diese Gesetze waren es, die nun eins nach dem anderen als erste außer Kraft gesetzt wurden. Überspannte Erwartungen einer geistigen Erneuerung durch die Politik – Erwartungen, wie sie die parlamentarische Demokratie nicht zu erfüllen vermag – gingen Hand in Hand mit einer konsequenten Vernachlässigung der elementarsten politischen Sicherungen. Ein monströser Legalismus auf einer schwachen demokratischen Basis – dies war das vorherrschende Ethos der deutschen Staaten im neunzehnten Jahrhundert, und dies war das Erbe, das die Nationalsozialisten zu nützen wußten.

Was Hitler bot, befriedigte somit ein ganzes Spektrum von Erwartungen und Hoffnungen nationaler, politischer, wirtschaftlicher, sozialer, kultureller und religiöser Art. Er schien zweifelsohne an den Staat als Quelle nationaler Zusammengehörigkeit und »positiver« Politik zu glauben. Allein Freiheitsliebende hätten weder in seinem Programm noch in seinen Plänen etwas Gutes entdecken können: die gab es zwar, aber nicht in der Politik.

13. Drei Weise

Diese Vernachlässigung freiheitlicher Prinzipien beschränkte sich nicht auf die Politiker. Sie war ebenso unter den Intellektuellen zu finden: die drei folgenden Beispiele sollen zeigen, daß Freiheit nicht zu den Werten gehörte, die ihnen wichtig erschienen.

Die Hauptgefahr der modernen Welt, schreibt Karl Jaspers in *Die geistige Situation der Zeit*[1], ist die Massengesellschaft, die von »anonymen Kräften« beherrscht wird. Sein Buch wurde 1931 in einer der populärsten Taschenbuchreihen veröffentlicht und erschien schon im folgenden Jahr in einer revidierten sechsten Auflage – doch über die Partei, die damals gerade zum definitiven Griff nach der Macht ansetzte, verliert der Autor kein einziges Wort. Der Bolschewismus und die »mechanische Dialektik des Marxismus«, der Atheismus, die Bürokratie, die Homosexualität und die Psychoanalyse sind die Faktoren, die zur Entfremdung des modernen Menschen und zum Zusammenbruch der menschlichen Werte führen[2]. Der Mensch in seiner gegenwärtigen Lage – schreibt der Heidelberger Weise – ist unfähig zu verantwortlichen politischen Entscheidungen (dasselbe Argument wird, nun schon ziemlich abgegriffen, dreißig Jahre später von Herbert Marcuse wiederholt); Demokratie bedeutet Herrschaft des Pöbels, Gleichmacherei und Haß auf alles Überdurchschnittliche. Politische Erziehung als Gegenmittel wird nicht erwähnt. Statt dessen werden wir belehrt, daß eine geistige Aristokratie und »echte Führer« erforderlich seien, die »sie selbst« zu sein vermögen. Sie werden kontrastiert mit »denen, die in sich nur eine Leere fühlen, keine Sache als die ihre kennen, sich selber fliehen«. All diese Eigenschaften, die Jaspers beklagt, werden zusammen mit ihrem Gegenteil, dem »Selbstsein des Menschen« als rein private Charakterzüge begriffen. Was sie mit irgendeinem realistischen Versuch zu tun haben, die gesellschaftlich-politische Not der Zeit zu lindern, wird nicht gesagt. Während er die Möglichkeit einer Lösung der Krise durch verfassungsmäßige Beschränkung der politischen Macht völlig ignoriert, verwirft er jede Kontrolle durch Öffentlichkeit als Zersetzung der Staatsidee. Im ganzen Bereich der Politik gibt es nichts als unaufhörliche Kämpfe zwischen »Führer« und »Massen«, *alle* Aspekte des sozialen Lebens dienen dem technologischen Mythos. (Eine frühe Formulierung dieser Theorie ist bei Ortega y Gasset zu finden; die jüngste Fassung haben wir in Speers Autobiographie gesehen.)

Mit Jaspers' wiederholtem Lob des »Selbstseins des Menschen« sind wir wieder bei der Theorie der Authentizität. Gewiß ist die Fassung, die Jaspers dieser Theorie gibt, frei von aller Aggressivität und Gewaltsamkeit: die Heilmittel gegen das Leiden der Zeit sollen nicht in einem persönlichen oder kollektiven Heroismus gesucht werden, sondern in der rein privaten Sphäre der »Selbstbesinnung des Geistes«. Doch indem Jaspers alles politisch reflektierende Handeln als uneigentlich abtut und der Institutionalisierung von Gruppenkonflikten die Würde ernsthaften Nachdenkens abspricht, befürwortet er – wie Heidegger und unzählige andere vor ihm – implizit die Haltung des politischen Quietismus und Konformismus. Und was die Freiheit betrifft, so heißt es: »Die Geschichte des Menschen [ist] ein vergeblicher Versuch, frei zu sein«: sein Moment der Freiheit liegt in der Bejahung des Scheiterns. Oder aber die Freiheit existiert in den Lücken, die der Mensch sich im Riesenapparat der Technologie sucht; und das heißt wiederum, daß sie ein rein privater Wert jenseits der Gesetze ist – ein Wert, auf den der Mensch wie zufällig in der größtmöglichen Abgeschiedenheit von der »geistigen Situation der Zeit« stößt. Jaspers' Buch ist von einer falschen – unter den gegebenen Umständen fatalen – Zeitlosigkeit. Abgesehen von seiner idiosynkratischen Terminologie hätte es hundertdreißig Jahre früher als wehmütig-ratloser Protest gegen die Französische Revolution geschrieben werden können.

In Freuds *Das Unbehagen in der Kultur* (1930)[3] wird dieselbe Situation in weniger exaltierten und anscheinend realistischeren Worten behandelt. Als Sozialkritik stellt das Buch keinen Fortschritt gegenüber dem schwachen Essay *Zeitgemäßes über Krieg und Frieden* (1915) dar, in dem Freud die kriegerische Auseinandersetzung von Völkern analysierte, als handele es sich um eine Rauferei zwischen angriffslustigen Individuen wie »dem Österreicher«, »dem Franzosen«, »dem Engländer« und »dem Russen«, die eben verschiedene »Kinderstuben« hätten. In *Das Unbehagen in der Kultur* sieht er – wie Jaspers – die moderne Welt als einen Kampfplatz zwischen »Individuum« und »Massen«. Er spekuliert zwar (mit Hilfe von nicht weiter untersuchten Metaphern) über die psychische Genealogie unserer Zivilisation, doch über ihre wirklichen Gegebenheiten verliert er kaum ein Wort. Auch Freud hält die Menschen für unfähig zur Freiheit und durch sie bedroht. Auch er sieht ontogenetische und phylogenetische Veränderungen als identisch – die private Sphäre als identisch mit der öffentlichen.

Mit Ausnahme der religiösen Reformatoren gibt es für den Trugschluß, daß man die Individuen verändern müsse, bevor man ihre gesellschaftlichen Ordnungen verändert, keinen mächtigeren Fürsprecher als Sigmund Freud. Alle Ansätze zu gesellschaftlichen Reformen behandelt er mit einem Schuß Ironie und mit einem radikalen Pessimismus, und im »psychologischen Elend der Massen« sieht er – mit einem Seitenhieb erst auf Rußland, dann auf Amerika – die größte zeitgenössische Gefahr. Im Verlauf seiner Erklärung des »psychologischen Elends« wird eine gewisse Theorie des modernen gesellschaftlich-politischen Lebens aufgestellt – »Diese Gefahr droht am ehesten, wo die gesellschaftliche Bindung hauptsächlich durch Identifizierung der Teilnehmer untereinander hergestellt wird, während Führerindividualitäten nicht zu jener Bedeutung kommen, die ihnen bei der Massenbildung zufallen sollte«[4] – und sofort wieder fallengelassen. Denn die Frage, welche Bedeutung diesen »Führerindividualitäten« zukommen sollte, bleibt offen. Das Aperçu über das »psychologische Elend der Massen« mündet in jene berühmte Diskussion über den »Todestrieb«, der auf einen mythologischen Urvater zurückgeführt wird. Was aber nach dem prähistorischen »Ereignis« des Vatermords geschieht, warum dieser Trieb in manchen Geschichtsepochen und Kultursituationen mächtiger wirkt als in anderen, und warum *dieses* das Zeitalter des »Unbehagens« (bei Jaspers des »Scheiterns«) sei – all das wird uns vorenthalten. Die Möglichkeit, geschichtliches und institutionelles Denken als solches und nicht als ein Symptom individueller oder kollektiver Neurosen kritisch zu untersuchen, bleibt ebenfalls außer Betracht. Für 1930, das Jahr, in dem die »Führerindividualität« 11,4 Millionen Stimmen erhielt, sind Freuds Bemerkungen zum Zustand der zeitgenössischen Welt von einer überraschenden Verständnislosigkeit.

C. G. Jungs berüchtigter Aufsatz vom März 1936[5] besitzt zumindest den Vorteil, daß er sich mit einem tatsächlichen Aspekt des Nationalsozialismus befaßt, nämlich mit der Propagierung einer vorchristlichen, germanischen Mythologie und dem dazugehörigen Ritual. Die Wiederbelebung des Wotankults war Teil der »völkischen« Ideologie aus den letzten Jahren der wilhelminischen Epoche. Spuren dieses »germanischen Glaubens« lassen sich in Ernst Bertrams Nietzsche-Buch von 1918 finden, vor allem aber enthält Alfred Rosenbergs *Mythus des 20. Jahrhunderts* (1930) lange und wortreiche Kapitel darüber. Hitler (also doch vielleicht nicht *ganz* humorlos) empfand die Absurdität dieses Kultes und lehnte ihn ab, da er eine grundsätzliche Auseinandersetzung mit dem katholischen Klerus (der in Rosenbergs Buch angegriffen worden war) auf die Zeit nach dem gewonnenen Krieg verschieben wollte. Er argumentierte gegen dieses Sektierertum in den einleitenden Abschnitten zum zweiten Teil von *Mein Kampf* (1925), ignorierte Rosenbergs Buch und vertrat (wenigstens in seinen öffentlichen Verlautbarungen) die Ansicht, es gebe keinen Konflikt zwischen der »Weltanschauung« der Partei und den beiden staatlich anerkannten christlichen Konfessionen. (Seine endgültigen Absichten, wie sie in den *Tischgesprächen* zum Ausdruck kommen, sahen freilich anders aus.)

C. G. Jungs Aufsatz wendet sich an das wichtigste Gründungsdokument des »germanischen Glaubens«, an Jakob Wilhelm Hauers *Deutsche Gottschau. Grundzüge eines deutschen Glaubens*[6], das im Herbst 1933 erschienen war. Dieses Buch ist wesentlich weniger aggressiv als das Rosenbergs; Hauers Antisemitismus ist sorgsam verschleiert; das Christentum ist hier weniger der Gegner der arisch-germanischen Tradition als einfach irrelevant. Als Arbeit eines angesehenen Indologen hat Hauers Buch einen wissenschaftlichen Anstrich, ist reich an literarischen und liturgischen Zitaten und voll von phantasiereichen Beispielen aus der vergleichenden Mythologie. (So wird z. B. die Geschichte vom Purusha-Baum in der Rigveda zurückgeführt auf den Baum Yggdrasil in der Edda, von dort geht es über den platonischen Mythos zur germanischen Eiche, dann wieder zu einem Bild bei Jakob Böhme und so weiter ...) Auch enthält Hauers Buch keinerlei Aufforderung zu politischem Handeln oder zu irgendeiner konkreten Aktion, der passionierte Stil steht ausschließlich im Dienst seiner religiösen Botschaft. Die christliche Tradition, so erfahren wir, ist alldem fremd, was im deutschen religiösen Denken, in deutscher Philosophie und Dichtung das Wertvollste ist; Meister Eckart, Goethe und Hegel sind die Propheten einer Vision deutscher Humanität, die von levantinischen Verkrustungen befreit werden muß. Die Christianisierung Deutschlands, meint Hauer, hat nicht wirklich Wurzel gefaßt (eine Ansicht, die Hauer mit Heinrich Heine teilt, wenngleich es zweifelhaft ist, ob er dem Dichter für seine Entdeckungen dankbar gewesen wäre ...). Die deutsche Kultur ist die wahre Erbin der »indogermanischen« Geistigkeit, deren authentische Vertreter Plato und Plotin sind; die Evangelien dieser Kultur sind die altnordischen Mythen. Der wahre Gott der Germanen ist entweder namenlos oder ist Wotan, »der Ergreifer« (ein Beiname, den Hölderlin und Nietzsche dem Gott Dionysos verliehen hatten). Er ist der Gott der Gegensätze und Widersprüche – der Wiedergeburt und des Untergangs, des Guten und Bösen, transzendent und immanent, Erteiler des »Segens der Sünde«. Alle starken Tugenden, als da sind Edelmut und wahrhaft männliche Frömmigkeit, Gerechtigkeit, Schicksalsglaube und Opferbereitschaft, haben lange vor dem semitischen Christentum existiert, sind als wesenhaft germanische Tugenden die »Urphänomene« der »Gottesschau«, zu welcher die Leserschar dieses angeblich volkstümlichen Buches angespornt wird. (Hauer schrieb übrigens auch eine Abhandlung »für Theologen und Religionsphilosophen«, die ich nicht gelesen habe, da ich mich weder zu den einen noch zu den anderen zähle.) Als er sich endlich seiner eigenen Zeit nähert, verkündet der Verfasser, daß die Revolte des Menschen gegen die Götter – verkörpert in Prometheus, in Faust, in Nietzsches »Übermenschen« und im »deutschen Atheismus« – ihren Ursprung hat in der »Überzeugung von der Unzerbrechlichkeit eines vornehmen Manneswillens«. Diese zeitgenössische Revolte ist eine »grundsätzlich« religiöse Haltung, denn sie ist »... der Durchbruch des Menschen zu einer lebensunmittelbaren Selbständigkeit, aus der erst wieder echter, der Lage gewachsener Glaube entsprießen kann ...«[7] Eine weitere Aufzählung dieser euphorischen Behauptungen wäre wohl ebenso langweilig wie der Versuch, sie zu kritisieren. Der springende Punkt des Buches ist einfach genug: Die Wiedergeburt des »germanischen Glaubens« ist nahe, denn das junge Reich und sein Führer haben die angemessenen Bedingungen geschaffen, unter denen dieser »Glaube« endlich zu einer »geschichtlichen Wirklichkeit« wird.

In seinem Aufsatz nimmt Carl Gustav Jung dieses Mythologem von Hauer völlig ernst und erwartet von seinen Lesern, daß auch sie es als den Ausdruck einer durchaus echten geistigen Verfassung akzeptieren. Die religiöse Dimension des Nationalsozialismus ist für Jung nicht eine Sache der Propaganda, sondern die tatsächliche psychische Grundbedingung des zeitgenössischen Deutschland; und wer mit einem Blick auf das Regime wieder einmal vom »furor teutonicus«[8] spricht, der »psychologisiert« lediglich eine echt »archetypische« Erscheinung. Hauers Buch, so meint der Schweizer Weise, kann man »nicht ohne Rührung lesen, wenn man es nämlich als den tragischen und wirklich heldenhaften Versuch eines gewissenhaften Gelehrten betrachtet, welcher, ohne zu wissen, wie ihm geschah, als ein Angehöriger des deutschen Volkes von der unhörbaren Stimme des Ergreifers aufgerufen und ergriffen wurde ...«[9] – ja, Hitler selbst ist ein derart »Ergriffener« und muß seine Ekstase dem Volk überbringen[10]. Nicht zufrieden mit dieser Erklärung, ist Jung darauf bedacht, daß das, was er sagt, nicht bloß metaphorisch verstanden werde: »Es gibt Vertreter der deutschen Glaubensbewegung, die intellektuell und menschlich durchaus in der Lage wären, nicht bloß zu glauben, sondern auch zu wissen, daß der Gott der Deutschen Wotan ist und nicht der universale Christengott. Dies ist keine Schande, sondern ein tragisches Erlebnis.«[11] (Auch hier wieder, in der Redewendung vom »tragischen Erlebnis« eines ganzen Volkes, zeigt sich der ontogenetische Trugschluß.) Und wie zu erwarten, wird auch am Ende des Jungschen Traktats die Chance der Freiheit geleugnet: »Wir Außenstehende beurteilen den gegenwärtigen Deutschen viel zu sehr als verantwortlich zu machenden Handelnden; es wäre vielleicht richtiger, ihn zum mindesten auch als Erleidenden zu betrachten.« Manche der »deutschen Gläubigen« müssen diesen prominenten neuen Verbündeten gewiß begrüßt haben, zumal sie sahen, daß viele Parteifunktionäre (Himmler ausgenommen) ihren heidnischen Mätzchen sehr sarkastisch gegenüberstanden.

Was mag diesen Schweizer Patrizier durchaus liberaler Einstellung, der kurz zuvor Deutschland besucht und einige Führer des Regimes (unter ihnen Goebbels) persönlich kennengelernt hatte, wohl bewogen haben, in diesem Eintopf aller möglichen mythologischen Ingredienzien einen echten religiösen Glauben, das moderne deutsche Analogon zum Christentum zu erkennen? War es seine Theorie der Archetypen, die ihm erlaubte, den gleichen amoralischen, rein funktionalen Wert sehr unterschiedlichen psychischen Erscheinungen zuzuschreiben, solange sie nur eine bestimmte emotionale Potenz, eine gewisse psychische Energie aufweisen? Ob dieses arge Mißverständnis wirklich aus der Jungschen Theorie abgeleitet werden kann, vermag ich nicht zu beurteilen; andere sind gewiß zu ähnlichen

Bewertungen des »deutschen Heidentums« gelangt, ohne sich auf diese Theorie zu beziehen. Hier ist jener »dynamische« Fehlschluß am Werk, demzufolge alle psychische Energie *de facto* positiv, alle »Bewegung« ein Zeichen von Kraft, alle Kraft göttlich und alles Göttliche dynamisch ist. So eng ist dieser Fehlschluß mit der Ansicht verbunden, daß Authentizität den höchsten Wert darstellt, und mit dem »religiösen« Element der Ideologie des Willens, daß wir bei diesen drei – psychische Energie, persönliche Authentizität, Willensideologie – als von drei Aspekten ein und derselben Sache sprechen können. Und diese Sache ist eben das metaphysische Dogma des Faschismus.

14. Institutionelle Normen

In Ermangelung einer wirksamen liberalen Tradition und angesichts des Versagens einer bürgerlichen Regierung nach der anderen (ganz zu schweigen vom trostlosen Paktieren der Kommunisten) entstand die Sehnsucht nach einem charismatischen Führer, der die geheimen Hoffnungen, Ängste und den Schicksalsglauben der Unzufriedenen und Schlechtweggekommenen – aber auch der Notleidenden – aller Klassen auszudrücken vermöchte: an diese Situation mag Freud gedacht haben, als er vom »Elend der Massen« sprach, und Jaspers und Jung, als sie die »Drohung anonymer Mächte« heraufbeschworen. Jener »Idealismus« und jene »religiöse Inbrunst«, die die Propagandisten der Partei immer wieder betonten, die die leicht zu beeindruckenden ausländischen Beobachter bewunderten und die auch heute noch hin und wieder von den Apologeten erwähnt werden, bezogen sich vor allem auf das Bild eines Führers von gottgleicher Statur, also auf ein Objekt, das erst im Kultprozeß hergestellt wurde. Hitlers engste Mitarbeiter taten ihr Bestes, um diesen Kult zu fördern: Gauleiter Joseph Wagner nannte Hitler den »größten Künstler aller Zeiten«, der Arbeiterführer Robert Ley behauptete, Hitler sei ein Mensch, »der sich als einziger auf der Erde und in der ganzen Geschichte der Menschheit niemals irrt«, Heß nannte ihn (wohl in aller Aufrichtigkeit) »die menschgewordene reine Vernunft schlechthin«, während Himmler sich mit dem Ausspruch zufrieden gab: »Die ganze arische Menschheit hat seit ihrem ersten Erstehen niemals etwas auch nur Vergleichbares hervorgebracht wie unseren Führer Adolf Hitler.«[1]

Es wäre indessen falsch, dieses Bild eines Musters aller Tugenden nur für das Produkt einiger weniger Intellektueller im Propagandabüro der Partei oder in Goebbels' Ministerium zu halten. »Der Führer« war ein Bild, das nicht nur den Massen aufgezwungen, sondern auch von ihnen mitgeschaffen worden war – als historische Norm wie als Verkörperung ihres Selbstverständnisses. Diesen wechselseitigen Prozeß, den wir in Thomas Manns Erzählung *Mario und der Zauberer* am Werke sahen, beschreibt Hitler nicht. Dem Gegenstand der öffentlichen Rede und der Massenveranstaltungen wie seiner Meisterschaft in der Kunst des Überredens widmet er viele Seiten in *Mein Kampf*; seine Beschreibung des öffentlichen Redners als eines Mannes, der in eine Art aggressive sexuelle Beziehung zu seinem Publikum tritt, hat man häufig zitiert. Mit Vorliebe ergeht er sich darüber, wie das Publikum seinen Redner »trägt«, und wir haben zahlreiche Berichte davon, wie er erst nervös und zögernd die Stimmung einer Versammlung abtastet, bis er seinerseits das Publikum zu einem triumphalen Höhepunkt »trägt«. Was er nicht diskutiert, ist seine völlige Abhängigkeit von diesem Publikum: das Echo der Massen (verstärkt durch eine strategisch plazierte Pöbel-Claque) schwillt an bis zu dem Punkt, wo das Publikum »spontan« – nicht in einer Hysterie der Angst, sondern im Gegenteil in einer Hysterie der Machtbestätigung, die aus der Selbstidentifizierung mit der Macht stammt – die Herrschaft übernimmt und »den Führer« in seinem eigenen Bilde »erschafft«. Dieser Teil des Prozesses wurde Hitler wohl erst mit zunehmender Vervollkommnung seiner Technik bewußt. Doch die Grundlage dieser wechselseitigen Identifizierung von Redner und Publikum ist schon in den stilisierten Skizzen einer Selbstdarstellung in *Mein Kampf* zu finden. Es ist das Porträt des »unbekannten Soldaten«, des »armen Frontschweins«, des »armen Teufels von Gefreiten«, das Porträt eines Mannes, der, auch wenn er zum Führer und Erlöser seines Volkes wird, doch nie vergessen kann, daß er einst – ja daß er immer noch – ihresgleichen war und ist: »Im übrigen bin ich mit dem Duce zusammen der einzige Staatschef Europas, der den Krieg so kennt, wie er wirklich ist, nämlich für den kleinen Frontkrüppel.«[2] Einer, der am besten weiß, »wo der Schuh drückt«, der den »kleinen Mann« kennt und seine Sorgen teilt – *qui tollit peccata mundi.*

Der Selbstbehauptung der ungeteilten Persönlichkeit des Führers entspricht der ungeteilte Glaube seiner Anhänger. Wie stark und überzeugend dieser Glaube war, läßt sich daraus ermessen, daß bis zur Kriegsmitte die schrecklichsten Verbrechen des Regimes – die Konzentrationslager, die Morde an den erblich Geisteskranken und Angehörigen »niederer Rassen«, die in einem Gesetz für die Generalverwaltung Polens als »Gesindel« bezeichnet wurden, aber auch die Korruption und Intrigen innerhalb der Partei und der Bürokratie – samt und sonders weiten Kreisen der Bevölkerung bekannt waren und von ihnen in dem offenbaren Glauben entschuldigt wurden (wie es Hans Frank ausdrückte), der Führer wisse nichts davon, und *man müsse ihm die Kenntnis dieser Geschehnisse fernhalten*[3]. »Aber nie bis zum 22. April 1945, als ich ihn zum letzten Male in der Reichskanzlei sah, hat er auch nur mit einem Wort von Tötung der Juden gesprochen«, schreibt der erstaunliche Ribbentrop, »ich kann deshalb heute noch nicht glauben, daß der Führer die Judentötungen angeordnet hat, sondern ich nehme an, daß er von Himmler vor vollendete Tatsachen gestellt wurde.«[4] (Ein merkwürdiges Syndrom übrigens, dieser deutsche Glaube an den guten Kaiser, der vor der Erkenntnis des Bösen geschützt werden muß: wir finden ihn im *Götz,* in *Wallenstein* und *Egmont,* ja selbst in *Maria Stuart* wird darauf angespielt.) Und doch geht es – jedenfalls bei den Gefolgsmännern der Machthaber – um keinen »echten« Glauben, sondern nur um den Entschluß, aus einer ganzen Reihe von sehr praktischen Gründen einen Glauben zu proklamieren und zur Norm zu erheben, und so eine Situation zu schaffen, in der kein Unterschied besteht zwischen »echtem« und vorgetäuschtem Glauben; denn (wie wir schon aus Nietzsches Bemerkung über den Demagogen sahen) der Effekt ist alles. Auch hier ist Propaganda nicht lediglich ein Mittel, sondern ein konstitutiver Teil des politischen Handelns.

Wenn hier so nachdrücklich auf den pervertierten religiösen Status des Bildes vom charismatischen Führer und seinem absoluten Willen hingewiesen wird, so sollen doch die Erkenntnisse klassischer Soziologen nicht geleugnet werden. Durkheims formale Definition der kollektiven Unzufriedenheit bleibt bestehen, doch sie bedarf einer Modifizierung. »Anomie« wird definiert als »Zustand, in dem eine große Anzahl von Individuen weithin jener Art von Integration mit stabilen institutionellen Normen entbehrt, die für ihre persönliche Stabilität wie für das reibungslose Funktionieren des gesellschaftlichen Systems notwendig ist«[5]. Dies bezeichnet sehr genau das Versagen der Weimarer Republik. Was jedoch Hitler und die Partei boten, war eine Lösung, die in Durkheims Theorie nicht vorgesehen ist. Die institutionellen Normen, die sie planten und schließlich verwirklichten, waren keineswegs stabil – weder in ihrer Absicht noch in ihrer Verwirklichung noch auch in der Propaganda. Bezeichnend an diesen Normen war nicht ihre Stabilität, sondern ihr proteischer Charakter: hier treffen Bild und Wirklichkeit tatsächlich zusammen. Es stimmt zwar, daß der »Führerwille« als vollkommen konsequent dargestellt wurde; daß Hitler behauptete, er habe vor seinem dreißigsten Geburtstag – also lange vor seinem Erscheinen auf der politischen Bühne – seine Entwicklung als politischer Denker abgeschlossen und habe es daher nicht nötig, je wieder seine Ziele zu ändern; daß das Parteiprogramm vom 20. Februar 1920 als unabänderlich erklärt wurde[6], auch wenn einige seiner Punkte, vor allem diejenigen, die dem eklektischen »Sozialismus« von Gottfried Feder und Gregor Strasser am nächsten kamen, zuerst unterspielt und später völlig ignoriert wurden; und daß viel Wesens um den Begriff des »Tausendjährigen Reiches« gemacht wurde, obwohl Hitler selbst diesen Ausdruck kaum gebrauchte: in all diesen Dingen sehen wir die schon vertraute Diskrepanz zwischen Faktum und propagandistischer Fiktion. Doch die institutionellen Normen dieser Gesellschaft standen nie fest. Sowohl die Parteipropaganda wie die Parteipraxis errichteten ein Regierungs- und Verwaltungssystem, das kein eigentliches »System« sein, sondern stets im Fluß und »dynamisch« bleiben sollte. »Es war immer etwas los«[7], heißt es noch heute, wenn die Atmosphäre des Dritten Reiches beschrieben wird.

Die institutionellen Normen des Regimes, allem voran das »Führerprinzip«, *sollten* nicht stabil sein. Die Zahl der neuen Gesetze und administrativen Verordnungen, die von dem neuen Regime allein in den ersten sechs Monaten erlassen wurden, findet wohl in der Verfassungsgeschichte keines anderen Landes ihresgleichen. Nicht etwa, daß man sie als verbindlich betrachtet hätte: jedes von ihnen konnte durch eine persönliche Entscheidung Hitlers widerrufen werden (wobei es freilich nicht ohne die schneidige Wendung einer »führerunmittelbaren Entscheidung« ging). Gesetze wurden *post festum* verabschiedet, Verwaltungsposten nach Ernennung ihrer Träger geschaffen; verschiedene Einrichtungen, darunter der Reichstag, bestanden weiter, nachdem sie jegliche Funktion verloren hatten, obgleich (und auch das wieder ist bezeichnend) es keine Organisation gab, deren Existenz nicht durch irgendeine öffentliche Verlautbarung bestätigt wurde. Kurzum, wo immer es möglich war, blieb *»Adolphe Légalité«* jenem System der Pseudo-Legalität treu, das ihm vor allem anderen zur Macht verholfen hatte; blieb ihm treu, um zugleich mit besonderem Gefallen »die ganze Paragraphenreiterei« als steril zu verspotten.

Ein kontrolliertes Chaos von Institutionen: vielleicht ist dies die beste Art, die charakteristische Form der nationalsozialistischen Herrschaft zu beschreiben. Der häufige Wechsel in der Innenpolitik und in der Verteilung der Macht unter rivalisierende Interessen- und Parteigruppen; die willkürlichen Veränderungen der Bereiche administrativer und rechtlicher Kompetenz, vervielfacht durch die lächerlichen Versuche, ihre karolingische Nomenklatur wiederauferstehen zu lassen; der ebenfalls verschwommen mittelalterliche Versuch, den »undeutschen Klassenkampf« durch ein »Zusammenleben der Stände« zu ersetzen; das nie geklärte Verhältnis zwischen Partei und Staat, Staat und Regierung; die gegenseitige Abhängigkeit von Industrie, Regierung, Beamtenschaft und Armee und *ihre* Fehden untereinander; die Rivalitäten zwischen Polizei, Hilfspolizei, Geheimpolizei und »Sicherheitsdienst« (was zuweilen bedeutete, daß die Länge einer ordnungsgemäß verhängten Strafe die Überlebenschancen des Häftlings vergrößerte); die geplanten und nie vollendeten, nie ganz aufgegebenen Veränderungen in der Reichsverfassung und im Status der einzelnen Länder – all dies sind Aspekte jenes kontrollierten Chaos, das die Institutionen einer für ihre Ordnungsliebe bekannten Bevölkerung beherrschte.

Die Politik des *divide et impera,* die Hitler häufig zugeschrieben wurde, darf nicht als Maxime einer Herrschaft auf Kosten widerstreitender Meinungen verstanden werden, da solche nicht geduldet wurden. Die charakteristische Prozedur, die lange vor 1933 eingeführt wurde, läßt sich am besten als *annecte et impera* bezeichnen. Sie bestand in der Verdoppelung aller freiberuflichen, kommerziellen und industriellen Verbände und aller Zweige der Verwaltung durch Schaffung nationalsozialistischer

Parallelorganisationen; diese entmachteten dann entweder ihre nichtpolitischen bzw. demokratischen Gegenspieler oder gestatteten ihnen lediglich formale Existenz. Um 1933/34 sahen sich die deutschen Studenten, Rechtsanwälte, Gewerkschaftler, Landwirte, Ärzte und sogar die Mitglieder des deutschen Automobilclubs vor die Wahl gestellt, entweder den neuen nationalsozialistischen Verbänden beizutreten oder ihre Standesvertretung zu verlieren. Jene freiberuflichen und parteiunabhängigen Organisationen (die Kirche ausgenommen), die nicht zwangsmäßig aufgelöst wurden, verloren ihre Unabhängigkeit entweder durch Gleichschaltung oder restlose Auflösung in der Parteistruktur.

15. Der Geist des nationalsozialistischen Rechts

Eine Reihe kluger Erwägungen und Manöver bestimmten die Einstellung Hitlers und der Partei gegenüber den einzelnen Berufsgruppen. Die Frage, die sich immer wieder stellte, war: wie rasch und radikal durften diese Gruppen revolutioniert werden, ohne jenes Minimum an gesellschaftlicher Stabilität zu gefährden, das für das Funktionieren eines Staates notwendig war? Von einigen – wie von den Universitätsstudenten, den Lehrern und den »freien« Schriftstellern – war zu erwarten, daß sie Hitler und der Führung die Arbeit abnehmen, daß sie in ihre Gleichschaltung freiwillig und mit einem Mindestmaß an Bestechung einwilligen würden. Andere – wie die Industriellen und Wirtschaftsexperten – mußten mit Vorsicht behandelt werden; die Prominentesten unter ihnen setzten es häufig durch, außerhalb der Partei zu verbleiben und sich durch großzügige Spenden zum »Winterhilfswerk« loszukaufen. Wieder andere – wie die Bauern und die Arbeiter an der Ruhr – wurden auch weiterhin unter Propaganda gesetzt und mußten durch Zugeständnisse und Sonderzuwendungen umworben werden. Die Militärs behielten noch einen Anschein von Unabhängigkeit, da sie in Loyalität und materiellen Interessen mehr dem Staat als der Partei, mehr dem Oberkommandierenden Hitler als dem »Führer« verpflichtet waren. Bildhauer, Maler, Regisseure und die gesamte Theaterwelt mußten 1936 den radikalen Linienwechsel in der Partei mitmachen, wobei der Expressionismus und jede Art Avantgarde als »entartet« abgestempelt und ein viriler Realismus, verbunden mit Heimatliebe (wie in Sowjetrußland), obligat gemacht wurden. Sie alle standen zur Partei in einem Zukkerbrot-und-Peitsche-Verhältnis. Mit den Kirchen wurde ein vorläufiger Waffenstillstand geschlossen. In ihre interne Organisation mischte sich die Partei so wenig als möglich ein, und manche geplante Maßnahme wurde durch Beschwerden von kirchlicher Seite verhindert. Im großen und ganzen scheint es den Naturwissenschaftlern am ehesten gelungen zu sein, ihre Berufsinteressen zu wahren, ohne dem Regime größere Zugeständnisse zu machen. Andererseits ist es bezeichnend, daß in den entscheidenden ersten Monaten des Jahres 1933 Deutschlands größter Philosoph, sein begabtester Staatsrechtler und sein interessantester Lyriker – Martin Heidegger, Carl Schmitt und Gottfried Benn – dem Regime ihre Begeisterung zollten und auch mit ihrer Unterstützung nicht sparten. Um es noch einmal zu sagen: was die Zusammenarbeit der Intellektuellen mit dem Regime so unehrenhaft machte, war ihre Beflissenheit, war die Tatsache, daß sie einander freiwillig und oftmals ohne fremden Druck überboten, einer Führung Hilfe und intellektuelle Glaubwürdigkeit zu leihen, die diese oft gar nicht wollte und nur mit Verachtung entgegennahm. Was Intellektuelle wie Goebbels offen taten, war bei Intellektuellen wie Benn und Heidegger lediglich implizit: sie alle konstruierten komplexe geistige Argumente, um den humanen Geist zu vernichten (und auch dieses unerquickliche Paradox ist bei Nietzsche zu finden).

Besonders trifft dieser Vorwurf auf die Juristen zu, die mehr als ein Jahrhundert lang das öffentliche Leben und die Verwaltung in Deutschland beherrscht hatten[1]. Über diese Paragraphenherrschaft mokierte sich Hitler, als er am 10. Dezember 1940 den Arbeitern einer Berliner Rüstungsfabrik triumphierend zurief: »Es ist zum ersten Male ein Staat in unserer deutschen Geschichte, der grundsätzlich alle gesellschaftlichen Vorurteile in der Stellenbesetzung beseitigt hat, nicht etwa nur im zivilen Leben. Ich bin selber das beste Dokument dessen. Ich bin nicht einmal Jurist, bedenken Sie, was das heißt! Und ich bin trotzdem Ihr Führer!«[2]

So sehr Hitler die Juristen auch verspottete und erniedrigte, so sehr er ohne sie auszukommen glaubte, so konnte er sich doch stets darauf verlassen, daß sie die theoretische Rechtfertigung für ihre eigene Demütigung liefern würden. Als ihn bei Kriegsausbruch die Rolle des Parteiführers und Regierungschefs zu langweilen begann und er die Rolle des Oberkommandierenden übernahm, war das »Führerprinzip« zur Maxime des »kontrollierten Chaos« geworden: denn nicht nur verkörperte dieses Prinzip den schon erwähnten Begriff der »Dynamik« im Mittelpunkt der Parteipropaganda, sondern es verhieß jenen Gruppen und Individuen größte materielle Belohnung, die ein Höchstmaß an Selbstbehauptung aufzubringen vermochten.

Gleichwohl war das, was hier beschrieben wird, noch immer ein europäischer Staat. Mit anderen Worten: das »Führerprinzip« mußte in irgendeiner Form legalisiert werden. Und es ist weiter klar, daß ein Rechtssystem, das (häufig *post festum*) diese Praxis der Selbstbehauptung und der darin enthaltenen »Dynamik« artikulieren und ihr objektive Gültigkeit verleihen sollte, vom traditionellen deutschen Recht, dem *Bürgerlichen Gesetzbuch* sehr verschieden sein mußte. Bevor wir nun das »Führerprinzip« eingehender betrachten, soll der Geist jenes Rechts beschrieben werden, das die Partei ihrer Praxis zugrundezulegen suchte[3]. Denn gerade hier erkennen wir – vielleicht besser als in jedem anderen Bereich des nationalen Lebens – die für das Regime typische Mischung aus kleiner Wahrheit und großer Lüge, aus persönlicher Willkür und Volkstümlichkeit. Der Rechtsapparat der Partei, der so lange berüchtigt bleiben wird, wie es eine europäische Geschichte gibt, beherrschte die angeblich unpolitischen »positivistischen« Gerichte und die öffentlichen Sicherheitsorgane der Weimarer Republik; hier war das Verfahren des *annecte et impera* am deutlichsten zu erkennen. Wiederum war, was hier herrschte, nicht reine Willkür. Da es um eine deutsche Revolution ging, hatte die Gesetzlosigkeit ihre eigenen Prinzipien.

Hitlers persönliche Verachtung für alle Juristen gründete zweifelsohne in seinen Erfahrungen in den späteren Jahren der Weimarer Republik, als er in einigen hundert Prozessen von Hans Frank verteidigt wurde und dabei merkte, daß es ihm freistand, die Substanz der Gesetze zu zerstören, solange er nur bereit war, sie formal anzuerkennen. Die Bemühungen um ein nationalsozialistisches Recht entstehen aus einer Umkehrung dieser Erfahrung. Seine Angriffe auf die Juristen sind zur Genüge bekannt:

»... heute erkläre er deshalb klar und eindeutig, daß für ihn jeder, der Jurist sei, entweder von Natur defekt sein müsse oder es aber mit der Zeit werde ...«[4]

»Aber da die Juristen ja leider nur so international wie die Verbrecher, aber nicht so geschickt wie sie seien, habe sich der Prozeß über Wochen hingeschleppt und mit einem lächerlichen Ergebnis geendet.«[5]

»Im übrigen könne man es doch wirklich nicht als einen anständigen Beruf bezeichnen, ein ganzes Leben lang Bazis zu verteidigen ... Wenn früher der Schauspieler auf dem Schindanger begraben worden sei, so verdiene es heute der Jurist, dort begraben zu werden. Niemandem komme der Jurist näher als dem Verbrecher und auch in ihrer Internationalität gebe es zwischen den beiden keinen Unterschied ...«[6]

»Kein vernünftiger Mensch verstehe überhaupt die Rechtslehren, die die Juristen sich – nicht zuletzt aufgrund des Einflusses von Juden – zurechtgedacht hätten. Letzten Endes sei die ganze heutige Rechtslehre nichts anderes als eine einzige große Systematik der Abwälzung der Verantwortung. Er werde deshalb alles tun, um das Rechtsstudium, das heißt das Studium dieser Rechtsauffassungen, so verächtlich zu machen wie nur irgend möglich. Denn durch dieses Studium würden keine Menschen herangebildet, die fürs Leben paßten und geeignet seien, dem Staat die Aufrechterhaltung seiner natürlichen Rechtsordnung zu garantieren. Dieses Studium sei eine einzige Erziehung zur Verantwortungslosigkeit. Er werde dafür sorgen, daß aus der Justizverwaltung bis auf 10 Prozent wirklicher Auslese an Richtern alles entfernt werde. Der ganze Schwindel von Schöffen werde beseitigt werden ... Als Richter brauche er Männer, die zutiefst davon überzeugt seien, daß das Recht nicht den Einzelnen dem Staat gegenüber sichern, sondern in erster Linie bewirken solle, daß Deutschland nicht zugrundegehe.«[7]

Ist es nicht prätentiös und absurd zugleich, angesichts dieser Schimpfereien von einem »Geist des nationalsozialistischen Rechts« zu sprechen? Ist hier mehr zu entdecken als persönliche und politische Einmischung willkürlichster Art? Und doch handelt es sich hier um eine Willkür, die in einer bestimmten Zeit und in bestimmten sozialen Bereichen als Befreiung empfunden wurde: als eine ungeheure Vereinfachung abstruser juristischer Umständlichkeiten, als eine Rückkehr zur natürlichen Gerechtigkeit. War nicht auch dies ein alter romantischer Traum? Die Gesetzgebung wurde zum Alptraum, doch empfand sie mancher wie ein Märchen.

Einige Beispiele: Im Jahr 1938 ereigneten sich auf den Autobahnen mehrere bewaffnete Raubüberfälle. Am 22. Juni – alles an einem einzigen Tag – formulierte Hitler persönlich ein Gesetz, legte es dem willfährigen Reichstag vor und verkündete es rückwirkend zum 1. Januar 1938. Das Gesetz bestand aus einem einzigen Satz: »Wer in verbrecherischer Absicht eine Autofalle stellt, wird mit dem Tode bestraft.«[8] Nicht minder lakonisch lautete das »Gesetz über Maßnahmen der Staatsnotwehr« vom 3. Juli 1934, das ebenfalls in einem einzigen Satz erklärte: »Die zur Niederschlagung hoch- und landesverräterischer Angriffe am 30. Juni, 1. und 2. Juli 1934 vollzogenen Maßnahmen [will sagen: Massaker] sind als Staatsnotwehr rechtens.«[9] Am Tage nach dem Reichstagsbrand vom 27. Februar 1933 wurde ein »Gesetz zur Abwehr kommunistischer staatsgefährdender Gewaltakte« verabschiedet, das sieben Verfassungsartikel aufhob und eine Anzahl von Verbrechen, die vorher mit lebenslänglicher Haft geahndet wurden, darunter Brandstiftung, zu Kapitalverbrechen erklärte. Damit nicht genug, wurde am 29. März ein weiteres Gesetz erlassen, das als »Lex van der Lubbe« in die Geschichte eingegangen ist: es verlegte die Gültigkeit des Gesetzes vom 28. Februar vor, um die Hinrichtung des jungen holländischen Kommunisten zu »legalisieren«, den man für den Reichstagsbrand verantwortlich machte. Die komplizierte antijüdische Gesetzgebung[10] beginnt mit den Gesetzen vom 15. September 1935, wobei eines von ihnen Punkt 4 des Parteiprogramms von 1920 wiederholt, in dem die deutsche Staatsangehörigkeit zu einer Sache »deutschen und artverwandten Blutes« erklärt und mit einem Streich den im Reich lebenden Juden, Zigeunern und Polen die Staatsangehörigkeit aberkannt wurde; ein zweites Gesetz gleichen Datums erklärte Heirat und außereheliche Beziehungen zwischen Juden und Deutschen für rechtswidrig. All diese und weitere antijüdische Gesetze – darunter die obligatorische Annahme der Vornamen »Israel« bzw. »Sarah« (17. August 1938), die Einziehung jüdischen Vermögens (3. Dezember 1938), der Zwang zum Tragen des Davidsterns (1. September 1941) und die schrittweise Entrechtung der Juden in allen juristischen Angelegenheiten – wurden stets so formuliert, daß sie als »natürliche« Folgerungen aus dem Dogma des Rassengedankens erschienen. Die Verschärfung aller Strafarten und, kaum daß der Krieg ausgebrochen war, die Ausweitung der Todesstrafe auf immer mehr Delikte[11] entsprachen ebenso wie die Einsetzung der berüchtigten Volksgerichtshöfe im Jahre 1934 den beiden Rechtsmaximen, die in den anfangs zitierten Bemerkungen Hitlers zum Ausdruck kommen: Vereinfachung des Strafverfahrens und Sorge für das Wohl des Volkes, wie sie von der Partei verstanden wurde, nämlich ohne alle Rücksicht auf die Freiheit des Einzelnen.

Die charakteristische Haltung der deutschen Juristen zum nationalsozialistischen Recht war die des Kompromisses. Nur hin und wieder gab es tapfere Versuche, Gerechtigkeit unter dem Schutz des herrschenden Systems walten zu lassen: beispielhaft dafür war das Verhalten des Obersten Heeresrichters Karl Sack, der noch im letzten Kriegsmonat hingerichtet wurde[12]. Die meisten Juristen fühlten jedoch das Bedürfnis, eine »positivere« Haltung zur Schau zu tragen. Erneut sind wir Zeugen des demütigenden Schauspiels von Männern, die bereit sind, Rechtlosigkeit zu legalisieren – zu einer Zeit, da juristische Opposition den Aufstieg der Partei zur Macht noch gebremst hätte; erneut sehen wir die für jenes Deutschland charakteristische Situation, in welcher der feige Glaube an die Unausweichlichkeit der Geschichte theoretisch untermauert und rationalisiert wird – mit einer Theorie, die die Praxis nicht nur bestätigt und *entschuldigt,* sondern ihr *vorangeht.* Jene Männer – die Vätergeneration der heute protestierenden Studenten – waren keine Winkeladvokaten. Sie waren seriöse Experten aus der zentraleuropäischen Mittelklasse (doppelreihiger Anzug, Hornbrille), wissenschaftlich gebildet, geistig interessiert, aufgewachsen in einer Tradition des Buchstabenglaubens eher denn der Fairness, doch von Haus aus Männer von Ehrenhaftigkeit, Bedachtsamkeit und Integrität. Wir müssen uns also fragen, wie solche Männer ihren Geist in den Dienst eines derart primitiven und so offensichtlich rechtlosen Begriffs von Gesetz und Rechtlichkeit stellen konnten.

Im September 1932, also *sechs Monate vor Hitlers Machtübernahme,* diskutierte eine deutsche Juristenkonferenz die Frage, ob die liberale Reform des Strafrechts fortgesetzt werden sollte, die in den ersten Jahren der Weimarer Republik begonnen worden war. Einer der Redner, Universitätsprofessor in Wien[13], protestierte scharf gegen jede weitere Liberalisierung und gegen den Standpunkt, daß »die letzten politischen Ereignisse, die ja doch nur Auswirkungen neuer Geistesströmungen sind, mit der Strafrechtsreform nichts zu tun haben«. Es handele sich vielmehr »um machtvolle Volksbewegungen, um das Emporkommen neuer Geistesrichtungen, die mit ganz bestimmten Zielrichtungen alles, Wirtschaft, geistige Kultur, Staat und Recht zu durchdringen suchen ... Nach der Grundeinstellung der jungen Bewegung sollen das Recht überhaupt und auch das Strafrecht nur Mittel zur Förderung und Hochzüchtung der deutschen Volksgemeinschaft sein«, die definiert wird als »eine Gemeinschaft von Menschen, die durch gemeinsame Abstammung und ererbte Kultur verbunden [sind]«. In dieser neuen und angeblich unwiderruflichen Situation ist »der Ausgangspunkt nicht die Freiheit des Einzelnen, sondern das Wohl des Ganzen«; und die vornehmste Aufgabe des Juristen sei es, »den heute so häufigen Zwiespalt [zwischen Recht und Sittlichkeit] zu vermeiden ... Haftungsgrundlage [ist] die Schuld, die Schuld des einzelnen zurechnungsfähigen Individuums als ein Zurückbleiben hinter Forderungen, die ein Volk an das Individuum stellen darf; die Strafe ist Vergeltung.« Empfohlen wird daher die Rückkehr zum altgermanischen Rechtsdenken einerseits und die Ausmerzung aller fremdländischen (sprich: jüdischen) Ideen andererseits. Die höchste juristische Maxime wie auch die oberste Sanktion liegt in dem alten (und umstrittenen) Begriff des »Naturrechts«, das hier in das zeitgemäßere Konzept des »gesunden Volksempfindens« einmündet: »... daß Quelle des Rechtes, Grundlage der Rechtsgebote und -verbote das Gewissen des Volkes, das gesunde Volksempfinden ist ...« – so Roland Freisler in seinem Kommentar zu den Nürnberger Gesetzen[14] im Anschluß an Hans Frank, der 1929 als Verteidiger Hitlers einem Gericht mitteilte: »Recht muß sein, was dem ganzen Volk nützt, Unrecht, was dem ganzen Volk schadet!«[15] Und da der Führer stets auch der Wahrer des nationalen Gewissens ist, *ist sein Wort Gesetz*: »Es ist zum ersten Male in der Geschichte des Volkes, daß die Liebe zum Führer ein Rechtsbegriff geworden ist«, erklärt Hans Frank vor den versammelten Mitgliedern der Universität München[16]. Und im Juni 1938 verkündet er, nunmehr »Reichsrechtsführer«: »Ob der Führer gemäß einer formalen, geschriebenen Verfassung regiert oder nicht, ist keine im Vordergrund stehende Rechtsfrage; Frage ist nur, ob der Führer seinem Volke mit seinem Wirken das Leben sichert ...«[17] Bestätigt wird diese Souveränität des »Führerwillens« durch das Gesetz vom 26. April 1942, das nur aus einem wörtlichen Zitat aus einer Hitlerschen Reichstagsrede besteht und ausdrücklich festhält, er könne Entscheidungen fällen, »ohne an bestehende Rechtsvorschriften gebunden zu sein«.

Ein wichtiger Aspekt der deutschen Gesetzgebung, die schon

in der Weimarer Republik stark konservativ gefärbt war, bleibt unverändert: Die Richter sind lediglich Beamte, vereidigt auf die Verfassung und auf die Reichsregierung; die Gesetzgebung bleibt weitgehend unabhängig von den Rechtsorganen, sie liegt in den Händen des Reichstags, das heißt praktisch in den Händen Hitlers, Franks, Lammers', Bormanns und eines kleinen Kreises von Gefolgsleuten. Freie Meinungsäußerung gibt es freilich nicht. Was in dieser Situation den Begriff des »gesunden Volksempfindens« so attraktiv macht, ist der Umstand, daß er das Entfremdete und Unpersönlich-Abstrakte des Gesetzes aufhebt. Er bietet die Möglichkeit, die Komplexität stabiler und in mancher Hinsicht notwendigerweise starrer rechtlicher Verallgemeinerungen durch ein Recht zu ersetzen, dessen Subjektivität betont wird und das jede prinzipielle (»abstrakte«) Gleichheit ablehnt. Nach Hitlers Maxime, so sahen wir, ist »objektiv« gleich politisch steril. Das Apriori der neuen Gerechtigkeit soll eine »natürliche Ungleichheit« sein, die sich auf erbliche, biologische und psychologische Unterschiede gründet. Daher die Idee des »Willensstrafrechts«, das heißt eines Strafrechts, das sich bei der Urteilsfindung in nie gekanntem Maße nach den Kriterien der Absichten eines Menschen und seines »Willens« richtet. Die bewußte Lockerung der Regeln über den Tatsachenbeweis und die enorme Ausweitung der strafbaren Delikte; das Prinzip, die Strafe nicht nach der Schwere der objektiv festgestellten Verfehlung zu bemessen, sondern nach dem »psychologischen Charaktertypus«, dem der Angeklagte anzugehören scheint, und nach der nationalen politischen Lage, in der die Verfehlung begangen wurde; die Duldung eindeutig illegaler Akte (wie des Pogroms der »Reichskristallnacht« am 9. November 1938), solange diese eben im Einklang mit dem »natürlichen Volksempfinden« stehen – all diese Praktiken schaffen vereint den Mythos einer Justiz, die in einzigartiger Weise imstande zu sein scheint, die authentische Subjektivität des Straftäters – das, *»was er eigentlich ist«* – zu beurteilen und seine Strafe danach zu bemessen.

Und wie die Wahrheit einer philosophischen Lehre oder die der Geschichte oder die Richtigkeit einer physikalischen Erkenntnis durch das »deutsche Wesen« derer gesichert werden, die sich mit diesen Dingen befassen, so wird die Verbindung zwischen Legalität und Gerechtigkeit durch das »deutsche Wesen« des Richters gewährleistet, der in seiner Subjektivität ja nichts anderes ausdrücken kann als das Volksempfinden. Er versteckt sich nicht mehr hinter den Pandekten, er braucht nur noch der *vox populi* in seinem eigenen Innern zu lauschen. So wurde die altgermanische Vorstellung von der Gerechtigkeit als Vergeltung wiederbelebt – vermutlich im Zusammenhang mit dem Wagnerschen Nibelungensyndrom. Ein Lieblingsgedanke Schopenhauers, der Begriff des Vergeltungsstrafrechts, sollte die sozialdemokratischen Vorstellungen eines Besserungsstrafrechts ersetzen.

Gleichwohl muß auch erwähnt werden, daß eine Anzahl weitgehender Reformen im Jugendstrafrecht von Franz Gürtner, Hitlers Justizminister bis 1941, eingeführt wurden; Reformen, die später von den Gesetzgebern der Bundesrepublik übernommen werden konnten[18]. Hand in Hand mit dieser fortschrittlichen Behandlung junger Straffälliger gingen jedoch die barbarischen Gesetze vom 4. Oktober 1939 und vom 6. November 1943, denen zufolge Straffälligen im Alter von 16 Jahren (nach dem ersten Gesetz) und solchen im Alter von 14 Jahren (nach dem zweiten) die geistige und moralische Reife von Achtzehnjährigen zuerkannt wurde, so daß man sie mit dem Tode bestrafen konnte. In diesen wie in allen anderen Fällen hing das Strafmaß von der richterlichen Bewertung der »kriminellen Einstellung« des Straffälligen ab, von der spezifisch »volksfeindlichen« Art seines Vergehens und von der augenblicklichen nationalen respektive militärischen Lage. Hier stand die Bestrafung im Einklang mit der Tat *und* der dahinterstehenden Absicht, wobei unter dieser Absicht die gesamte Lebensgeschichte und der Charakter des Angeklagten subsumiert wurden: Der existentielle Wert prägte das Urteil. Wie der lutheranische Vorrang von Glaube und Absicht vor guten Werken, wie der Kantische Imperativ, dessen moralisches Kriterium nicht die Handlung, sondern der gute Wille dahinter ist, so schien diese Art von Rechtsprechung nun die intimsten persönlichen Umstände des Angeklagten zu berücksichtigen, auf daß die Strafe nicht nur dem Vergehen, sondern auch dem Täter angemessen sei ... Es war diese Idee einer individualisierten Gerechtigkeit und ihr Hauch von formaler Ähnlichkeit mit der protestantisch-kantischen Ethik, was sie annehmbar erscheinen ließ und was ihr Zustimmung einbrachte.

Die Wahrheit sah freilich anders aus. Trotz der formalen Ähnlichkeit machte der Unterschied in der Substanz das nationalsozialistische Recht zu einer Travestie des kantischen Ethos und die Berufung auf protestantische Vorläufer zu einer Lüge.

In Wirklichkeit waren die Richter noch politischer als zuvor, denn sie unterstützten die Interessen ihres Herrn, des Staates, das heißt Hitlers, so nachdrücklich, daß sie sich schließlich in eine Lage manövrieren ließen, in der die Polizei ihre Urteile im voraus bestimmen konnte. Frühere Versuche von seiten der Justiz, die verschiedenen Polizeiorganisationen zu überwachen und unter die Kontrolle des Gesetzes zu bringen, wurden untergraben und in ihr Gegenteil verwandelt – was freilich nicht überraschend ist, wenn man bedenkt, daß solche Versuche im Namen des »nationalsozialistischen Begriffs der Rechtssicherheit«[19] unternommen wurden. Als Hans Franks Stellvertreter 1935 im Bund Nationalsozialistischer Deutscher Juristen erklärte, die Weigerung der Gestapo, ihren Gefangenen eine Rechtsvertretung zu gestatten, stehe »im Widerspruch zum natürlichen Rechtsempfinden der nordischen Völker«, verfing er sich in der eigenen Schlinge: er appellierte damit an dieselbe amorphe und undefinierbare Vorstellung, anderswo »gesundes Volksempfinden« genannt, die sein Juristenbund zur Grundlage der neuen Rechtsauffassung erklärt hatte. Dies war die verhängnisvolle Erbschaft des schon erwähnten logischen Paradoxons. Als Nietzsche einst verkündete, das Leben stehe über allen rationalen Vorgängen und Erwägungen und könne nicht durch seine Dienerin, die Vernunft, definiert werden, und als Schopenhauer noch vor ihm den prinzipiell undefinierbaren »Willen« als letzten Grund alles Lebens und aller Vernunft erklärte, konnten sie nicht voraussehen, daß dieses Paradoxon, das im Zentrum jeder Art von Faschismus steht, eines Tages ganz einfach durch brutale Gewalt gelöst werden würde. Was war das »natürliche Gerechtigkeitsgefühl«? Was war das »gesunde Volksempfinden«? Was war »eigentlich«? Was war echt und authentisch deutsch? Nur ein Volksfremder konnte solch eine Frage stellen. Am Ende kannten nur diejenigen die Antwort, die die anderen aufs Schafott, an den Galgen und in die Gaskammern schickten.

Gewiß gaben die ordentlichen Gerichte erst in der zweiten Kriegshälfte ihre Unabhängigkeit gegenüber der Polizei ganz preis. Erst nach dem 30. Juni 1943, nach dem Attentat auf Reinhard Heydrich, teilte der Chef des Reichssicherheitshauptamts seinen Beamten mit, daß Gerichtsverfahren, zum Unterschied von den Standrechtsprozessen der Gestapo, nur nach vorheriger Absprache mit der Polizei stattfinden dürften, wenn dies »aus stimmungspolitischen Gründen« angezeigt erscheint, und nur wenn »durch vorherige Fühlungnahme sichergestellt ist, daß das Gericht die Todesstrafe verhängen wird«[20]. Aber diese Verordnung war schon drei Jahre zuvor, am 29. Juli 1940, in einem Brief des Hauptanklägers der Volksgerichtshöfe an den Reichsjustizminister vorweggenommen worden, der die folgenden Sätze enthält: »Vorbehaltlich anderer Weisung werde ich künftig wie folgt verfahren: in Übereinstimmung mit dem Präsidenten des Volksgerichtshofs werde ich, wenn auf Freisprechung oder Einstellung des Verfahrens erkannt oder die Strafe durch die erlittene Untersuchungshaft verbüßt erklärt worden ist, die betroffenen Personen grundsätzlich der Geheimen Staatspolizei überstellen, außer wenn diese auf Rückführung ausdrücklich verzichtet hat. Kommt eine Freisprechung wegen erwiesener Unschuld in Betracht, so werde ich auf diesen Umstand die Geheime Staatspolizei vor der Überstellung hinweisen und bei ihr anfragen, ob sich eine Überstellung erübrigt. Sollte demgegenüber die Geheime Staatspolizei die Verhängung von Schutzhaft für geboten erklären, so werde ich die Überstellung veranlassen ...«[21]

Doch obwohl also der Krieg eine Anzahl drakonischer Maßnahmen mit sich brachte, muß man die Behauptung zahlreicher Autoren zurückweisen, das nationalsozialistische Rechtssystem – ja das Regime überhaupt – habe sein wahres Gesicht erst bei Kriegsausbruch gezeigt oder zu irgendeinem anderen Zeitpunkt, der dem betreffenden Autor gerade in seine besondere Apologie paßt. Im Grunde hatten die Gerichte mit der Rechtsprechung nur in sehr eingeschränktem Maße zu tun, denn die tatsächliche Strafgewalt lag in den Händen der Gestapo, deren Angehörige nicht dem Justizministerium, sondern dem Innenministerium unterstanden. Und die Gestapo war alles andere als ein Produkt des Regimes in den letzten Zügen: Sie beruhte auf einem Gesetz vom 26. April 1933. Das volle Ausmaß ihrer Tätigkeiten, ihre Befugnis zu Festnahme und Verhör ohne Haftbefehl und zu unbegrenzter »Schutzhaft«; ihre Macht, jede Art von Strafe zu verhängen, ohne jemandem anderen dafür Rechenschaft schuldig zu sein als ihren eigenen Beamten; schließlich ihre Verantwortlichkeit für die Durchführung der Rassenpolitik des Regimes – dies alles war bekannt gemacht worden durch ein Gesetz vom 10. Februar 1936, das gleichzeitig die Verantwortlichkeit der Gestapo für die Einrichtung und Verwaltung der Konzentrationslager bestätigte.

Das nationalsozialistische Recht und Gesetz ist nicht arrogant, extravagant, aufgeblasen wie bei Shakespeare; nicht wie bei Dickens »ein Esel« und – als kalte Abstraktion – Feind der wahren Prozessierenden wie der Gemeinschaft. Es ist, wie Hitler unwillkürlich verrät, in sich selbst kriminell. Es besteht in der Ausübung einer scheinobjektiven Gewalt zur Unterstützung rein willkürlicher und subjektiver Entscheidungen, wobei sein wahres Wesen durch die Scheinformalität seiner Wortlaute nicht verborgen, sondern betont wird. Es ist das Recht, wie es dargestellt wird in Franz Kafkas Romanfragment *Der Prozeß*.

»Jemand mußte Josef K. verleumdet haben, denn ohne daß er etwas Böses getan hätte, wurde er eines Morgens verhaftet«, lautet der berühmte Anfangssatz des Romans[22]; und von diesem Anfang bis zu Josef K.s Hinrichtung am Schluß stellt weder er noch irgendein anderer im Roman die so naheliegende Frage, was dieser sehr gewöhnliche Junggeselle von dreißig Jahren verbrochen haben soll. Unbestimmt wie seine Schuld bleiben auch die Kompetenz, die Zusammensetzung und vor allem die Rechtmäßigkeit des »Gerichts«, vor dem sein Prozeß sich abspielt. Der Grund für Josef K.s bizarre Verhaftung und seine zunehmende Verwicklung in den »Prozeß«, der bald zu »*seinem* Prozeß« wird, bleibt ungeklärt. Und wenn K. protestiert: »Ich bin aber nicht schuldig ..., es ist ein Irrtum. Wie kann ein Mensch denn überhaupt schuldig sein. Wir sind doch hier alle Menschen, einer wie der andere«, so bekommt er lediglich zur Antwort: »Das ist richtig ..., aber so pflegen die Schuldigen zu reden.« Hat diese Aussage überhaupt einen Sinn?

Die Anklage wird nicht gegen ein besonderes Verschulden des Menschen erhoben, sondern gegen die gesamte Existenz seiner Person. Nicht weil er dies oder jenes getan oder begehrt hat (Matth. 5, 28), ist Josef K. schuldig, sondern weil er ist, der er ist (2. Moses 3, 14). Nicht sein Sosein ist schuldig, sondern sein Dasein, dem alle Veränderbarkeit abgesprochen wird. Und dieses unveränderliche Dasein hinter allem sich verändernden Seienden (also das Sein des Menschen, wenn anders das Wort einen Sinn hat): ist es nicht eben dieses »Sein«, was deutsche Dichter und Denker seit dem Mittelalter immer wieder gesucht haben? Heideggers *Sein und Zeit,* drei Jahre nach Kafkas Tod erschienen, beginnt mit einem Aufruf zur »Frage nach dem Sein«. Diese Frage war freilich nicht, wie Heidegger meint, »heute in Vergessenheit geraten«, vielmehr war (mit Descartes und Kant) die Möglichkeit ihrer direkten Beantwortung bestritten worden. Zweifellos gelingt es Heidegger, das Interesse an der Frage neu zu wecken. Aber das »Sein«, an das im öffentlichen Leben (in jener von ihm so unterschiedslos verachteten Sphäre des »Man«) appelliert wird, ist ein heilloses Sein. Gott, schrieb Nietzsche, ist tot, der Teufel lebt weiter; der positive Seinsbegriff ist widerrufen, der negative schwillt an und erfüllt die (verpönte öffentliche) Welt ...

Da nun Josef K.s Schuld sich nicht auf eine besondere Tat – auf einen Teil seiner Person – sondern auf seine totale Existenz bezieht, ist auch das Urteil, das ihn trifft, ein totales, wie von einer Gottheit verhängtes: das Urteil des Todes. Doch diese Totalität gibt dem Urteil keinen objektiven Wert, auch in Kafkas Augen nicht: das Urteil – so schreibt er – ist nicht »wahr« (= gerecht), sondern »notwendig«. (Die Wahrheit ist der Notwendigkeit untergeordnet.) Auch die Wirkung des Prozesses ist total: die Verwicklung in das Verfahren stempelt Josef K. wie mit einer Schande oder einer Seuche (im Rassenbegriff verschmelzen ja, wie wir schon sahen, der metaphorische Sinn von Krankheit mit dem wörtlichen): »Du hast einen Prozeß«, wispern die anderen ängstlich. Von dem Augenblick an, da Josef K.s Verfahren beginnt, sehen ihn viele als einen Ausgestoßenen an und reichen ihm nicht mehr die Hand, und er selbst teilt bald ihren Abscheu: »Wenn Sie die Pension rein erhalten wollen«, sagt er zu seiner Vermieterin, »müssen Sie zuerst mir kündigen.« Seine ganze Familie wird allmählich in die bösartige, unheimliche Angelegenheit hineingezogen, von der es, wie rasch durchsickert, keinen absoluten Freispruch gibt. Josef K. entdeckt bald: »Meine Unschuld vereinfacht die Sache nicht«, denn es gibt ja kein stabiles Recht, an das er appellieren könnte. In das Verfahren verwickelt sein, heißt schon soviel wie es verlieren: »Glauben Sie denn, wir laden jemanden vor, der nichts verbrochen hat?« – kein Zitat aus Kafkas Roman, sondern die Antwort eines Gestapobeamten auf die Frage einer jüdischen Frau am Ende ihres Verhörs kurz vor der Hinrichtung[23]. Die Verkehrung der normalen Funktionen von Justiz und Polizei, wie sie jedes totalitäre Regime kennzeichnet, spiegelt sich wider in der Belehrung, die Josef K. erhält: »... das Urteil kommt nicht mit einemmal, das Verfahren geht allmählich ins Urteil über ...«

Was erfährt Josef K. über das Gesetz, nach dem diese Farce eines Prozesses durchgeführt werden soll? Das Wenige, was er erfährt, erfährt er – ganz am Ende des Romanfragments – aus der vieldeutigen Parabel von dem »Mann vor dem Gesetz«. Nach einem lebenslangen, klagelosen Warten vor den äußersten Türen des Gesetzes, die von einem der untersten Türhüter bewacht werden, darf »der Mann vom Lande« seine einzige Frage stellen: »›Alle streben doch nach dem Gesetz‹, sagte der Mann, ›wie kommt es, daß in den vielen Jahren niemand außer mir Einlaß verlangt hat?‹ Der Türhüter erkennt, daß der Mann schon am Ende ist, und um sein vergehendes Gehör noch zu erreichen, brüllt er ihn an: ›Hier konnte niemand sonst Einlaß erhalten, denn dieser Eingang war nur für dich bestimmt. Ich gehe jetzt und schließe ihn.‹« Dies ist der Vollzug der nationalsozialistischen Gerechtigkeit, der »Lex van der Lubbe«: das Gesetz, das (wie Kafka sagt) »vom Vergehen angezogen« und gleichsam von ihm geschaffen wird – geschaffen, um genau auf den einen Menschen zu passen und ihn zu vernichten »wie einen Hund«.

Aber noch weiter geht die antizipierende Parallele zwischen Roman (>1915) und Historie (1933<): Mit wachsendem Erstaunen sehen wir, daß Kafkas Bewertung dieses »Gesetzes«, seines Gerichts und seiner Prozeduren keineswegs eindeutig ist. Die Gefangenen des Gerichtshofs, so lesen wir, zeichnen sich durch eine besondere Art von Schönheit aus, als ob sie auserwählt wären. Josef K. steht es frei, den Kompetenzbereich des Gesetzes zu verlassen, und doch tut er es nicht. Mehr als einmal spricht er, als sei er stolz auf die Kompliziertheit »seines« Prozesses und als verachte er die dilettantischen Versuche anderer Leute, ihm aus seinen Rechtsschwierigkeiten herauszuhelfen. Und endlich scheint es, als habe Josef K.s trübes Leben unter dem Eindruck der unsichtbaren Verfolgung einen Sinn erhalten, der ihm vorher fehlte: als erhielte dieses Leben erst durch diesen »Prozeß« einen im Alltag unerreichbaren Wert. Gibt es auch hier eine Parallele zum totalitären Staat? Was Kafka beschreibt, ist die Situation (auf die ich noch zurückkommen werde), in der sich das Opfer verhält, als ob das, was es an seinen Peiniger fesselt, etwas Höheres sei als bloße, sich für Recht ausgebende Gewalt. Gewiß protestiert Josef K.: »Die Lüge wird zur Weltordnung gemacht.« Sein Protest aber kommt zu einem Zeitpunkt, da er die Möglichkeit (und es ist nicht die einzige) schon versäumt hat, sich von der Rechtsprechung des Gerichts zu befreien. Ansonsten ist er nur zu sehr bemüht, brav zu erfüllen, was seiner Meinung nach von ihm erwartet wird. Warum ist er so bereit, den »Behörden« bei ihren schrecklichen Vorbereitungen auch noch behilflich zu sein? »Vollständig konnte er sich nicht bewähren, alle Arbeit den Behörden nicht abnehmen, die Verantwortung für diesen letzten Fehler [nämlich seine Weigerung, Selbstmord zu begehen] trug der, der ihm den Rest der dazu nötigen Kraft versagt hatte ...« Warum tut er mit, wo Recht durch Gewalt ersetzt wird? Glaubt auch er in der Stunde seines Todes, er habe kein Recht, kein Recht zu leben? »›Wie ein Hund!‹ sagte er, es war, als sollte die Scham ihn überleben« – nicht die Scham, im Unrecht zu sein, sondern allein und schwach zu sein, oder vielmehr: im Unrecht zu sein, *weil* er allein und schwach ist. Das ist Hitlers Ideologie, die aus Schwäche Unrecht macht.

16. Das Führerprinzip

In der Anwendung des »Führerprinzips«, das durch das nationalsozialistische Recht gewahrt und gefördert werden sollte, erkennen wir einmal mehr die Bereitwilligkeit, mit der die Führenden und die Geführten gleichermaßen alle freiheitlichen Ansprüche aufgaben. In dieser Situation galt die Regel, daß allen nur erdenklichen Gesichtspunkten, seien sie patriotischer, ideologischer, pseudotheologischer oder materieller Art, stets mehr Bedeutung zugemessen wurde als der Sorge um die persönliche Freiheit und Gleichheit vor dem Gesetz – eine Regel, die in der deutschen Geschichte keineswegs neu war: in der einen oder anderen Form hatte sie mindestens seit Napoleons Zeiten gegolten.

Die Anwendung des »Führerprinzips« war nicht auf die Parteimitglieder beschränkt. Nicht zufällig findet sich eine ausführliche Formulierung dieses Prinzips in einer der wirksamsten Reden Hitlers, in seiner Rede vor den »Industrieführern« in deren Düsseldorfer Club am 27. Januar 1932. Grundprinzip des Lebens, so erklärt er den Herren, sei der Krieg, der, umgesetzt in gesellschaftliche Begriffe, die absolute Herrschaft des »Persönlichkeitswertes« bedeute. Privatbesitz könne »logisch, moralisch und ethisch« nur gerechtfertigt werden, wenn man anerkenne, »daß die Leistungen der Menschen verschieden sind. Erst dann kann ich feststellen: weil die Leistungen der Menschen verschieden sind, sind auch die Ergebnisse der Leistungen verschieden. Wenn aber die Ergebnisse der Leistungen der Menschen verschieden sind, ist es zweckmäßig, auch die Verwaltung dieser Ergebnisse ungefähr im entsprechenden Verhältnis den Menschen zu überlassen. Es würde unlogisch sein, die Verwaltung des Ergebnisses einer bestimmten an eine Persönlichkeit gebundenen Leistung dem nächstbesten Minderleistungsfähigen oder einer Gesamtheit zu übertragen, die schon durch die Tatsache, daß sie die Leistung nicht vollbrachte, bewiesen hat, daß sie nicht fähig sein kann, das Ergebnis zu verwalten ... Es ist ein Widersinn, wirtschaftlich das Leben auf dem Gedanken der Leistung, des Persönlichkeitswertes, damit praktisch auf der Autorität der Persönlichkeit aufzubauen, politisch aber diese Autorität der Persönlichkeit zu leugnen und das Gesetz der größeren Zahl, die Demokratie, an dessen Stelle zu schieben ...!«[1]

Die Rede nimmt zweiunddreißig kleingedruckte Seiten ein. Aus dem begeisterten Beifall, der sie immer wieder unterbrach, wird klar, daß die Art von Logik und das »weltgeschichtliche Philosophieren«, mit dem der Redner diese Logik drapierte, keineswegs das geistige Fassungsvermögen seiner Zuhörer überschritt.

Das ausführliche Zitat soll zeigen, daß der Ton dieser Rede nichts mit Hitlers Bierkelleransprachen gemein hat. Wie genau er sich in die Mentalität seiner patrizischen Gastgeber einzufühlen verstand, ist daraus zu ersehen, daß diese Rede (wie alle anderen, die er zwischen 1930 und 1933 hielt) jeden offenen Angriff auf die Juden vermeidet[2]. (Nicht etwa, als hätten die Industriellen die Juden geliebt: sie waren wohl eher darauf bedacht, daß der Antisemitismus nicht in schlechten Ruf geriet ...) Die einzige versteckte antisemitische Bemerkung findet sich in einem tendenziösen Fehlzitat des Historikers Theodor Mommsen. Auch hier wieder die vollkommene Einfühlung: Hitler konnte getrost annehmen, daß Mommsens Bemerkung über die Juden als »Ferment der Dekomposition der Völker und Staaten«[3] seinen Zuhörern nicht in der ursprünglichen Formulierung vertraut war, sondern nur in der verdorbenen Fassung, in der sie in ungezählten antisemitischen Hetzschriften der letzten fünfundzwanzig Jahre zitiert worden war.

Was diese Rede jedoch mit Hitlers weniger zurückhaltenden

Auslassungen gemein hat, ist der Umstand, daß sie dem Publikum all das sagt, was es hören will, und kaum etwas, was es nicht schon gewußt hätte. Den Industriellen und Bankiers muß er das »Führerprinzip« als das verkaufen, was sie selbst seit eh und je praktiziert haben und mit der Partei und ihrer »Weltanschauung« teilen. Diesem Ziel sind seine Mittel angemessen. Keinerlei propagandistischer Gewaltsamkeit bedarf es, um ihre Mitarbeit allein auf dieser Grundlage zu gewinnen – besonders, wenn man den Heikleren unter ihnen die Zusicherung gibt, daß sie nach Einrichtung eines großzügigen Wahlkampffonds (zu diesem Zweck ist die Versammlung einberufen worden) der Partei selbst nicht beizutreten bräuchten. Darüber hinaus enthält Hitlers Rede die Versicherung, der Nationalsozialismus werde Deutschland vor einer bolschewistischen Revolution bewahren, sowie einige noch ganz vage Versprechungen auf eine Lösung aller wirtschaftlichen und sozialen Probleme durch eine Erneuerung des nationalen Geistes. Der stärkste Beifall gilt jedoch den Attacken auf die Weimarer Republik und ihre Versuche, gegen die Krise legislativ vorzugehen: er gilt den Stellen, an denen Hitler den Unterschied darlegt zwischen einem System, das »nur auf dem Verordnungswege versucht, eine Nation zu retten« und einer »neuen geistigen Einstellung«, die »ein Volk innerlich belebt und von dem toten Objekt der Gesetzgebungsmaschinerie hinweg als lebendigen Faktor wieder in das Leben zurückführt«[4]. Was wichtig ist, sei nicht der tote Buchstabe des Gesetzes, sondern »die politische Willensbildung der ganzen Nation«[5]. Als Hitler es dann am Ende des Jahres für angebracht hält, in seinen Verhandlungen mit Hindenburg und den Konservativen die Legalität seines eigenen Machtanspruchs zu unterstreichen, hat die heimtückische Parteipropaganda ihr Werk vollbracht: Die Meinung (allgemein bekannt als »Taktik und Prinzip«[6]), dies sei lediglich ein Manöver im Dienst eines höheren nationalen Interesses, ist bereits zum »Geheimnis« von Millionen geworden.

Während Hitler in seinen Verhandlungen mit den Industriellen das lokale Gegenstück zu Henry Fords *rugged individualism* betonte, unterstrich die Propaganda gegenüber der Arbeiterklasse die Vorzüge kollektiver Solidarität angesichts gemeinsamer nationaler Ziele und Aufgaben. Und so erfolgreich war die Propaganda im Bereich der Wirtschaftspolitik, daß deren Originalität sogar heute noch übertrieben wird – während man weiter ignoriert, was sie die Arbeiterklasse gekostet hat. Die

Autobahnprojekte[7] waren keine Erfindung des Nationalsozialismus und hatten in Wirklichkeit schon in den späten zwanziger Jahren begonnen. Die Bewegung »Kraft durch Freude« war eine Nachahmung von Mussolinis *Dopo lavoro* (anfangs wurde sie auch in Deutschland »Nach der Arbeit« genannt) und war durch die Gründung eines freiwilligen Arbeiterkorps vorweggenommen worden, das bereits 1932 eine Viertelmillion Mitglieder hatte. Selbst die obligatorische Zinsverringerung bei landwirtschaftlichen Darlehen – ein bedeutender Aspekt von Hitlers und Darrés Wirtschaftspolitik[8] – war schon im September 1932 eingeführt worden. Die Idee eines »Volkswagens« stammte von Henry Fords missionarischem Eifer für sein »Model T« (Fords antisemitische Erklärung der bolschewistischen Weltverschwörung bot eine zusätzliche Empfehlung[9]). Und die Politik der Vollbeschäftigung war natürlich von Anfang an verbunden mit dem Programm der Wiederaufrüstung[10] (was allein schon die These A.J.P. Taylors ad absurdum führt, Hitler habe keinen Krieg beabsichtigt). Die Politik zur Sicherung der Vollbeschäftigung trug keinen spezifisch nationalsozialistischen Charakter, ganz einfach weil die Partei, von einigen vereinzelten Punkten abgesehen (wie ihre Gegnerschaft zum »anonymen« Kapital und zu den großen Kaufhäusern), keine eigene Wirtschaftspolitik besaß. Das wichtigste Instrument, dessen man sich bediente, war eine Erfindung Hjalmar Schachts, ein System von Regierungsgutscheinen (die sich auf 16 Prozent des Nationalprodukts beliefen), das es der Schwerindustrie ermöglichte, ihre Produktion auszuweiten und durch Investitionen in Forschung und neue Produktionsmethoden die Folgen der wirtschaftlichen »Autarkie«-Politik aufzufangen. An keiner dieser Aktionen war etwas Originelles, außer daß sie mehr oder weniger direkt auf den kommenden Krieg ausgerichtet waren. Was ihnen Erfolg sicherte (wo sie früher versagt hatten), war ein nationales Vertrauen und eine Begeisterung, wie sie die Weimarer Republik nicht hatte erzeugen können. Doch dieses Vertrauen und diese Euphorie ließen sich von der Kriegsabsicht nicht trennen, wenn sie auch nicht mit ihr identisch waren.

Und die Arbeiter? Der staatliche Dirigismus brachte die Wehrpflicht und die obligatorische Teilnahme am Arbeitsdienst mit sich, er brachte die sogenannte »totale Mobilmachung« der Arbeit, nicht nur im Heer und in der Industrie, sondern auch in der Landwirtschaft; er brachte die Auflösung der alten Gewerkschaften und die Einziehung ihrer Gelder sowie ihre Ersetzung durch eine »vereinigte Arbeiterfront«, die Aufhebung des Streik- und Tarifrechts und, als besondere Demütigung, die Wiedereinführung des alten »Arbeitsbuchs«, das man um 1840 abgeschafft hatte[11]. Während es sich als unmöglich erwies, die alten und in ganz Europa vorbildlichen Arbeitsgesetze (den Stolz der deutschen Gesetzgebung in den achtziger Jahren) zu widerrufen, wurden (wie übrigens auch in der Sowjetunion) alle gewerkschaftlichen Kampfmaßnahmen für ungesetzlich erklärt, da sie mit der deutschen »sozialen Gesinnung und Ehre«[12] unvereinbar seien. Diese Begriffe dienten (wie der »Führer des Reichsstands der deutschen Industrie«, Krupp von Bohlen und Halbach bemerkte) »... dem ›hohen Ziel‹ der ›Herstellung einer wahren Volksgemeinschaft‹«[13]. Und mit solchen völlig willkürlichen und qualligen Begriffen von »sozialer Gesinnung und Ehre« sind wir wieder bei dem »idealistischen«, »antimaterialistischen« und »authentischen« Schema jener wesentlich privaten Werte angelangt, mit denen die Propagandamaschinerie alle ihre Maßnahmen verbrämte und alle Erwartungen beantwortete: »Es gibt keine kommerzielle Bilanz nach Aufwand und Ertrag, sondern sozusagen nur eine nationale Bilanz von Sein oder Nichtsein.«[14]

17. Der Mann ohne Ideologie: Hitlers wahrer Antagonist

Vollbeschäftigung bei niedrigen Löhnen, ein Wohlfahrtsstaat mit Mietzuschüssen und zahlreichen wohlfeilen Erholungsmöglichkeiten, der höchste Grad an gesellschaftlicher Mobilität, den Deutschland je gekannt hatte, ein Gefühl von Einigkeit und gemeinsamer nationaler Zielsetzung – dies waren die Vorteile, die der erste Vierjahresplan den Arbeitern brachte. Nicht alle von ihnen bissen an. Es gab viele, die nicht bereit waren, ihre Sympathien für den internationalen Sozialismus aufzugeben, viele, die dem Regime durch industrielle Sabotageakte Widerstand leisteten, denen es in den späten dreißiger Jahren gelang, kommunistische und sozialdemokratische Untergrundorganisationen aufzubauen, die eine Verbindung zu ausländischen Arbeitern oder Kriegsgefangenen aufnahmen; und es gab viele, die in den Konzentrationslagern umkamen. Sie sind typischer für die deutsche Opposition als die Verschwörer vom Juli 1944[1]. Es waren ihrer Zehntausende[2], und sie handelten mit Opferbereitschaft und in hoffnungslosen Situationen, lange bevor die militärische Niederlage eine ausgemachte Sache war. Doch sie handelten völlig isoliert. Ihre Isoliertheit in einem Meer von Feindseligkeit und Furcht spricht zuweilen aus ihren letzten Briefen – und doch ist das volle Ausmaß ihrer Vereinzelung heute kaum vorstellbar. Was ihre Haltung bestimmt, waren Mut und geistiger Adel einerseits sowie ein Mangel an politischem Realismus andererseits. (Es war, als sei aller »Realismus« von den Machthabern usurpiert worden.) Abgesehen von den Kommunisten in der Gruppe »Rote Kapelle«, die für Sowjetrußland arbeiteten, besaßen sie kein klar definiertes politisches Ziel. Von einer Tradition des Nonkonformismus und des zivilen Ungehorsams, die sie wirkungsvoll hätten ansprechen können, gab es im Lande so gut wie nichts.

Die Konservativen mit Carl Goerdeler, dem ehemaligen Bürgermeister von Leipzig, an der Spitze befanden sich in einer ähnlichen Lage. Das Wesen und Ausmaß der Feindseligkeit, die nicht das Regime, sondern *Deutschland* sowohl im Westen wie auch in Rußland ausgelöst hatten, war ihnen einfach nicht bewußt (auch heute noch zeigen manche deutsche Historiker[3] in der Diskussion um die bedingungslose Kapitulation dieses Unverständnis). Wie ließe sich sonst der Umstand erklären, daß sie an die Möglichkeit getrennter Verhandlungen mit dem Westen glaubten; daß Goerdelers Friedenspläne von 1943 ein Großdeutschland vorsahen, das Österreich, Südtirol, die sudetendeutschen Gebiete, Ost- und Westpreußen, Posen und ganz Schlesien umfassen sollte (wobei man Polen für seine Verluste durch eine Vereinigung mit Litauen und durch ein Bündnis gegen Rußland zu entschädigen gedachte)?[4] Wie sonst könnte man Goerdelers Vorschläge (in einem Dokument von 1941) zu einer Juden-Gesetzgebung erklären, in der die strikt »rassischen« Maßnahmen der Nürnberger Gesetze vermieden, gleichzeitig aber die Voraussetzung akzeptiert werden sollte, auf der diese Gesetze fußten?[5] Die persönliche Tapferkeit und Opferbereitschaft von Männern wie Goerdeler oder von Hassell werden durch ihre anachronistische Haltung zu den gesellschaftlichen Fragen Deutschlands und Europas nicht geschmälert. Doch muß gesagt werden, daß ihr politisches Denken – zum

Unterschied von ihrem moralischen – vom Denken derer bestimmt war, denen sie Widerstand leisteten. Hierin liegt die ganze Tragödie der deutschen Opposition. In *einem* wichtigen Aspekt zumindest waren ihre Kriegsziele identisch mit denen des Regimes. Auch sie hofften auf eine Einigung mit dem Westen unter deutschen Bedingungen, die sie dadurch verbessern wollten, daß sie dem Westen militärische Hilfe gegen Rußland anboten. Nur ganz wenige Angehörige des konservativen Widerstands scheinen Zweifel am Realismus dieser Erwartungen gehegt zu haben; nur ganz wenige begriffen, daß die Völker Europas kaum einen Grund hatten, zwischen den Plänen der deutschen Opposition und denen ihrer schlimmsten Feinde zu unterscheiden.

Die Liste der Verschwörernamen hallt wie ein Aufruf zum Jüngsten Gericht aus dem Gotha: Stauffenberg, Guttenberg, Redwitz, Witzleben, Dohna, Yorck von Wartenburg, Moltke, Schwerin von Schwanenfeld, Trott zu Solz, Kleist, Lynar, Schulenburg ... Der 20. Juli 1944 bezeichnet nicht nur den Fehlschlag einer politischen Verschwörung: Er ist das Ende der preußischen Tradition und Preußens selbst als einer politischen Macht in Europa.

Im Zusammenhang der deutschen Geschichte sind die Isolierung all dieser Gruppen und Individuen und das Ausbleiben jeglicher Unterstützung durch eine breitere Öffentlichkeit (wie sie die Widerstandsgruppen in fast allen besetzten Ländern fanden) tragischer als ihr persönliches Schicksal. Ihre Ziele waren zum größten Teil utopisch und ihre Erwartungen illusionär. Als die studentischen Verschwörer der »Weißen Rose«, Hans Scholl und seine Schwester Sophie und ihre Freunde, wegen Verteilung subversiver Flugblätter verhaftet wurden (die sie zuletzt am hellichten Tag in den Lichthof der Münchner Universität geworfen hatten), glaubten sie sich der Unterstützung durch ihre Kommilitonen gewiß. »Was liegt an meinem Tod«, sagte Sophie Scholl zu einem Mitgefangenen am Morgen ihrer Hinrichtung, dem 22. Februar 1943, »wenn durch unser Handeln Tausende von Menschen aufgerüttelt und geweckt werden«[6]. Das Gegenteil war der Fall. Am selben Abend noch wurde vom offiziellen NS-Studentenbund eine Demonstration veranstaltet, an der mehr als 3000 ihrer Kommilitonen teilnahmen, um Loyalität gegenüber der Regierung zu bekunden (die Mehrheit waren Medizinstudenten auf Studienurlaub von der Front, die allen Grund hatten, sich mit den Parteifunktionären gut zu stellen).

Die Zahl 3000 wird vom »Reichsstudentenführer« genannt und mag übertrieben sein[7]. Sein Bericht als ganzer wird jedoch von einer Augenzeugin, einer politisch wohl nicht engagierten Studentin, bestätigt: »Die Kundgebung im Auditorium Maximum gehört zu den schauerlichsten Erinnerungen, die mir aus jenen Tagen geblieben sind«, schreibt sie. »Hunderte von Studenten johlten und trampelten dem Denunzianten, dem Pedell der Uni, Beifall, und dieser nahm ihn stehend und mit ausgestrecktem Arm entgegen ....«[8]

Als Beispiele moralischen Heldentums und jenes »vernünftigen Gottesdienstes«, von dem der Apostel Paulus spricht (»Ich mahne euch nun, liebe Brüder ..., daß ihr eure Leiber begebet zum Opfer, das da lebendig, heilig und Gott wohlgefällig sei, welches sei euer vernünftiger Gottesdienst«[9]), sind die Aktionen der »Weißen Rose« in der europäischen Geschichte unübertroffen; daß sie unsere höchste Bewunderung verdienen, braucht nicht betont zu werden. Als politische Aktion gegen ein politisches System war die Verschwörung jedoch konzipiert auf dem Boden einer moralischen Utopie, durchgeführt mit kopflosem Enthusiasmus und bar aller greifbaren Resultate: in dieser Hinsicht war die »Weiße Rose« typisch für andere Gruppen und Einzelpersonen, die ein ähnlich grausames Schicksal erlitten.

Hitlers wahren Antagonisten – sein *moralisches* Gegenbild – finden wir nicht unter den militärischen Führern oder den Junkern, die alle ein politisches Ziel oder ein patriotisches Anliegen mit ihm teilten; nicht unter dem Klerus der beiden Konfessionen, deren Märtyrer vorwiegend der – in der Offenbarung wurzelnden – kirchlichen Tradition der Selbstaufopferung folgten und daraus ihre Kraft zogen; auch nicht unter den Juden, die in der Mehrzahl die hilflosen Opfer des Regimes waren, verlassen von Gott und den Menschen.

Um Hitlers wahren Gegner zu finden, müssen wir nach dem »kleinen Mann« suchen: nach einem, der aus den gleichen sozialen Umständen kam wie er selbst und doch ohne religiösen oder ideologischen Hintergrund in einer ganz anderen moralischen Welt lebte und starb. Sein Name ist Johann Georg Elser. Ein Name, der in der Literatur des Widerstands wenig geehrt wird. Joachim Fest schreibt (wie fast alle Hitler-Biographen) von einem namenlosen »Einzelgänger«, ohne sich auf Elsers politische Motivierung festzulegen, bei Bullock wird Elser erwähnt als eine obskure Gestalt in einer unwahrscheinlichen Gestapo-Intrige, betrogen von seinen Auftraggebern[10]. Die Wahrheit sieht anders aus[11]. Ein Aktenbündel der Gestapo, welches das Kriegsende zufällig überdauert hat, berichtet davon.

Johann Georg Elser kam am 4. Januar 1903 in Hermaringen/Württemberg als uneheliches Kind zur Welt. Sein Vater, der Gütler und Holzhändler L. Elser aus Königsbronn, heiratete ein Jahr später die Mutter und machte das Kind ehelich. In den folgenden zehn Jahren gebar sie noch vier weitere Kinder, drei Mädchen und einen Jungen. Georg war ein guter Volksschüler und bestand die acht Klassen mühelos, obwohl er von zu Hause keine Ermunterung erfuhr und keine höhere Bildung erwarten konnte; seine Lieblingsfächer waren Zeichnen und Geometrie. Schon als Junge stritt er sich mit seinem Vater, doch nie kam es zwischen ihnen zu einem vollständigen Bruch. Der Vater war seit langer Zeit Alkoholiker; nach dem Ersten Weltkrieg geriet er in Schulden, belieh und verkaufte schließlich sein Geschäft sowie Teile seines kleinen Waldstücks. Das Geld war knapp, aber kein Familienmitglied hatte je größere Entbehrungen zu leiden. Die Trinkerexzesse des Vaters brachten den Jungen der Mutter näher – es war dieselbe Familiensituation, die in ›Mein Kampf‹ beschrieben wird[12], wo die soziologisch drapierte Beobachtung ihren Charakter als Autobiographie verhüllt. Mit den anderen Mitgliedern seiner Familie stand Georg meistens auf weniger gutem Fuß. Auch wenn er zu seinen Schwestern stets Verbindung hielt, sie und ihre Familien besuchte, nachdem sie geheiratet und Königsbronn verlassen hatten, waren dies doch eher praktische als sentimentale Beziehungen – ein kleines Auffangnetz für schlechte Zeiten –, welche die Förmlichkeit und den Mangel an Intimität widerspiegelten, die charakteristisch für die Familienbeziehungen der deutschen Arbeiterklasse waren. Darüber hinaus spiegelten diese Beziehungen Georg Elsers eigene natürliche Zurückhaltung wider, seinen Hang zur Einsamkeit und Verschlossenheit. Dennoch war er in keinem Sinne ein »Einzelgänger«, auch fehlt ihm alles Skurrile, das sich mit dem Wort »Sonderling« verbindet – dies die zwei Bezeichnungen, die er in der Geschichtsschreibung trägt. Er sprach überlegt, sein ganzer Habitus hatte etwas Bedächtiges, und doch konnte er sehr gesellig sein. Er hatte etwas Altmodisches.

Altmodisch war ja auch die soziale Welt, in der er aufwuchs. Im Sommer 1917 verließ er die Schule, und im Herbst desselben Jahres fand er eine Lehrstelle als Dreher in einer Königsbronner

Eisenfabrik. Einmal pro Woche ging er in die Berufsschule und lernte eine ganze Menge über die Behandlung von Rohmetallen. Die »schmutzige Arbeit« in der Gießerei paßte ihm nicht, auch war sie seiner Gesundheit nicht zuträglich, und so gab er sie nach zwei Jahren auf, um das Tischlerhandwerk zu erlernen. Seine Gesellenprüfung bestand er als Klassenbester im Frühjahr 1922 und nannte sich seither »Kunsttischler«. Tischlerei und Metallarbeiten waren nicht nur sein tägliches Brot, sondern auch sein leidenschaftliches Hobby. Im Keller des Elternhauses hatte er sich eine gutausgerüstete Werkstatt eingerichtet, wo er Möbel, Schlösser und Uhrwerke reparierte und bastelte. 1925 verließ er Königsbronn und wanderte zu Fuß, weit über hundert Kilometer, nach Friedrichshafen, wo er in der Propellerabteilung der Dornier-Flugzeugwerke arbeitete. Von da aus ging er weiter nach Konstanz, wo er zusammen mit einem anderen Tischler aus Königsbronn Anstellung in einer Uhrenfabrik fand. Hier arbeitete er mit Unterbrechungen sieben Jahre lang, baute hölzerne Gehäuse für Uhrwerke, die komplett aus der Schweiz erworben wurden. Einige Zeit war er arbeitslos, als die Firma bankrott ging und von neuen Besitzern übernommen wurde. Für ein paar Monate fand er Arbeit in der Schweiz.

Der Arbeitskollege bei Dornier, der ihn überredet hatte, nach Konstanz zu gehen, war ein begeisterter Klarinettist; Georg Elser nahm Zitherunterricht, und bald spielten beide im Tanzorchester des patriotischen »Trachtenvereins Oberrheinthaler«. Abgesehen von seinen Arbeitskollegen hatte er keine engeren männlichen Freunde. Mit seinem welligen Haar, blaßgrauen Augen, ebenmäßigen, intelligenten Zügen und schlankem Wuchs war er bei den Mädchen sehr beliebt und hatte auch eine Anzahl von Freundinnen – eine angehende Putzmacherin, eine Kellnerin, mehrere Vermieterinnen. Es scheinen ruhige, undramatische Verhältnisse gewesen zu sein. Von Mathilde N. hatte er einen Sohn, für den er Alimente zahlen mußte, die das Gericht von seinem Lohn abzog, auch nachdem sie einen anderen geheiratet hatte. Er sah den Jungen zum letztenmal im Alter von sechs Monaten, doch er hatte vor, ihn eines Tages zu sich zu nehmen und selber für ihn zu sorgen.

Wenngleich Georg Elser kein Interesse für ideologische und intellektuelle Dinge zeigte (seine Lektüre scheint sich auf Tageszeitungen und Fachzeitschriften beschränkt zu haben), verfolgte er doch die praktische Politik sehr genau. In seiner Jugend war er Mitglied der Holzarbeitergewerkschaft gewesen, in allen

Wahlen vor 1933 stimmte er für die Kommunisten, und 1928 oder 1929 trat er dem »Rotfrontkämpferbund« bei, einer Abwehrorganisation der KPD. Als Mitglied dieser Gruppe scheint er sich ziemlich passiv verhalten zu haben; jedenfalls hatte er kein Amt und erwarb auch keine Uniform. Zwar kaufte er sich ein Parteiabzeichen, zahlte seinen Beitrag und nahm an drei oder vier RFK-Treffen teil, aber seine Mitgliedschaft im Trachtenverein nahm er viel häufiger wahr. »Für das Programm der KPD habe ich mich nie interessiert ...«, erklärte er später. »In den Versammlungen ist lediglich davon gesprochen worden, daß mehr Lohn gezahlt werden soll, bessere Wohnungen geschaffen werden sollen und solche ähnliche Dinge. Die Aufstellung dieser Forderungen hat für mich genügt, um mich kommunistisch zu orientieren.«[13]

Die Wirtschaftskrise traf Georg Elser weniger hart als Millionen anderer Menschen. Er arbeitete in Uhrenfabriken an verschiedenen Orten am Bodensee und kehrte immer wieder für ein paar Monate nach Königsbronn zurück. Wenn er arbeitslos war, verdiente er sich Kost und Logis (und wie in den Schwänken von Hans Sachs einen Platz im Bett der Vermieterin), indem er privat Möbelstücke baute oder reparierte. Soweit ersichtlich, brachen seine politischen Verbindungen nach 1933 ab – statt dessen wurde er Mitglied eines Zitherclubs und nahm Kontrabaß-Stunden. Für Verbindungen zu irgendeiner Untergrundorganisation gibt es nicht den geringsten Beweis. Nur einmal erschien er vor Gericht, als sein Verhältnis mit der Frau eines seiner Kunden in einem Scheidungsverfahren endete und er als Beteiligter vorgeladen wurde. Gegen Ende 1936 fand er eine Stelle als ungelernter Arbeiter in einer kleinen Hildesheimer Rüstungsfabrik; im folgenden Sommer hatte er sich zu einem verantwortungsvollen Posten in der Auslieferungsabteilung hochgearbeitet, wo er die Kontrolle, Verpackung und Auslieferung von Gewehr- und Geschützmunition sowie Zündern überwachte. Das war der Zeitpunkt, an dem dieses sehr gewöhnliche Leben, uninteressant und zugleich faszinierend in seiner Gewöhnlichkeit, seinen Höhepunkt erreichte; denn zu dieser Zeit – irgendwann im Herbst 1938 – beschloß Georg Elser sein Attentat auf Hitler. So jedenfalls gestand er es der Gestapo während eines Verhörs, bei dem er auch gefoltert wurde (auf die Glaubwürdigkeit der Protokolle komme ich später zurück).

Warum entschloß sich Elser zu dieser Tat? Was veranlaßte

diesen »kleinen Mann«, der von sich selbst sagte, »ich war allgemein als ruhig bekannt«, und von dem der ›Völkische Beobachter‹ schrieb, »dieser Mann dort hat keine auffällige Verbrecherphysiognomie ..., und wenn man ihn dabei beobachten kann, vergißt man einen Augenblick, vor welchem satanischen Untier man steht ...«[14] – was veranlaßte ihn, diese Tat allein, ohne Mitwisser oder Helfer zu planen und systematisch vorzubereiten, mit aller Umsicht und Sorgfalt eines deutschen Handwerkers?

Etwa zur Zeit der Münchner Verträge im Oktober 1938 erwog er die Anschaffung eines Rundfunkempfängers und nahm schließlich einen auf Probe mit nach Hause. Er hörte einige Sendungen aus Moskau und London, entschloß sich aber nach vierzehn Tagen, das Gerät zurückzugeben, da es ihn mit 200 Reichsmark soviel wie fünf Netto-Wochenlöhne gekostet hätte. Ausländische Propaganda scheint also für sein Denken eine ebenso geringe Rolle gespielt zu haben wie irgendwelche oppositionellen Verschwörungen. Was ihn zu seiner Tat bewog, waren persönliche und politische Überlegungen der einfachsten, allgemeinsten Art – Überlegungen, die zweifelsohne von Millionen anderen Deutschen geteilt, aber durch andere Argumente verdrängt wurden.

Zum einen beunruhigte ihn das Münchner Abkommen in hohem Maße. Er war sicher, daß es zum Krieg führen würde, da »Deutschland anderen Ländern gegenüber noch weitere Forderungen stellen und sich andere Länder einverleiben wird ...«[15], was er auch zu verschiedenen Arbeitskollegen sagte, die ihm beipflichteten. (»Vom ersten Augenblick an war mir klar«, sagte sein Antagonist ein Jahr später zu seinen Generälen, »daß ich mich nicht mit dem sudetendeutschen Gebiet begnügen könnte. Es war nur eine Teillösung. Der Entschluß zum Einmarsch in Böhmen war gefaßt. Dann kam die Errichtung des Protektorats, und damit war die Grundlage für die Eroberung Polens gelegt ...«[16]) Zudem fand Elser die Industrielöhne nicht hoch genug (noch 1938 lagen sie unter dem Niveau von 1929) und die verschiedenen staatlichen Abzüge ungerecht. »Ferner«, so sagte er, »steht die Arbeiterschaft nach meiner Ansicht seit der nationalen Revolution unter einem gewissen Zwang. Der Arbeiter kann z. B. seinen Arbeitsplatz nicht mehr wechseln wie er will, er ist heute durch die HJ nicht mehr Herr seiner Kinder, und auch in religiöser Hinsicht kann er sich nicht mehr so frei betätigen.«[17] Dies waren einige Gründe – an andere konnte er sich nicht mehr erinnern –, die ihn zu der Ansicht brachten, »daß deswegen die Arbeiterschaft gegen die Regierung eine Wut hat« und daß »etwas getan werden« müsse, um diese Dinge zu ändern. Ja, er habe einiges davon mit Arbeitskollegen besprochen und auch mit Unbekannten in Zügen und Gaststätten, aber er könne sich »beim besten Willen« nicht an ihre Namen erinnern. Nein, über seine Pläne habe er mit niemandem gesprochen, und er habe ganz sicher die Wendung: »Es muß etwas getan werden« nie im Gespräch mit anderen Leuten benutzt.

Und doch fragen wir: Warum fühlte gerade er sich verpflichtet, die Tat zu vollbringen? Wir haben es mit einem Mann von simplen moralischen und politischen Vorstellungen zu tun, von dem wir wissen, daß er eigensinnig und mutig genug war, die Hakenkreuzfahne nicht zu grüßen[18], und daß er den Raum verließ, sobald im Radio eine Übertragung einer Hitlerrede begann. Abstraktes Denken war ihm fremd, und wenn er den Plan faßte, »etwas zu tun«, so dachte er daran, etwas mit seinen zwei Händen zu tun. Er war ein passionierter Handwerker; nach dem Krieg bezeugten mehrere Leute seinen Perfektionismus und sein genaues Auge für jedes Detail. Und dieser Perfektionismus des Handwerkers muß, so glaube ich, ernst genommen werden, denn darin liegt die besondere Würde des Mannes: ihn stellte er in den Dienst seines Gerechtigkeitssinnes. Weder in seinem Entschluß noch in seinem Verhalten zu jener Zeit liegt etwas Fanatisches, und wir können uns alles Gerede über die »Psychopathologie« und das »Herostratische« dieses Mannes sparen. Nur Psychohistoriker (also Psychiater, deren Patienten tot sind), denen die Freiheit gleichgültig ist, halten es für nötig, »tiefere« (also womöglich anrüchige) Gründe für den Umstand zu suchen, daß jemand ein sehr genaues Gespür für die Rechte hat, die ihm zustehen, und daher auch für die Grenzen des staatlichen Eingriffs in diese Rechte[19]. Elser sagte zu seinen Verhörern, er habe »den Nationalsozialismus nicht beseitigen wollen«. Wahr ist jedenfalls, daß er Politik nie abstrakt, nie in »Ismen« verstand. Aber er spürte, daß sich die Bedingungen in Deutschland »nur durch eine Beseitigung der augenblicklichen Führung ändern ließen«, womit er Hitler, Göring und Goebbels meinte, und er hoffte, daß nach Beseitigung dieser »Obersten« gemäßigtere Männer auftreten würden, die keine anderen Länder erobern, sondern das Los der Arbeiterklasse verbessern würden. Ein Attentat auf die »höchste Führung« (er hatte offensichtlich eine abergläubische Abneigung dagegen, Hitler beim Namen zu nennen) würde größeres Blutvergießen verhindern – dies war der Sinn seiner geplanten Tat: »Wenn sie mich erwischen, dachte ich, muß ich eben die Strafe auf mich nehmen.«

Und so begann Georg Elser im Herbst 1938, mitten im allgemeinen Jubel über die »Heimkehr« der Sudetendeutschen in jenes Reich, das sie sieben Jahrhunderte vorher freiwillig verlassen hatten, über Möglichkeiten zur Verwirklichung seines Entschlusses nachzudenken. Zunächst verschaffte er sich Sprengstoff aus der Rüstungsfabrik, in der er arbeitete – eine einfache Sache für einen Mann in seiner Position (als er die Stellung im folgenden Jahr aufgab, hatte er etwa 250 Säckchen Schießpulver beisammen). Zu dieser Zeit, Ende Oktober 1938, hatte er wohl noch kaum eine klare Vorstellung davon, wie er die Sache anfassen würde. Doch »entnahm er der Tagespresse«, obwohl er sie nicht regelmäßig las, daß die nächste Veranstaltung, bei der »die Führung« in der Öffentlichkeit auftreten würde, am 8. und 9. November (dem Allerseelen- und Allerheiligenäquivalent im Parteikalender) stattfinden sollte, und so fuhr er nach München zum Bürgerbräukeller, um an Ort und Stelle zu prüfen, »ob und welche Möglichkeiten dort vorhanden sind, meinen Entschluß in die Tat umzusetzen«. Ob er wußte, daß die Schutzmaßnahmen zu diesem Anlaß nicht in den Händen der Polizei oder des »Sicherheitsdienstes« lagen, sondern in denen der »Alten Kämpfer«, der »Marschierer von 23«, um deren Fest es sich ja handelte, läßt sich nicht sagen. Am 8. November 1938 inspizierte er den Saal, in dem die Veranstaltung stattfinden sollte, und entdeckte, daß man zu ihm und zu allen übrigen öffentlichen Räumen der Gaststätte jederzeit, außer in den späten Nachtstunden, leichten Zugang hatte. Am nächsten Morgen stand er im Gedränge der Zuschauer und beobachtete Hitlers Ankunft vor dem Bürgerbräukeller. Noch am selben Nachmittag fuhr er zurück nach Königsbronn. Da erst fiel ihm ein, wo die beste Stelle sein würde, um einen Sprengkörper zu verstecken: in einem holzgetäfelten Pfeiler aus Backstein und Zement direkt hinter dem Rednerpult. Für eine dort angebrachte Bombe, die während Hitlers Rede losgehen sollte, würde er also einen Zeitzünder brauchen.

Sobald Elser seinen Plan gefaßt und mit der Ausarbeitung der Einzelheiten begonnen hatte, wurde ihm klar, daß es dazu seiner ganzen Aufmerksamkeit bedurfte. So kündigte er seine Stellung im März 1939 – wenige Tage nach der deutschen Besetzung Böhmens und Mährens – und fuhr Anfang April erneut nach München, diesmal um den Pfeiler abzumessen und zu fotografieren. Er blieb eine ganze Woche in München, schloß Bekanntschaften mit verschiedenen Serviermädchen und versuchte vergeblich, eine Stelle im Bürgerbräukeller zu bekommen, indem er dem Hausburschen Geld anbot, als dieser zum Kriegsdienst eingezogen wurde. Natürlich besaß er nur wenig Geld, und so kehrte er in das elterliche Haus nach Königsbronn zurück, wo er trotz der Einwände anderer Familienmitglieder kostenlos wohnen konnte. Seine gesamten Ersparnisse beliefen sich auf ungefähr 400 Reichsmark. Dank seines guten Zahlengedächtnisses konnte er später der Gestapo alle Einnahmen und Ausgaben während dieser Monate aufzählen, und es gibt keine Anhaltspunkte dafür, daß er Geld von irgendeiner Untergrundorganisation oder aus dem Ausland erhalten hätte.

Er fand nun Arbeit in einem Steinbruch, was ihm ermöglichte, nicht nur seinen Sprengstoffvorrat zu ergänzen (er stahl dort 150 Patronen), sondern auch etwas über Sprengtechnik zu lernen. Mitte Mai verletzte er sich den Fuß an einem Stein – möglicherweise absichtlich –, und obwohl die Wunde schnell verheilte, kehrte er nicht mehr in den Steinbruch zurück. Von nun an widmete er seine ganze Zeit der Vorbereitung des Anschlags. Im Garten des Vaters machte er ein paar Experimente, um herauszufinden, was für einen Zünder er brauchte und wie er die Zeituhr damit verbinden konnte. Die Bombe selbst baute er dann – wie er bei seiner Vernehmung nicht ohne Stolz aussagte – ausschließlich nach Zeichnungen und Berechnungen ohne weitere Experimente (ein englischer Arbeiter hätte dies gewiß nicht betont). Anfang August zog er nach München. Da die erste Mietwohnung sich als zu teuer erwies, zog er nach kurzer Zeit in eine billigere, wo er auch an seiner Bombe arbeiten konnte. Seine Werkzeuge und Ersatzteile, darunter mehrere Uhrwerke, die er aus seiner Konstanzer Zeit zurückbehalten hatte, sowie Zünder und Sprengstoff bewahrte er teilweise in seiner Wohnung in einem verschlossenen Holzkoffer auf, teilweise in der Werkstatt eines Tischlers, dem er verschiedentlich aushalf. Ihm wie auch seinem Hausherrn erklärte er, er arbeite an einer Erfindung, die er sich patentieren lassen wolle und die ihm eine Menge Geld einbringen solle.

Noch einmal muß hier betont werden, wie bereitwillig Elser sich mit Leuten anfreundete, die er bei seiner Arbeit traf, wie großzügig er selbstgefertigte Holzarbeiten verschenkte (darunter ein Intarsienkästchen für seine letzte Freundin). Wir denken an seine altschwäbische Art, wie er, von Natur reserviert und oft schweigsam, Handwerkerstolz mit Geselligkeit verband. Der halb verschlossene, halb verwegene Held einer Geschichte von Gottfried Keller: so war er sein ganzes Leben lang, außer am Ende. In den Kommentaren deutscher Historiker erscheint er immer wieder als Eigenbrötler, exzentrisch, versponnen, vielleicht sogar verrückt. Damit soll die Motivation seiner Tat diskreditiert werden. Ich halte das Gegenteil für wahr. Die Tatsache, daß er sich niemandem anvertraute, diskreditiert nicht ihn, sondern die Welt, in der er lebte. Sein großer Vorteil lag darin, daß er in jeder Hinsicht unauffällig war. In einem Meer von Menschen, die gegenüber dem schreienden Unrecht bestenfalls gleichgültig blieben, wußte er, daß er das, was er tun mußte, ganz allein würde tun müssen, und er betete, daß es das Richtige war und daß er die Kraft haben würde, es zu vollbringen. Er war nicht besonders religiös, auch wenn er seit seiner Kindheit »zwar nicht immer, aber oft vor dem Einschlafen das Vaterunser gebetet« hatte:

»Persönlich, d.h. aus freiem Herzen und in selbstgewählten Worten habe ich nie zu Gott gebetet. Meine Tat bzw. den Wunsch eines Gelingens derselben habe ich nie in mein Gebet aufgenommen. Als Kind wurde ich von meinen Eltern gelegentlich sonntags mit in die Kirche genommen, später bin ich manches Mal allein gegangen, aber schließlich immer seltener. Erst im Laufe dieses Jahres ging ich wieder öfter in die Kirche, nämlich bis heute vielleicht seit Jahresbeginn (1939) ungefähr 30mal. Ich bin in letzter Zeit auch öfter werktags in eine katholische Kirche gegangen, wenn gerade keine evangelische Kirche da war, um dort mein Vaterunser zu beten. Es spielt meines Erachtens keine Rolle, ob man dies in einer evangelischen oder katholischen Kirche tut. Ich gebe zu, daß diese häufigen Kirchenbesuche und dieses häufige Beten insofern mit meiner Tat, die mich innerlich beschäftigte, im Zusammenhang stand, als ich bestimmt nicht soviel gebetet hätte, wenn ich die Tat nicht vorbereitet bzw. geplant hätte. Es ist schon so, daß ich nach einem Gebet immer wieder etwas beruhigter war.

Wenn ich gefragt werde, ob ich die von mir begangene Tat als Sünde im Sinne der protestantischen Lehre betrachte, so möchte ich sagen, ›im tieferen Sinne, nein!‹

Ich glaube an ein Weiterleben der Seele nach dem Tode und ich glaubte auch, daß ich einmal in den Himmel kommen würde, wenn ich noch Gelegenheit gehabt hätte, durch mein ferneres Leben zu beweisen, daß ich Gutes wollte. Ich wollte ja auch durch meine Tat ein noch größeres Blutvergießen verhindern.«[20]

Ist dies exzentrisch zu nennen?

In der Nacht des 5. August 1939 begann Georg Elser an dem Pfeiler zu arbeiten, der seine Bombe aufnehmen sollte. Er brauchte zu seinem Vorhaben dreißig bis fünfunddreißig Nächte. Jeden Abend nahm er seine bescheidene Mahlzeit in der Gaststätte ein und blieb bis Lokalschluß sitzen, versteckte sich dann in einer Abstellkammer, bis alle Gäste und das Personal gegangen und die Türen verschlossen waren, arbeitete anschließend drei bis vier Stunden lang, um sich in den frühen Morgenstunden wieder zu verstecken, bis er beim Eintreffen der Lieferanten und ersten Gäste das Lokal unbemerkt verlassen konnte. Die Aufgabe war gewaltig. Mit Werkzeugen, die er selbst entworfen und hergestellt hatte, mußte er eine Platte von 80 cm^2 aus der Vertäfelung entfernen und an Zapfenbändern anbringen, ein Loch in die Zementfüllung stemmen und ausweiten, dabei den Mörtel aufsammeln und sackweise fortschaffen. Den Sprengstoffbehälter bastelte er aus alten Metallbüchsen zusammen. Um ganz sicher zu gehen, brachte er zwei Uhrwerke an, bei denen die Zahnräder an den Achsen der Stundenzeiger so ausgefeilt waren, daß sie langsam einen Stahldraht aufrollten, an dessen Ende ein Dreifachzünder angebracht war. Die kleine Tür in der Vertäfelung kleidete er zuerst mit Blech aus, damit nicht zufällig ein Nagel von außen die Apparatur beschädigen konnte, und dann noch mit Kork, um das Geräusch der beiden Uhren zu dämpfen – und er mußte das Ganze von vorne beginnen, als er sah, daß das Mauerloch für die Bombe zu klein war. Und da das Lokal jeden Tag benützt wurde, mußte er jeden Morgen sorgfältig alle Spuren beseitigen. Hinzu kam, daß nach einigen Nächten seine Knie wund wurden und er sich ärztlich behandeln lassen mußte – und die eiternden Wunden waren es, die später den Verdacht der Gestapo bestätigen sollten.

Frühmorgens am Montag, den 6. November 1939, war er mit seiner Arbeit fertig, installierte die Bombe und setzte den Zündmechanismus in Gang, den er auf Mittwoch, den 8. November, 21.30 Uhr eingestellt hatte. Soweit hatte er Glück gehabt. Da er, wie gesagt, nur selten Zeitung las, wußte er gar nicht, daß Hitler sein Kommen zum Treffen der Alten Kämpfer ursprünglich abgesagt, sich aber dann in letzter Minute doch noch zur Teilnahme entschlossen hatte. Elser verließ München und fuhr nach Stuttgart, wo er die Nacht zum Dienstag in der Wohnung seiner verheirateten Schwester verbrachte, der und deren Mann er erklärte, er müsse illegal in die Schweiz. »Es ist nicht zum ändern«, sagte er ihnen. Sie fragten ihn nicht weiter aus, nahmen wohl an, er sei zum Militär eingezogen worden und wolle desertieren. »Schreib auch mal«, sagte die Schwester, und »bleib gesund!« Er ließ ihnen seine Habseligkeiten, und da er nur noch zehn Mark hatte, gab ihm die Schwester weitere dreißig für die Reise[21]. Doch sein Perfektionismus ließ ihm keine Ruhe: Statt nach Konstanz zu fahren, wie ursprünglich geplant, fuhr er am Dienstag abend zurück nach München, um die Apparatur ein letztes Mal zu überprüfen. Sie funktionierte bestens. Dann nahm er den Zug nach Konstanz.

In der Zwischenzeit hatte auch sein Antagonist, sein moralisches Gegenbild, allerhand zu tun. Der Polenfeldzug war soeben siegreich beendet worden. In einer stürmischen Auseinandersetzung mit General von Brauchitsch[22] hatte Hitler alle Kritik an der Wehrmacht beiseitegefegt und Vorbereitungen für einen sofortigen Angriff auf Frankreich befohlen, obgleich die Wetterlage ihn möglicherweise zwingen würde, das Vorhaben auf den folgenden Frühling zu verschieben. Aus militärischen Gründen, die sich als völlig falsch herausstellen sollten, widersetzten sich die Generäle einer Fortsetzung des Krieges durch einen Angriff im Westen. Auch sie bereiteten einen Staatsstreich vor[23], aber nur für den Fall, »daß Hitler auf dem Befehl zum Angriff bestehen sollte«. Das schlechte Wetter und Georg Elser, »der kleine Schorsch«, entbanden sie von dieser unangenehmen Verpflichtung.

In letzter Minute also entschloß sich Hitler, im Kreise seiner alten Getreuen zu erscheinen, verkürzte allerdings seinen Auftritt. Pünktlich um 20.00 Uhr betrat er den Bürgerbräukeller, begann seine Rede um 20.10 Uhr, beendete sie nach weniger als einer Stunde um 21.07 Uhr und verließ das Gebäude sofort danach. Elsers Bombe explodierte um 21.10 Uhr, tötete eine Kellnerin und sechs alte Kämpfer und verwundete mehr als sechzig Leute, von denen einer im Krankenhaus starb. Hitler, der um 21.35 Uhr den fahrplanmäßigen Schnellzug nach Berlin genommen hatte, erfuhr von dem Anschlag um Mitternacht, auf dem Bahnsteig in Nürnberg, durch Goebbels[24].

Um 20.45 Uhr, fast eine halbe Stunde vor der Explosion, näherte sich Georg Elser in einem Vorort von Konstanz der Schweizer Grenze. Zwei gewöhnliche Zollbeamte hielten ihn an, die ihren Grenzabschnitt aus dem Fenster eines Schulhauses überwachten, während sie die Hitlerrede im Radio hörten. Es war eine Routinekontrolle, doch dann entdeckten sie, daß Elsers Paß abgelaufen war[25] und bestanden auf einer Leibesvisitation.

Was nun geschah, ist wohl der einzige Teil von Elsers Geschichte, für den es keine vernünftige Erklärung gibt: In seinen Taschen fanden sie einige Bolzen, Schrauben und Federn, eine Ansichtskarte vom Bürgerbräukeller, ein paar Notizen und Adressen von Munitionsfabriken in Baden und Württemberg sowie sein altes Rotfrontkämpfer-Abzeichen (»Das steckst aus alter Erinnerung an«, erklärte er später beim Verhör). Erst auf der Polizeistation, als um Mitternacht volle Alarmbereitschaft an allen Grenzen angeordnet worden war, wurde man auf die Ansichtskarte aufmerksam. Eine Sonderkommission (zum Teil Gestapo, zum Teil Kriminalpolizei) wurde von Himmler in Berlin zusammengestellt, und noch vor Tagesanbruch wurden etwa 120 Verdächtige festgenommen. Georg Elser, den man mittlerweile an die Münchner Polizeizentrale im Wittelsbacher Palais überstellt hatte, wurde immer noch für fahnenflüchtig und (nach den Notizen, die man bei ihm gefunden hatte) möglicherweise für einen Spion gehalten. Erst am 13. November, als der Gestapo-Vorsitzende der Kommission (ein »Regierungs- und Kriminaldirektor«) selbst das Kreuzverhört übernommen hatte, kam allmählich die Wahrheit ans Licht: nachdem er von Experten erfahren hatte, daß die Bombe in Bodennähe installiert worden war, untersuchte er Elsers Knie und fand die vereiterten Narben. Esler, der bisher jede Verbindung zu dem Attentat abgeleugnet hatte, brach nun zusammen und fragte, welche Strafe einer bekommt, der »so etwas getan hat«. Um Mitternacht, nach vierzehn Stunden Verhör, legte er ein Geständnis ab.

Nur die Untersuchungsbeamten glaubten ihm. Hitler, Himmler und die Gestapo-Führung hatten ihre eigenen Gründe, sein Geständnis abzulehnen. Am Tage des Attentats waren zwei britische Geheimagenten, Captain Best und Major Stevens, an der holländischen Grenze von der SS gefangen worden. Die Propagandamaschinerie konnte natürlich das Scheitern des Attentats als einen Akt der göttlichen Vorsehung ausschlachten (und so erwähnte es Hitler auch häufig in späteren Jahren), aber keinesfalls durfte man zugeben, daß der Attentäter ein einfacher deutscher Arbeiter war. So tat die Gestapo alles, um das Attentat mit den beiden Geheimagenten in Verbindung zu bringen und Elser als einen Verschwörer im Dienst Otto Strassers und der britischen Regierung hinzustellen. (Das Protokoll von Elsers Geständnis im Wittelsbacher Palais ging später verloren, und die Version Captain Bests wurde eine der vielen nach dem Krieg kolportierten Fassungen der Geschichte.)

Doch da Hitler und Himmler das erste Geständnis abgelehnt hatten, wurde nun in Berlin zwischen 19. und 23. November ein zweites, wesentlich längeres Kreuzverhör durchgeführt. Meine Quelle für Elsers Geschichte ist das Protokoll dieses zweiten Verhörs, das inzwischen veröffentlicht worden ist und 1946 dem Münchner Gericht vorlag, als auf Wunsch der Familie eine Untersuchung über Elsers Tod angestellt wurde. Im Verlauf dieses zweiten Verhörs wurde Elser mehrmals brutal geschlagen[26], auch wurde er mit seiner Mutter und anderen Verwandten konfrontiert, die man alle inzwischen herbeigeholt hatte. Er blieb bei seiner Geschichte, und es kann kein Zweifel bestehen, daß sie in allen wesentlichen Punkten der Wahrheit entspricht. Offensichtlich war Elser während seines Geständnisses sorgsam darauf bedacht, um keinen Preis jemanden zu belasten, mit dem er in den Wochen vor dem Attentat zu tun gehabt hatte, und das gelang ihm auch. Möglich, daß er den einen oder anderen seiner Freunde oder Verwandten in sein Geheimnis eingeweiht hatte; möglich auch, daß ihm jemand aus dem Bürgerbräukeller, vielleicht eine Kellnerin, geholfen hatte. Wenn das der Fall war, so ist seine Standhaftigkeit unter der Folter wahrhaft bewundernswert. Was das uns vorliegende Protokoll angeht, das nach jedem einzelnen Abschnitt Elsers Unterschrift trägt, so kann angesichts seiner fortlaufenden Paginierung, seiner charakteristischen Mischung aus offizieller Phraseologie und Elsers persönlicher Sprache sowie der zahlreichen, von unabhängiger Seite überprüften Details kein Zweifel an seiner Echtheit bestehen. Mit seinen kritischen Äußerungen gegenüber dem Regime und seinem genauen Bericht über die früheren Stadien des Elserschen Lebens, die von seinen überlebenden Verwandten voll bestätigt wurden, enthält das Geständnis Material, das die Gestapo entweder unmöglich hätte erfinden können oder um jeden Preis unterdrückt hätte.

Und noch immer, selbst nach dem zweiten Verhör, hofften »die Obersten«, Elser würde gestehen, im britischen Sold gestanden zu haben. Als »Sonderhäftling Hitlers« brachte man ihn nach Sachsenhausen, wo er mit Captain Best zusammenkam und in Sonderhaft gehalten wurde – in derselben Abteilung des Konzentrationslagers, in der sich auch Léon Blum, Kurt von Schuschnigg, Pastor Niemöller und andere »prominente Gefangene« befanden. Man fragt sich, was Captain Best und Pastor Niemöller nach dem Kriege zu der Behauptung bewog, Elser sei in Wirklichkeit von den Nazis bezahlt worden, und man habe ihn gedungen, für 40000 Schweizer Franken und einen Freipaß in die Schweiz, eine Gruppe dissidenter Parteimitglieder umzubringen[27], man fragt sich auch, warum der angesehene Pastor Niemöller (der in der Öffentlichkeit für vieles bekannt ist, nur nicht für Skrupel in der Wahl seiner publizistischen Mittel) dieser haltlosen Spekulation freiwillig und trotz flehentlicher Proteste der trauernden Mutter noch hinzufügte, Elser sei selbst ein SS-Führer gewesen.

Georg Elser konnte sich nicht mehr verteidigen. 1944 schaffte man ihn nach Dachau und hielt ihn am Leben (er arbeitete einige Zeit als Tischler), um ihn als Kronzeugen in einem Prozeß gegen den britischen Geheimdienst auftreten zu lassen, den Himmler und Hitler nach dem Krieg in London veranstalten wollten. Als selbst die »oberste Führung« an der Wahrscheinlichkeit eines solchen Prozesses zu zweifeln begann, verlor sie ihr Interesse an Elser. Auf Befehl »von höchster Stelle« wurde er während eines Bombenangriffs auf das KZ von Wächtern ermordet – am 9. April 1945, demselben Tag, an dem auch Pastor Bonhoeffer, Admiral Canaris, General Oster und der Oberste Heeresrichter Karl Sack hingerichtet wurden. Am Ende gehörten sie doch zusammen.

Die wenigen Parallelen und die viel zahlreicheren Gegensätze zwischen den beiden Antagonisten Hitler und Elser sind deutlich genug, und doch waren die beiden Zeitgenossen. Es gibt in Elsers Geständnis eine Stelle, an der er vor der Ideologie zu kapitulieren scheint und sich ihre Sprache zu eigen macht: einen Augenblick, da auch er gezwungen ist, seine Tat mit den Augen seiner Folterknechte zu sehen. In dem Katz-und-Maus-Spiel, das sie während des Verhörs mit ihm treiben, fragen sie ihn, was er im Falle seiner Freilassung tun würde, worauf er – verständlich genug – antwortet, er würde versuchen, seinen Platz in der »Volksgemeinschaft« wiederzufinden[28].

»Könnten Sie das?« wird er dann gefragt.

»Ich habe meine Ansicht geändert«, antwortet er – und wer wollte es einem Manne in dieser Lage verdenken, daß er sein Leben retten will. Was ihn in diesem Moment am schwersten bedrückt, ist nicht der Fehlschlag seines Unternehmens noch sein eigenes Schicksal, sondern die Tatsache, daß er acht Menschen getötet hat (eben erst hat die Gestapo ihm einen Film von ihrem Begräbnis vorgeführt) und sechzig weitere verwundet.

»Dadurch, daß Sie festgenommen worden sind?«

»Nein«, erwidert er schließlich. »Ich glaube bestimmt, daß mein Plan gelungen wäre, wenn meine Auffassung richtig gewesen wäre. Nachdem er nicht gelungen ist, bin ich überzeugt, daß er *nicht gelingen sollte* und daß meine Ansicht falsch war.« Sagte er dies, um die eigene Haut zu retten und weil er meinte, sie wollten es so hören, oder glaubte er es tatsächlich?

Am anderen Ende der gesellschaftlichen Skala steht Ulrich von Hassell, der deutsche Botschafter beim Vatikan und einer der Verschwörer vom 20. Juli 1944. Auch er bricht vor dem »Volksrichter«, dem bestialischen Roland Freisler, zusammen[29].

Freisler: Eigentlich ist es ja sehr schwer, mit Ihnen sich überhaupt zu unterhalten über das, was Sie getan haben. Denn Ihnen kann man ja kein Wort glauben. Sie haben kein Gefühl für Wahrheit. Sie sind ja die Lüge selbst.
Hassell: Darf ich einmal feststellen, was ich vor 44 ...
Freisler: Sprichwort Mitgegangen! Sie wissen schon. Eben. Dann.
Hassell: Und zweitens, daß meine ganze außenpolitische Einstellung ...
Freisler: Ihre außenpolitische Einstellung ist völlig schnuppe. Denn wir haben hier nicht über außenpolitische Einstellungen zu entscheiden. Dazu sind wir als Richter nicht da. Wir maßen uns auch nicht Dinge an zu entscheiden, die nicht wir zu entscheiden haben. Wir haben hier zu entscheiden darüber, ob vor uns ein deutscher Mann steht, der ein Ehrenmann geblieben ist, oder nicht ...
Hassell: Der in seinem Innern nicht dran glaubte.
Freisler: Ja, nicht dran glaubte. Und warum nicht?
Hassell: Ich habe niemals an das Zustandekommen einer solchen Aktion geglaubt.
Freisler: Und warum nicht?
Hassell: Ich hielt das für undurchführbar.

Freisler: Undurchführbar? Sagen sie einmal: undurchführbar? Auf den Führer sind ja schon vorher Attentate gemacht worden. Und zwar Attentate, die wir alle kennen.
Hassell: Ich glaubte es käme nicht dazu.
Freisler: Ach, ich glaubte es käme nicht dazu. Wenn Ihnen von solchen Männern so was gesagt wird, dann glaubten Sie es käme nicht dazu? Mit welcher Berechtigung?
Hassell: Ich weiß nicht. Nach meinem inneren Gefühl habe ich nicht daran geglaubt, daß dies zustandekommen würde. Ich habe natürlich nicht die Worte der beiden Herren bezweifelt ...
Freisler: Na ja.
Hassell: ... sondern ich war überzeugt, daß sie diese Auffassung hatten, daß man ihnen derartiges gesagt hatte, aber ich glaubte nicht an die Realisierung. Ich nahm die Sache sozusagen nicht wörtlich als substantiiert an.

»Daß es nicht gelingen sollte«, »nach meinem inneren Gefühl«: hier liegt der Punkt, an dem diese Menschen, die aufgrund ihrer persönlichen Entscheidung die »Volksgemeinschaft« verließen, die Welt des Josef K. betreten. Jene Welt, in der ihnen eingeredet wird, daß der Liquidator nicht ganz im Unrecht sei, in der das Opfer seinem Liquidator im Innersten recht gibt, als ob seine Herrschaft über das Opfer mehr wäre als eine Frage der größeren Macht. Dies ist der geheime Glaube der Epoche Kafkas und Hitlers und auch Georg Elsers. Doch dessen Geist wurde davon nicht beherrscht. Die Freiheit, die sich Elser durch seine Tat sicherte, war begrenzt, wie es unsere Freiheit stets ist, aber nicht befleckt; die Entscheidung, die er traf – gegen die Ideologie, für Anstand und Gerechtigkeit – war die Entscheidung eines freien Mannes.

18. Der Streit der Schergen

Illusionäre Erwartungen, mangelhaftes Verständnis für die Beurteilung Deutschlands im übrigen Europa, Fehlen klarer politischer Ziele, die sich vereinen lassen mit moralischen und religiösen Werten – dies sind die Folgen der Herrschaft durch Terror und stillschweigende Billigung, und an ihnen kann der innenpolitische Erfolg des Regimes gemessen werden. Seine »Ideologie« ging darauf aus, alle klaren Ziele zu entwerten, jede Alternative sozialistischer, demokratischer, aber auch konservativer Art zu negieren und damit jedes traditionell definierte politische Leben zu zerstören. Der Satz »Es war immer etwas los« beschreibt nicht ein Fortschreiten zu Veränderungen oder zu einem bestimmten Ziel, sei es handgreiflich oder utopisch, sondern eine Entschlossenheit, sich an den Status quo zu klammern, und die Verschleierung dieser Entschlossenheit durch einen hektischen, ziellosen Aktivismus. Dies war Hitlers Form von »Revolution«, und darin unterschied er sich von den meisten seiner Berater und Parteibosse. Deren Haltung wird sehr genau durch den Protest eines »Alten Kämpfers« im Gespräch mit Rauschning ausgedrückt: »›Ich will nicht wieder herunter‹, schrie mich einer empört an. ›Sie können vielleicht warten. Sie sitzen in keinem Feuer! Mensch, hören Sie, stellungslos! Eh' ich das nochmal mitmach', werd' ich zum Verbrecher. Ich halt' mich oben, und wenn ich sonst noch was tun müßte. Wir stoßen nicht noch einmal hoch!‹«[1]

Sicher ist diese Einstellung alles andere als »revolutionär«. Klingt aus solchen Äußerungen nicht ganz einfach die Stimme des typischen Kleinbürgers? Rauschning scheint recht zu haben, wenn er sagt, es gebe in dieser Haltung kein Quentchen Loyalität, keinen Glauben irgendwelcher Art (weder an den »Führer« noch an die Sache), nur Heuchelei, Raffgier und schmutzigen Zynismus. Doch etwas fehlt bei dieser Erklärung. Was der Junker Rauschning nicht sehen wollte (was jedoch Konrad Heiden sah), war der Umstand, daß Männer wie der zitierte Alte Kämpfer zu jener »absoluten« Loyalität fähig waren – zur Loyalität bis zum Tode –, mit der sich die Angehörigen der Klasse Rauschnings brüsteten. Es besteht hier ein – freilich nur scheinbarer – Widerspruch zwischen dem Verlangen nach der Sicherheit einer kleinbürgerlichen Existenz und der Bereitwilligkeit, alles zu tun, Verbrechen eingeschlossen, nur um »oben« zu bleiben. Hitler schuf eine Situation, in der dieser Widerspruch aufgelöst werden konnte. Er verstand es, die kriminelle Willfährigkeit für seine eigenen Zwecke zu nutzen; derart ausgebeutet, nahm sie das Wesen eines »fanatischen Idealismus« an. Er duldete stillschweigend die private Beutemacherei, verwarf aber gleichzeitig das Verlangen nach Sicherheit als »materialistisch«. Denn er glaubte an die permanente »Revolution«: nicht im Sinne von Gregor Strasser oder Ernst Röhm, sondern in seinen eigenen Begriffen von fortgesetzter Eroberung und Vernichtung. In diesem kriegsähnlichen Syndrom einer permanenten Revolution unter seiner Führung erhält das Image persönlicher Authentizität seine volle Verkörperung.

Es ist etwas wahr an der Ansicht, die ursprüngliche Parteiideologie sei das Produkt einer niedergehenden Klasse gewesen und zunehmend in Konflikt mit den sozialen Bedingungen geraten, die von der nationalsozialistischen Herrschaft selbst geschaffen wurden[2]. Die Bewegung, deren Ideologie auf die Errichtung einer Gesellschaft von Kleinhändlern, Handwerkern und Gütlern zielte, beschleunigte faktisch den Konzentrationsprozeß der Industrie und des Handels und verstärkte die Landflucht; die Industrie wurde in wachsendem Maße auf Mittel- und Westdeutschland konzentriert und bediente sich immer mehr der ärmeren Regionen im Osten als Quelle für Arbeitskräfte – was die Pläne einer Kolonisierung und Besiedlung Osteuropas mit deutschen Bauern illusorisch machte. Doch die Ideologie, die auf diese Weise entwertet wurde, galt ohnehin nur für einige Alte Kämpfer (Leute wie Anton Drexler, Gottfried Feder und Franz Xaver Schwarz, den Schatzmeister der Partei). Hitler begann sie in dem Moment abzuwerfen, als er sich auf den Weg zur nationalen Führerschaft machte. Die Vorherrschaft *seiner* Ideen – seine absolute Herrschaft – begann nicht im Februar 1933, sondern mit der Vernichtung der SA im Sommer 1934.

Die Massaker vom 30. Juni bis 2. Juli 1934 bieten ein gutes Beispiel für Hitlers überlegene Fähigkeit, mittels einer Reihe sorgfältig geplanter Züge einerseits und Improvisationen andererseits zu Zwischenzielen vorzurücken, welche dann ihrerseits Mittel wurden, die ihn zwangen, die nächsten, nicht mehr vorausgeplanten Schritte zu tun – und so weiter bis zur Erlangung der unbeschränkten Macht. Auf den ersten Blick scheint es, als habe er bei seinem Aufstieg einfach Glück gehabt. Bei genauerem Hinsehen jedoch stellt sich heraus, daß er auf nichts anderes zu setzen brauchte als auf die Leichtgläubigkeit seiner Verbündeten, die Korruption und das »Ehrgefühl« seiner Gegner und die erstaunliche Inkompetenz beider. Die Art und Weise, wie er dieses blutige Hürdenspringen durchspielte, bot ihm das Muster für die Taktik, die ihn im September 1939 zum Krieg führen sollte. Dieselbe Taktik benutzte er auch bei der Verfolgung der Juden.

Das politische Problem, dem Hitler sich im Februar 1933 gegenübersah, als er die höchste Macht im Staat ergriff (eine Macht, die damals keineswegs unbeschränkt war), entpuppte sich als das taktische Hauptproblem seiner Herrschaft, das ihn bis zum Ende nicht verlassen sollte. Auf der einen Seite mußte er das Vertrauen des konservativen Establishments der Industriellen und Bankiers gewinnen und behalten, indem er ihnen versicherte, die nationalsozialistische Revolution sei nun abgeschlossen, das Land brauche nun einen wirtschaftlichen Aufschwung und eine Entwicklung innerhalb des von ihm geschaffenen Rahmens. Auf der anderen Seite mußte der Schwung der revolutionären Bewegung in Gang gehalten werden – und zwar nach seinen Vorstellungen und unter seiner Führung. Das Ganze sollte dann in einen Krieg münden, für den es nur noch die Form, den Zeitpunkt und das Ausmaß zu klären galt. Die volle Komplexität dieser doppelten Aufgabe zeigt sich in Hitlers Reden während der ersten anderthalb Jahre seiner Herrschaft, in denen friedliche Versicherungen gegenüber den Konservativen abwechseln mit Mahnungen an die Kohorten, daß »die Revolution weitergehen« müsse. Die SA-Miliz, die sich Ende 1933 auf viereinhalb Millionen Mann belief, war an sich nicht ganz ungeeignet für Hitlers Vorhaben. Was sie ungeeignet machte, war ihre Führung durch Ernst Röhm, denn Röhm war der einzige Mann in Hitlers Karriere, der sich ihm widersetzen und als Gleichberechtigter mit ihm verhandeln konnte. Überdies war Röhm bereit, einen Zusammenstoß mit der Reichswehr zu riskieren, wovor Hitler zurückscheute. Kaum eine Woche nach seiner Ernennung zum Reichskanzler, am 3. Februar 1933, sprach er vor Generälen und Vertretern der Marine über seine künftige Politik. Die genaue Richtung müsse noch offen bleiben, sagte er, doch es gebe zwei Alternativen: »Vielleicht Erkämpfung neuer Exportmöglichkeiten, vielleicht – und wohl besser – Eroberung neuen Lebensraums im Osten und seine rücksichtslose Germanisierung.«[3] Die Zuhörer antworteten unverzüglich mit einer öffentlichen Loyalitätserklärung. Hitlers Entscheidung für die Wehrmacht und gegen die SA fiel zweifellos in dem Augenblick, als ihm klar wurde, daß er die Unterstützung der Wehrmacht in der Person des schwachen Blomberg hatte und sich ihrer technischen Mittel und ihres Ansehens im Lande bedienen konnte: und dies war auch der Augenblick, da die Wehrmacht ihre Bereitschaft zeigte, mit Himmler (der, anders als Röhm, nie einen offenen Zusammenstoß mit Hitler riskieren würde) und mit der SS zu verhandeln.

Röhms und Himmlers Persönlichkeiten spiegelten sich in den beiden von ihnen geführten paramilitärischen Organisationen. Ernsthafte Reibereien von einer Art, wie sie in der SS undenkbar waren, brachen in der SA zum erstenmal im August 1933 aus, als Röhm sich beklagte, seine Männer seien unterbezahlt, würden von der Partei benachteiligt und hätten vor allem unzulängliche Waffen[4]. Es war klar, daß Röhm, der nun Minister ohne besonderen Aufgabenbereich in Hitlers Koalitionsregierung geworden war, seine alten Forderungen erneuern würde, nämlich aus der SA entweder eine reguläre Miliz zu machen oder sie in die Reichswehr zu integrieren (wo dann »die braune Flut« – so lautete seine eingängige Werbemetapher – »den grauen Felsen überschwemmen« werde). Klar war auch, daß Hitler sich diesen Forderungen widersetzen und darauf bestehen mußte, daß die Reichswehr die einzige Waffenmacht im Staate blieb (tatsächlich war sie es in den letzten fünf Jahren nicht mehr gewesen): die SA – und vor allem die alten Haudegen um Röhm – wurden zu einer wachsenden Belastung in seinen Verhandlungen mit den respektablen Konservativen und der Wehrmacht. Gegen Ende 1933 begannen Diskussionen über die Wiedereinführung der allgemeinen Wehrpflicht[5], und dies allein hätte Röhm schon warnen müssen, daß seine Pläne in Gefahr waren.

Darüber hinaus gab Hitler selbst in einer Rede am 9. November 1933, dem zehnten Jahrestag des Münchner Putsches, unmißverständlich zu erkennen, daß er seine Entscheidung getroffen hatte. Indem er die Vergangenheit verfälschte, kündigte er die kommende Infamie an. In einer verblüffenden, völlig neuen Deutung präsentierte er die Ereignisse vom November 1923 als einen »Riß« zwischen den beiden »feindlichen Brüdern«. Er betrachte es als sein »höchstes Glück«, daß die Hoffnung, die er in jenen düsteren Tagen gehegt habe, »endlich in Erfüllung gegangen ist, daß wir nun zusammenstehen: die Repräsentanten des Heeres *und* die Vertreter unseres Volkes, daß wir wieder eins geworden sind und *daß diese Einheit niemals mehr in Deutschland zerbrochen wird. Damit hat erst dieses Blutopfer seinen Sinn erhalten,* und es ist nicht vergeblich gewesen, denn wofür wir schon damals marschierten, das war das, was jetzt Wirklichkeit geworden ist.«[6] Wollte Röhm nicht einsehen, daß es in dieser »Einheit von Heer und Volk« keinen Platz für einen dritten Partner gab, so konnte er doch auch nicht sagen, er sei nicht gewarnt worden. Gewiß ist die Passage, die ich hervorgehoben habe, hochgradig rhetorisch, zugleich aber enthält sie auch die Begründung für Hitlers Handeln, die nun kanonisch wird: Das Debakel vom November 1923 ist zu einem sinnvollen »Blutopfer« geworden. Der rhetorische Schwulst enthält Hitlers klarstes Programm. Die Massaker an der SA, die sieben Monate später erfolgten, sollten zu gegebener Zeit dieselbe Interpretation erfahren, dieselbe nachträgliche Rechtfertigung: neun Jahre später nannte Himmler sie als Rechtfertigung der »Endlösung«. Der Weg dieser Revolution führte durch das »Blutopfer« *aller* Gesellschaftsgruppen, der deutschen wie der »fremdländischen«, der jüdischen wie der »arischen« – und schließlich Deutschlands selbst. Mehr noch (und das ist der springende Punkt): viele der Opfer unter den überzeugtesten Mitgliedern der SA teilten Hitlers Interpretation dessen, was ihnen geschah – und zwar so vorbehaltlos, daß sie es schließlich versäumten, sich ihrer eigenen Vernichtung zu widersetzen.

Im Frühjahr 1934 schien eine Abrechnung mit der SA unmittelbar bevorzustehen. Angeregt wurden die Massaker von den Feldmarschällen Blomberg und Reichenau[7] in dem Gedanken, daß die Wehrmacht sich dadurch, ohne einen einzigen Schuß abgeben zu müssen – in den Kasernen bleibend und nur gelegentlich die SS mit Waffen und Transportmitteln versorgend – ihres Rivalen SA entledigen könnte. Soweit hatte von Reichenau das Unternehmen bereits im Februar 1933 gebilligt; auf dieser Basis nahm er im Mai 1934 wieder Verhandlungen mit Himmler und der SS auf. Es ist durchaus möglich, daß Hitler den Tag der Abrechnung mit der SA ursprünglich bis zum Tod Hindenburgs aufschieben wollte. Doch wie dem auch sei, am 4. Juni fährt der kränkliche und zum Teil schon senile Reichspräsident auf sein Gut in Ostpreußen, und dies ist das Signal zum Beginn der Aktion.

Nach einer langen und ergebnislosen Diskussion mit Röhm verläßt nun auch Hitler Berlin zu Gesprächen mit Ruhr-Industriellen. Zwei Tage später beginnt eine Salve aggressiver Reden von Hitler, Göring (der in Berlin geblieben ist), Goebbels, Himmler, Rosenberg, Ley, Heß und Frick (dem Innenminister in Hitlers Koalitionsregierung) sowie einer Reihe niedrigerer Parteifunktionäre. Diese Reden zielen teilweise darauf ab, die übriggebliebenen Kritiker des Regimes als »Nörgler, Meckerer und Miesmacher«[8] unglaubwürdig zu machen, teilweise enthalten sie die ersten Anspielungen auf eine »zweite Revolution.« Zur selben Zeit werden Gestapo und Sicherheitsdienst voll mobilisiert, und mehrere SS-Einheiten veranstalten Mannöver in der Nähe von München. Röhm scheint von all diesen Vorbereitungen nichts zu bemerken. Am 7. Juni nimmt er »Krankenurlaub«, einige Tage später beurlaubt er die gesamte SA für den Monat Juli, und am 28. Juni erklärt er sich einverstanden mit Hitlers Wunsch nach einem Treffen der höheren Führung am 30. Juni in Bad Wiessee. Hitler ist an der Ruhr, danach zwei Tage lang (14. und 15. Juni) bei Mussolini in Venedig zu Gast, am 21. Juni fliegt er nach Neudeck in Ostpreußen, angeblich um Hindenburg über seine Gespräche mit Mussolini zu berichten, in Wirklichkeit aber, um dem besorgten Blomberg zu versichern, die Lage sei unter Kontrolle. Unterdessen sind in Berlin zwei Listen von Göring und Himmler in Umlauf gesetzt worden: die eine, angeblich von der SA zusammengestellt, enthält die Namen von Wehrmachts- und SS-Offizieren, die nach einer Machtübernahme durch die SA angeblich liquidiert werden sollen; diese Liste wird der Armee zugespielt. Die andere stammt von Röhm selbst und enthält einfach die Namen von SA-Offizieren, die zur Beförderung anstehen; dieser Liste wird sich die SS bei ihren Massakern bedienen.

Und nun, während Hitler noch immer zu zögern scheint, kommt der erste »glückliche« Zufall. Von Papen, der konservative Vizekanzler, spricht am 17. Juni an der Universität Marburg, warnt Hitler vor »falschen Freunden«, das Land vor einer »zweiten Revolution« und fordert eine Erneuerung des nationalen Lebens nach den Grundsätzen des katholischen Konservatismus. Papens Rede enthält eine positive Anspielung auf die Hohenzollernmonarchie und einen Wink an Hindenburg, der, wie Papen glaubt, die Wehrmacht zum Eingreifen aufrufen werde[9]. Diese donquijoteske Rede – mutig, aber völlig wirklichkeitsfremd – wird sofort von Goebbels unterdrückt (der übrigens als Minister dem Vizekanzler Papen untergeben ist). Am selben Tag erreicht Hitlers Propagandakampagne ihren Höhepunkt mit einer Schmährede in Gera, in deren Verlauf er Papen (ohne ihn zu nennen) als einen »kleinen Zwerg« und »kleinen Wurm« bezeichnet[10], der »gegen eine solch gewaltige Erneuerung eines Volkes ankämpfen will«. Ob dieser Zeitpunkt zufällig gewählt oder Ergebnis einer Indiskretion war, ist nicht bekannt. Papen, wutentbrannt über Goebbels' Unterdrückung seiner Rede, droht mit sofortigem Rücktritt, erklärt sich dann aber zu einem Treffen mit Hitler bereit. An diesem Punkt schlägt das Drama zur Farce um. Hitler beschwört ihn, nicht zurückzutreten, »während die Nation in Gefahr schwebt«, und verspricht feierlich, ihm den Rücktritt nach Überwindung des Notstands zu gestatten[11]. Mehr noch: Papen verläßt das Treffen in der Überzeugung, Hitler habe seine Worte beachtet und werde seine Politik fortan mäßigen. (Vier Tage später entblödet sich Papen nicht, in der Begleitung von Goebbels beim Deutschen Derby in Hamburg zu erscheinen[12], acht Tage später steht er unter Hausarrest, und seine engsten Mitarbeiter, unter ihnen Edgar Jung, der eigentliche Verfasser jener unglücklichen Rede, sind umgebracht worden. Nichts von alledem hindert Papen daran, noch vor Jahresende außerordentlicher deutscher Gesandter in Wien zu werden, wohin er, der Sproß des katholischen Adels, entsandt wird, um den Verdacht zu entkräften, Hitler habe etwas mit der Ermordung des katholischen Bauernsohnes Dollfuß zu tun gehabt, eines der wenigen heldenmütigen Politiker in jenen schlimmen Jahren.)

Und nun zum Endspiel mit seinem typischen Ablauf. Die Spannung im Lande steigt. Blomberg, den Präsidenten hinter sich[13], droht am 21. Juni in Neudeck mit Ausrufung des Standrechts und Mobilisierung der Armee, falls nicht friedliche Zustände wiederhergestellt werden, und Hitler muß endlich handeln – nachdem er freilich selbst die Kräfte geschaffen hat, die ihn zum Handeln zwingen. Am 24./25. Juni teilen Himmler und Heydrich den SS-Führern mit, daß ein Staatsstreich der SA unmittelbar bevorstehe; Instruktionen zur Waffenbeschaffung aus Armeedepots werden ausgegeben; die Namensliste der angeblichen SA-Rebellen wird im ganzen Land herumgereicht, und die Losung für den Gegencoup der SS wird ausgegeben (hier ist die Planung offenbar nicht ganz stimmig: zu erwarten wäre doch, daß die Rebellen die Angreifer sind und mithin eine Losung ausgeben müssen, nicht die Verteidiger des Staates ...). Die Wehrmacht fügt sich. Jeder noch mögliche Zweifel bei den Offizieren ist zerstreut worden durch die gefälschten Listen mit den Namen derer von ihnen, auf welche es die Rebellen angeblich abgesehen haben. Am 25. Juni erläßt General von Fritsch totales Ausgangsverbot und hält die Truppen in den Kasernen fest, am 28. Juni wird Hauptmann Röhm aus dem deutschen Offiziersbund ausgestoßen, am 29. Juni veröffentlicht General von Blomberg im *Völkischen Beobachter* erneut eine unbedingte Loyalitätserklärung mit dem nationalsozialistischen Staat und seinem Führer. Alles ist nun bereit für den Gegencoup, nur der Feind fehlt noch.

Der zweite »Glücksfall« läßt nicht lange auf sich warten, und auch diesmal darf man annehmen, daß nichts dem Zufall überlassen geblieben ist. Mit gefälschten Handzetteln werden mehrere SA-Bataillone zu einem Marsch durch München aufgerufen[14]. Obwohl sie der örtliche Gauleiter kurz danach eiligst von den Straßen weist, hat Hitler nun endlich seinen Vorwand zum Handeln. Die SA-Bataillone marschieren ohne ihre Führer, da die meisten von ihnen sich gerade in Bad Wiessee versammeln. Was wollen die Männer eigentlich auf den Straßen Münchens erreichen? Wenn sie, wie Hitler in seinem Bericht vor dem Reichstag am 13. Juli behaupten wird, sich wirklich zum Sturz der Regierung verschworen haben, was tun sie dann in München, warum sind sie nicht in Berlin (wo übrigens der lokale SA-Kommandant gerade seine Hochzeitsreise antritt)? Ihre – und Röhms – Arglosigkeit scheint grenzenlos. Auf diesen Augenblick hat die SS gewartet. Im ganzen Land besteigt sie die requirierten Metzgerwägen und Heeresfahrzeuge; Hitler bricht seinen Besuch an der Ruhr ab und fliegt in Begleitung von Goebbels und Dietrich (dem Presseamtschef) und seinen drei Adjutanten nach München, wo er am Samstag, den 30. Juni, um 16 Uhr landet. Er beschimpft die SA-Offiziere, die zu seinem Empfang erschienen sind, reißt ihnen Parteiabzeichen und Orden ab und läßt sie von der Zivilpolizei verhaften. Dann rast eine schwarze Mercedes-Kolonne nach Wiessee: Hitler besteht darauf, bei dem Gemetzel dabeizusein. Um 20 Uhr, als der homosexuelle Röhm und Mitglieder seines Kreises, manche mit ihren Bettgenossen, großenteils ohne Widerstand aus dem Bett geholt worden sind, beginnt das Blutbad. Im Laufe der nächsten drei Tage werden an die zweihundert Männer umgebracht, einigen stellt man es frei, Selbstmord zu begehen. Nur in Schlesien gibt es einen gewissen Widerstand gegen die Welle von Verhaftungen und Hinrichtungen. In seiner Reichstagsrede vom 13. Juli beziffert Hitler die Zahl der Toten auf 77; auch versucht er, sein Handeln zu rechtfertigen durch Verweise auf eine landesweite Verschwörung zum Sturz der Regierung und auf einen SA-Marsch durch Berlin, der angeblich mit der Münchner Demonstration koordiniert gewesen sein soll – nie ist eine solche Verschwörung entdeckt worden, nie fand in Berlin ein solcher Marsch statt. Im Zuge der Ermordung Röhms und seiner SA-Führer wurden gleich noch ein paar andere alte Rechnungen beglichen: ermordet wurden unter anderen Gregor Strasser, General von Bredow, General Schleicher und seine tapfere Frau, Gustav von Kahr, der 1923 im Hitler-Prozeß Ankläger gewesen war, Pater Stempfle, der *Mein Kampf* nach grammatikalischen Fehlern durchgesehen hatte, eine Reihe von konservativen Beamten, verschiedene Leute, die in rein private Streitigkeiten verwickelt waren, darunter ein Musikkritiker namens Schmidt, der das Schicksal des Dichters Cinna erlitt, und eine Gruppe schlesischer Juden, die zur Belustigung des lokalen Gauleiters umgebracht wurden. Mehrere hohe SS-Offiziere bestanden darauf, ihre ranggleichen SA-Kollegen persönlich zu erschießen[15]. Noch grotesker waren die Hinrichtungen im Münchner Gefängnis Stadelheim, wo die Häftlinge glaubten, sie seien zusammen mit Hitler die Opfer einer Verschwörung der »Reaktionäre« Göring und Goebbels. Auf das Kommando: »Der Führer will es! Heil Hitler! Feuer!« vollstreckten SS-Männer die Todesurteile. Ihre Salven trafen auf dasselbe »Heil Hitler« von den Lippen der sterbenden SA-Männer[16]. Der Führer konnte nichts falsches tun.

Worin bestand die Bedeutung dieser Massaker? War mehr im Spiel als der mörderische Streit zweier rivalisierender Schergengruppen, beide verbrecherisch, die eine bloß etwas dümmer, weniger wendig und leichtgläubiger als die andere? Hitlers Triumph war gewiß vollkommen. Er hatte die Wehrmacht aus der Sache herausgehalten, ihre Furcht vor Skandalen beschwichtigt[17] und sie überzeugt, daß »ihre Ehre als unpolitisches Instrument des Staates« gewahrt blieb. Zu diesem Zweck ernannte er sich nun selbst zu ihrem Oberbefehlshaber, um schließlich die SS – in Form der Waffen-SS – in jene Position zu schieben, die er Röhm und der SA verweigert hatte. Unter dem Vorwand, er sei entsetzt über das homosexuelle Treiben in der SA (das er jahrelang geduldet hatte und das sich in der SS fortsetzen sollte), konnte er sich nun selbst zum moralischen Tugendwächter der Nation erheben – in jener Atmosphäre der dreißiger Jahre, in der die Duldung politischer Verbrechen Hand in Hand ging mit enormer Heuchelei in sexuellen Dingen (noch einmal sei an die überwiegend sexuelle Färbung des traditionellen katholischen Sündenbegriffs erinnert). Auch nahm Hitler nun offiziell die Funktion des obersten Richters an, freilich nicht ohne die braven Dienste des üblichen akademischen Speichelleckers (der allgemein als der größte Staatsrechtler seiner Zeit galt), der eilig bewies: »Aus dem Führertum fließt das Richtertum«, und die Tat des Führers »untersteht nicht der Justiz, sondern war selbst höchste Justiz«[18]. (Hier gilt wiederum das Paradox Nietzsches, und zwar in der Form, daß nicht die Vernunft das Gesetz, sondern das vom Volksganzen abgeleitete Gesetz bestimmt, was vernünftig sei.) Am 3. Juli wurde rückwirkend das schon zitierte Gesetz verabschiedet, das in einem einzigen Satz alles Geschehene rechtfertigte: »Die zur Niederschlagung hoch- und landesverräterischer Angriffe am 30. Juni, 1. und 2. Juli 1934 vollzogenen Maßnahmen sind als Staatsnotwehr rechtens.«

Hitlers faktische Rolle hatte damit ihre vollste institutionelle Absicherung erhalten. War es dies, was die Konservativen davon überzeugte, daß es keine »zweite Revolution« geben werde? Eins trat nun tatsächlich mit überraschender Klarheit zutage: der vollkommen persönliche Charakter von Hitlers Herrschaft, der sich in seinem »Willen« zu einer permanenten Revolution nach *seinen* Vorstellungen kundtat. Nicht nach den Vorstellungen der Armee, nicht nach denen der Industriellen, aber auch nicht nach denen seiner Kumpels und Schergen. Das Exempel, das er an der SA statuiert hatte, genügte. Dies sollte die einzige Revolution sein, die nicht ihre eigenen Kinder fraß, sondern die ganze Zeit über und bis zur totalen Niederlage des Landes uneingeschränkt unter der Kontrolle ihres Urhebers und Führers blieb, wobei seine Schergen kaum mehr sein durften als Kreaturen seiner Gunst, während seine »Ideen« völlig in seinem personalen Denken verankert waren und mithin leer und nichtig nach seinem Tod.

Die Bedeutung der Massaker war also das Gegenteil jener törichten Hoffnungen, die das konservative Establishment, das zivile wie das militärische, in sie gesetzt hatte. Noch im März 1934 hatte Hitler verkündet: »Die Revolution muß weitergehen«, und »... es sind viele Jahre notwendig und Generationen werden wohl vorübergehen, bis wir das Siegeszeichen unseres Reiches eingegraben haben in alle Herzen. Und dann erst ist die nationalsozialistische Revolution gelungen und das deutsche Volk endgültig gerettet.«[19] Gewiß, er hat allerhand gesagt. Gewiß, die Idee eines Politikers, der den Konflikt, wenngleich kontrolliert, um seiner selbst willen sucht, war ohne Vorbild. Und doch war er auch in dieser Hinsicht der Repräsentant und Führer einer Generation, die, wie Konrad Heiden schrieb[20], einer leeren Existenz, die eines höheren Sinnes entbehrte, selbst den Teufel vorzog. Als die Männer in Stadelheim mit ihren letzten Atemzügen dem Führer Heil zuriefen, fühlten auch sie, daß er ihrem Leben höheren Sinn gegeben hatte. Der Juli 1934 war, wie der November 1923, zu einem »sinnvollen Blutopfer« geworden. »Dein Gott ist zerborsten und zerbrochen«, hatte Nietzsche fünfzig Jahre zuvor geschrieben, »und die Schlangen hausen um ihn. Und nun liebst du selbst diese Schlangen noch um seinetwillen.«[21]

Immer wieder mußte es diese Generation sich anhören, wie begnadet sie war, Hitler in ihrer Mitte zu haben und von ihm (oder dem Herrgott oder der Vorsehung oder der Geschichte) in die Vorhut der Revolution gestellt worden zu sein. Die »Blutopfer«, die er ihr abverlangte, waren die Zeichen ihrer Würde und ihr Lohn. Aber genügten sie? Im Gegensatz zu Italien war Deutschland nach der Unterdrückung der sozialistischen Erhebungen von 1918/19 nie wirklich einem Bürgerkrieg nahe gewesen. Im Gegensatz zu Mussolinis Faschisten mußten die Nationalsozialisten sich nie mit der geschlossenen Opposition des Militärs oder eines Landes oder einer Stadt messen. Das Fiasko vom November 1923 war eine triviale Affäre im Vergleich zu den bürgerkriegsähnlichen Schlachten, die Mussolinis Faschisten in dem Jahr vor ihrem Marsch auf Rom geschlagen und gewonnen hatten. Dies gab Hitler selbst zu, wenn er voller Bewunderung (und ungenau) von den »6600 Toten« sprach, die angeblich allein der Kampf um Verona die Faschisten gekostet habe[22] – die Kriegslüsternheit *seiner* Anhänger hatte die Probe gegen Feinde von gleicher Stärke und gleicher Entschlossenheit nur in Form von »Saalschlachten« und Straßenkeilereien zu bestehen gehabt.

Kampf war das Element, das seine Vorstellung von persönlicher Authentizität mit seinem Begriff des politischen Lebens verband. Die Entdeckung, daß sich der Kampfgeist vom Schlachtfeld ins innenpolitische Leben übertragen ließ, mochte er Mussolini verdanken, dem er in *Mein Kampf* seinen Tribut zollte. Hitlers originaler Beitrag zur Politik – der Punkt, an dem der Schüler zum Meister wurde – kam mit seiner Entdeckung, daß man diesen Kampfgeist noch weiter treiben konnte: in die zerrüttete, aber formal friedliche internationale Politik der dreißiger Jahre hinein und schließlich bis in einen zweiten Weltkrieg. Dabei löste diese Entdeckung zunächst keinerlei überstürzte Aktion aus. Ihre Wohlbedachtheit zeigte sich vielmehr in der bewußten Auswahl von Konflikten, die sich bewältigen ließen. Daher waren die Juden die ersten Opfer. Doch die Dynamik dieses Prozesses, dem auf der anderen Seite (der Seite seiner innen- und außenpolitischen Opponenten) kein entsprechendes Prinzip gegenüberstand, ließ es als unvermeidlich erscheinen, daß auf der Suche nach weiteren Konflikten alle Bedenken fielen.

Es ist schwierig, das in einem solchen Ausmaß sich verwirklichende Böse zum Gegenstand der historischen Erkenntnis zu machen. Es ist vor allem schwierig, eine Karriere, die immer wieder in Sinnlosigkeit mündet, forschend nachzuvollziehen, um ihr einen Sinn abzugewinnen. Das aber muß unser Ziel sein, denn absolute Willkür gibt es nicht. Wenn der besagte Begriff von Kampf und Konflikt tatsächlich als einziger Wert des Lebens im Mittelpunkt von Hitlers Denken stand (die Behauptung scheint mir unzweifelhaft, obwohl sie von ihm selbst stammt), dann mußte freilich ein Gutteil seiner politischen Praxis darin bestehen, Notsituationen zu provozieren und zu schaffen, die den Geist des Konfliktes nährten. Hier, so scheint mir, liegt die Bedeutung der Massaker vom Juni 1934. Nach ihrem Tod gingen Röhm und seine SA-Kumpels in die Hagiographie jener Kameraden ein, »die sich verfehlt hatten«[23], und dienten ebenso der Erneuerung des »revolutionären Geistes« der Partei wie die »Blutopfer« vom November 1923.

19. Eine soziale Revolution?

Die Partei, deren Propagandist Hitler Anfang 1920 wurde und deren Führung er dann im Sommer 1921 ihrem Gründer Anton Drexler entriß, war weder ausschließlich an die untere Mittelklasse gebunden, noch kann man sie als den »Abfall sämtlicher Klassen und Schichten«[1] bezeichnen. Sie enthielt eine Anzahl extremer Nationalisten, sowohl aus der Arbeiterklasse wie aus der Mittelklassen-Intelligenz, und eine Anzahl »politischer Jungfrauen«, das heißt junger Soldaten, Offiziere und Studenten, die noch nie von ihrem Stimmrecht Gebrauch gemacht und keinerlei Bindung an eine Partei hatten. Die Mitgliederliste der

Partei des Jahres 1920 repräsentierte fast das gesamte Spektrum der deutschen Gesellschaft jener Zeit; in dieser Hinsicht hatte Hitler sicher recht, als er behauptete, die NSDAP sei von Anfang an eine »klassenlose Volkspartei« gewesen[2]. Der Charakter dessen, was Martin Broszat so treffend den »Staat Hitlers« genannt hat, läßt sich nicht in Klassenbegriffen erklären. Grundbedingung seines Zusammenhalts war Hitlers politisches Talent, sein Geschick, alle Institutionen und Machtgruppen für die eigenen Zwecke zu nutzen und sich sämtliche Individuen und Gruppen, die sich ihm in den Weg zu stellen versuchten, vom Halse zu schaffen. Als er im Januar 1933 Reichskanzler wurde und im August 1934, nach Hindenburgs Tod, auch das Amt des Reichspräsidenten übernahm (obwohl er den Titel dann nie benutzte), überzeugte er die höheren Ränge der Industrie und der Staatsverwaltung, daß er nun kein Parteimann mehr sein und fortan alle Parteiinteressen denen des Rechtes unterordnen werde. Da er sich selber als Verkörperung dieses Reiches ansah, waren diese Behauptungen nicht nur richtig, sondern tautologisch.

Er versprach, daß es keinen Bürgerkrieg geben werde[3], und mit diesem Versprechen – das er ja auch hielt – beschwichtigte er ihre schlimmsten Befürchtungen. Die Angst vor einem Bürgerkrieg hatte das Denken aller Eliten und Machtgruppen in Norddeutschland nicht erst seit 1919 beherrscht, sondern schon seit dem Tage der napoleonischen Unterwerfung Preußens hundert Jahre zuvor, ja bereits seit dem Dreißigjährigen Krieg. Um das Gespenst des Bürgerkriegs zu bannen, war ihnen kein Unrecht und keine Unterdrückung ein zu hoher Preis, schon gar nicht, wenn diesen Preis andere – die Kommunisten, die Juden, die Slawen, schließlich das ganze übrige Europa – zu zahlen hatten. Keine andere europäische Nation hat ihre souveräne Einheit für eine so kurze Zeit und um einen so hohen Preis erlangt.

Gleichwohl liegt eine fortdauernde Bedeutung des Regimes und seiner Errungenschaft, behaftet mit einer sinistren Zweideutigkeit, im Bereich des sozialen Wandels.

Hitlers Pläne zogen Deutschland in jene Entwicklung, die Ernst Jünger in einem Aufsatz von 1932 die »totale Mobilmachung« nannte: eine Mobilisierung aller nationalen Ressourcen in einem Ausmaß, wie man es normalerweise nur für den Kriegsfall erwartet. Zwar erwies sich diese Mobilisierung, an allen Ecken und Enden bedindert durch Korruption, Zuständigkeitsrivalitäten und rücksichtslose Verfolgung persönlicher Privilegien, in der Praxis durchaus nicht als so »total«. Man hat sehr genau nachweisen können[4], daß in Großbritannien und Amerika, nachdem die Regierungen Notstandsmaßnahmen ergriffen hatten, die Mobilisierung der Arbeitskräfte, die dort ohne Gesetzlosigkeit und permanente Beeinträchtigung der liberal-demokratischen Lebensweise viel schneller und »totaler« vor sich ging, ein gutes Stück effizienter war als die Gewaltmethoden der totalitären Regime. Aber solche Vergleiche sind nur zum Teil relevant, denn die deutsche Mobilmachung war von grundsätzlich anderer Art. Sie begann 1933, als die Ausgaben für die Armee von 23 Prozent des Staatshaushalts auf 49 Prozent im Jahre 1934 und auf 74 Prozent im Jahre 1938 anstiegen[5], und sie bezog sich nicht nur auf den Kriegsfall. Ernst Jünger beschreibt sie in seinem Buch *Der Arbeiter* (1932) als eine Mobilmachung für die »Arbeit«, wobei »Arbeit« definiert wird als der gemeinsame Nenner von Krieg und Frieden: »Das Klappern der Webstühle von Manchester, das Rasseln der Maschinengewehre von Langemarck«[6] sind für ihn zwei Aspekte ein und desselben Prozesses, der sich in der modernen Welt vollzieht – auch hier wieder die im übrigen Europa noch unbekannte Kontinuität von Frieden und Krieg. Dieser Prozeß, der sich selbst rechtfertigt, ist Jünger zufolge gekennzeichnet von einer »tödlichen Anstrengung« und einem totalen Engagement des »Arbeiters im Befehlsbereich«. Die moderne Welt *ist selbst* nichts anderes als dieser undifferenzierte Arbeitsprozeß; »der Arbeiter«, der identisch ist mit dem »technisch geschulten Soldaten«, ist »Herrschaft und Gestalt«. »Arbeit« ist die Verwirklichung der protestantischen Leistungsmoral, immanent und ziellos.

Jüngers Buch ist eher Symptom als Ursache, eher eine Spenglersche Fiktion als eine sozio-politische Analyse. Während es ziemlich ausführlich über die metaphysischen Endziele dieser neuen, technisch geprägten Gesellschaft spekuliert, sagt es fast nichts über die konkreten Mittel, mit denen die »totale Mobilmachung der Arbeiter-Soldaten« herbeigeführt werden soll. Überflüssig zu sagen, daß Hitlers Deutschland zur Erzeugung einer solchen Art von »Arbeitern« nicht mehr getan hat als irgendein anderes Regime. Abgesehen von dem Stoß, den Jüngers Buch der Weimarer Republik *in extremis* versetzt hat, muß seine Bedeutung für das Ethos des neuen Regimes vielmehr im Begriff der Mobilmachung für Krieg und Frieden gesucht werden. »Jeder Arbeiter hat sich als Soldat in der Wirtschaft zu betrachten«, und »wir alle sind Soldaten der Arbeit« – das sind keine Zitate von Ernst Jünger, sondern Kernsätze von Parteifunktionären auf Besuch in Fabriken[7].

Im Gegensatz zu Ernst Jünger wußte Hitler genau, daß eine solche Mobilmachung – in deren Verlauf eine friedenszeitliche Wirtschaft auf Krieg umgestellt werden sollte, und zwar nicht unter Führung des Militärs, sondern eines Politikers – nur durch Veränderungen in der Struktur der deutschen Gesellschaft erreicht werden konnte. Und diese Veränderungen erwiesen sich als so fundamental, daß sogar ein untadelig liberaler Soziologe wie Ralf Dahrendorf in ihnen jene »soziale Revolution« erblickt, die durch das autoritäre Ethos und die Tabus des Zweiten Reiches sowie die Wirren der Weimarer Republik verzögert worden war[8].

Unter Führung der immobilsten Machtelite[9], die Deutschland in diesem Jahrhundert je hatte, wurde ein revolutionärer Prozeß in Gang gesetzt, der weder den Absichten dieser Elite entsprach, noch von ihnen unabhängig war. In Armee und Verwaltung, in allen Lehrberufen und in beiden Kirchen, in Industrie und Handel schuf das Regime Bedingungen für eine gesellschaftliche Mobilität, die in der deutschen Geschichte nicht ihresgleichen besaß und weitaus größer war, als sie die Weimarer Republik zu bieten vermocht hatte. (So stiegen zum Beispiel während des Zweiten Weltkriegs doppelt so viele Unteroffiziere zu Offiziersrang auf wie in allen deutschen Armeen seit 1800 zusammengenommen.) Freilich war das Regime außerstande, irgendeinen seiner Pläne für eine Gemeinschaft der »germanischen Herrenrasse« zu verwirklichen, sei's auch nur deshalb, weil seine Agrarpolitik (auf der eine solche mystische Gemeinschaft begründet werden sollte) sich als die unwirksamste seiner Reformmaßnahmen erwies. Überdies sollte die Errichtung einer solchen Gemeinschaft erst im Anschluß an eine Welle ausgedehnter Gebietseroberungen im Osten stattfinden, und wir haben nur Hitlers, Himmlers und Rosenbergs Aufzeichnungen und Reden aus dem Krieg, um zu erfahren, wie das wohl ausgesehen hätte.

Die soziale Revolution, die tatsächlich stattfand, hatte sehr wenig mit irgendwelchen »völkischen« oder »arischen« Vorstellungen zu tun. Im selben Zuge, in dem das Regime die Basis aller wirklichen Rechtsprechung, aller Begriffe von Gleichheit und aller demokratischen Regierungsformen zerstörte, zerschlug es auch die Basis der traditionellen Opposition gegen die liberal-demokratische Ideologie[10]. Die Hinrichtungen nach dem Attentat vom 20. Juli 1944 besiegelten nicht nur das Schicksal des organisierten Widerstands gegen Hitler, sondern zugleich auch das Schicksal des traditionellen deutschen Konservativismus.

Das Regime proklamierte eine klassenlose Gesellschaft, und für Tausende und Hunderttausende erfüllte sich diese Versprechung. Hier lag seine konkrete Anziehungskraft. Denn diesen Menschen – halb Privatunternehmer, halb Parteifunktionäre[11] – gab es Positionen mit Prestige, Wohlstand und Macht, ohne Rücksicht auf ihre formale Bildung und soziale Herkunft, ihnen garantierte es Ranggleichheit mit der etablierten Oberklasse. Da jeder Berufs- und Wirtschaftsverband und jeder Zweig der Verwaltung seine Parallelorganisation innerhalb der Partei hatte, gab es genügend Posten für alle, die den richtigen Stammbaum hatten – und nur die »Alten Kämpfer« mit den niedrigen Parteinummern und dem niedrigen IQ beschwerten sich über die opportunistischen Neulinge. Die Industrie wurde weder verstaatlicht noch in privater Hand belassen, sondern bereits in Friedenszeiten zu einer Reihe halbprivater, staatlich gelenkter Konsortien umgebildet, deren Interessen man eng mit Staat und Partei verknüpfte, ohne dabei das individuelle Gewinnstreben zu beeinträchtigen. Einerseits also wirtschaftliche Stabilität in Friedenszeiten und garantierte Produktions- und Konsumsteigerungen im Krieg, andererseits reglementierte heimische Arbeitskräfte, vermehrt um ein paar Millionen ausländischer Zwangsarbeiter – das waren die Belohnungen, die man den Industriellen zusicherte. Und nur unter diesen Bedingungen waren sie bereit, Staatsinterventionen zu akzeptieren, denn bis Ende 1944 bewahrten sie sich – im Gegensatz zur Wehrmacht – eine relativ starke Verhandlungsposition[12]. Während die Parteipropaganda ihre Entweder-Oder-Lösungen verkündete und ständig von neuem ihre »geheiligten« Forderungen nach »absoluter Treue« erhob, funktionierte das tatsächliche System, das Hitlers Regime sich geschaffen hatte und von dem es an der Macht gehalten wurde, durch eine verzahnte Struktur von Kompromissen. Während die Kulturprogramme der Partei das Schuhplattlerethos und die an der Scholle klebende Bauernschaft feierten, wurden die Rechte der einzelnen Länder und »Gaue« abgeschafft und die meisten Spuren ihrer früheren Selbständigkeit getilgt. Während die Propagandamaschine den Vorrang der Erbeigenschaften und den »natürlichen« Ursprung des Führertalents betonte, bestand das Regime (außer in der SS) auf seinen »biologischen« Grundsätzen nur bei der Aufnahme des Einzelnen in die »Volksgemeinschaft« – wobei es Verdächtigungen über zweifelhafte Abstammung des Kandidaten (wie bei General Milch oder Reinhard Heydrich) zu Erpressungszwekken benutzte. Innerhalb dieser Gesellschaft – und zum erstenmal in der deutschen Geschichte – dominierte der »erworbene« Status über den »zugeschriebenen«[13], und das Leben vollzog sich weitgehend nach der alten Maxime »freie Bahn dem Tüchtigen«.

Dennoch gab es ein durchgängiges Prinzip in Hitlers Gesellschaftspolitik – oder genauer gesagt, in den Auswirkungen seiner Politik. Es findet sich in der Beschleunigung dieser gesellschaftlichen Bewegung zur Veränderung – einer Beschleunigung, die Angriffe auf jede Einzelperson oder Gruppe mit sich brachte, die sich Veränderungen entgegenstellte, indem sie ihren »erworbenen« Status zu festigen oder zu institutionalisieren versuchte; dabei kam es sogar zur künstlichen Schaffung angeblich feindlicher Gruppen, die angegriffen wurden, um die Bewegung dieses sozialen Prozesses in Gang zu halten. Absicht und Resultat klafften auseinander. Das *beabsichtigte* Ziel dieser Innenpolitik – wie auch der Außenpolitik unter Hitlers Führung – war weit entfernt von allem, was man eine soziale Intention nennen könnte.

Immer wieder stoßen wir scheinbar auf krasse Widersprüche zwischen den Propagandabehauptungen des Regimes und seiner gesellschaftlichen Praxis. In seiner ersten Rede als Reichskanzler und Regierungschef, am 1. Februar 1933, verkündete Hitler, er habe die Macht übernommen, um »angefangen bei der Familie ... alle Begriffe von Ehre und Treue, Volk und Vaterland, Kultur und Wirtschaft ... bis zum ewigen Fundament unserer Moral und unseres Glaubens«, die durch »vierzehn Jahre Marxismus« ruiniert worden seien, zu retten[14]. Doch die wirkliche Absicht bei der Gründung der »Hitlerjugend« (ab 1. Dezember 1936 war die Mitgliedschaft für alle Zehn- bis Achtzehnjährigen Pflicht), des »Bundes Deutscher Mädchen« und des »Reichsarbeitsdienstes« war das genaue Gegenteil, nämlich die Auflösung der traditionellen autoritären Struktur der deutschen Familie und die Neutralisierung des ebenso autoritären Einflusses der Kirchen (»... der Arbeiter«, hatte Georg

Elser bemerkt, »ist heute durch die HJ nicht mehr Herr seiner Kinder ...«). Derartige Widersprüche sind freilich nicht Zeichen für Hitlers »irrationale« Verlogenheit oder für sein krankhaftes Unvermögen, sich in einer neuen Situation daran zu erinnern, was er in einer anderen verkündet hatte[15] (sein hervorragendes Gedächtnis blieb ihm bis zum Ende). Im Gegenteil, das Gerede von der Familie und den ewigen Werten diente ihm bewußt zur Beschwichtigung der konservativen Elemente in allen Gesellschaftsschichten, und diese rhetorischen Tricks verschwanden denn auch aus seinen Reden, als der Krieg ausbrach – das heißt als die Konservativen keine Kritik mehr üben konnten, ohne sich dem Vorwurf auszusetzen, in Kriegszeiten mit dem eigenen Volk zu hadern. Wohl mochte es Hitlers privaten Auslassungen über die »sklerotische alte Ordnung« an soziologischer Finesse fehlen, doch sie lassen keinen Zweifel daran, daß er genau wußte, was er wollte. Er brauchte eine moderne Gesellschaftsstruktur, und er war bereit, alles zu tun und alles zu versprechen, um sie zu bekommen, auch wenn er ihre Folgen verabscheut hätte, wäre er sich ihrer bewußt gewesen: »Hitler brauchte die Modernität«, schreibt Dahrendorf, »sowenig er sie mochte ...«[16] Nur eine neue Gesellschaftsordnung, so sagte *und glaubte* er, würde ihm jenes Maß an Zwangskontrolle und Produktionssteigerung verschaffen, das er zur Verwirklichung seiner nationalen und globalen Pläne brauchte. Das alte autoritäre System, dessen Unzulänglichkeit er als Ursache der Niederlage und des »Verrats« von 1918 ansah, verhalf ihm dazu, seine Macht »legal« zu konsolidieren; den »Mangel an politischem Instinkt« (Nietzsche), den das konservative Establishment bezeugte, als es ihm törichterweise zur Macht verhalf, betrachtete er als ausreichenden Beweis für dessen Dekadenz. Für die Papens und Neuraths und die höhere Beamtenschaft hatte er nur tiefste Verachtung übrig. Seine Günstlinge waren die aufkommenden Technokraten – tüchtige junge Männer wie Todt und Speer (dem er sogar seine patrizische Herkunft verzieh). Als Organisator, Technologe und Manager riesiger Industrieunternehmen war Albert Speer ein typisches Produkt des Hitlerstaates, und es ist bezeichnend, daß er seine Erfüllung nicht nur in der Arbeit *für* diesen Staat und seinen Herrn fand, sondern auch in der Rettung eines Teils der materiellen Substanz dieses Staates *gegen* den Befehl seines Herrn; auch dies war eine große technische und ökonomische Leistung. Doch während Männer wie Speer die Kontinuität über die Niederlage hinaus in die ersten Jahre der Bundesrepublik hinein gewährleisteten, ist ihre Haltung »unpolitischen« Expertentums im heutigen Deutschland suspekt und zugleich unnötig geworden: Politik ist heute nicht mehr eine Sache von Leben und Tod. Ihre Aufregungen *und* ihre Alltäglichkeiten haben fast schwedische Dimensionen angenommen.

Eine sinistre Zweideutigkeit haftet jeder Bewertung der Hitlerschen Revolution an. Was er nicht wußte, war, daß sie ihn überleben sollte, daß ihre letzten Konsequenzen erst deutlich wurden, nachdem der Krieg, für den er sie betrieben hatte, verloren war: erst in der 1948 gegründeten Bundesrepublik. Denn zu den wenigen Vorteilen, die der neue Staat im Vergleich zur Lage von 1918 hatte, gehörte seine relative Freiheit von den Zwängen eines gesellschaftlichen Anachronismus und seine Offenheit für die Risiken und Freiheiten einer modernen Gesellschaft. Der Nationalsozialismus war unfähig, irgendeine akzeptable Gesellschaftsform zu schaffen. Doch was er schuf, waren die Bedingungen gesellschaftlicher Mobilität und Gleichheit, unter denen solche Formen *entstehen* konnten. War hier wohl jene arge »List der Vernunft« am Werk, von der Hegel spricht[17] (und ist diese »List der Vernunft« jemals mehr als ein Bekenntnis unserer Unvernunft)? Hier – jedenfalls dahin geht meine Interpretation – stimmen die Propagandabehauptungen des Regimes endlich mit seinen faktischen Resultaten überein. Wieder erkennen wir drei Stufen: Propaganda – als Lüge entlarvt – wird schließlich Wahrheit. Große gesellschaftliche Veränderungen, unternommen angeblich um einer Volksgemeinschaft willen, tatsächlich aber auf Wunsch eines einzelnen Mannes von unersättlichem Ehrgeiz, dem es gelingt, diese Gemeinschaft hinter sich zu bringen, führen die Gesellschaft über die Katastrophe des Krieges am Ende zu aufgeklärter, gelegentlich liberaler Gesinnung und politischer Bewußtheit[18]. Es ist dies eine Interpretation, die ein Zeitgenosse der Herrschaft Hitlers nur zögernd und nur im Geiste der Trauer vorbringen kann. Sie enthält keine Umwertung der Vergangenheit. Doch auch wenn diese Sicht der Folgen des Nationalsozialismus vielleicht der Wahrheit nicht allzu fern ist, muß hier noch einmal betont werden, daß diese Folgen mit Hitlers Absichten, soweit wir sie ausmachen können, nicht das geringste zu tun hatten; schon darum nicht, weil ihm eine demokratische Regierung für Deutschland unvorstellbar war. Zu den positiven Ergebnissen des Prozesses, den er auslöste, hat er nichts beigetragen. Das Böse, der Terror, die Leiden seiner Millionen Opfer bleiben dadurch unverändert, ungelindert. Geschichte läßt sich nicht sühnen, und vielleicht ist das einzige, was man aus ihr lernen kann, ein heilsames Erschrecken vor der eigenen Vergangenheit. Ein solches hat jedenfalls die ersten Jahre der Bundesrepublik bestimmt. Doch *dieser* Kauf war in jeder Hinsicht zu teuer.

20. Der Frontsoldat

Der Zustand eines permanenten, wenngleich kontrollierten Chaos, die Fluidität des sozialen Status, die Mobilität der Macht und die kontrollierte Willkür in ihrer Ausübung – all das war nicht Teil einer abstrakten Ideologie, es waren vielmehr die Bedingungen, die Hitlers persönlicher Herrschaft und seinem »Künstler«-Temperament am besten entsprachen. Einmal an die Macht gelangt, wurde ihm die Alltagsroutine des Regierens bald langweilig und verdrießlich, so daß er seine persönlichen Eingriffe auf das Redenhalten beschränkte und auf scheinbar plötzliche, sensationelle Entscheidungen (denen in Wirklichkeit lange Perioden des Zweifelns und Zögerns vorausgegangen waren), während er die Verwaltung einer immer kleineren Zahl von Ministern und Parteigenossen überließ[1]. Gleichwohl war seine Delegierung der Macht nie definitiv, und kein Bereich des nationalen Lebens war vor seinem Zugriff sicher. Jede Entscheidung personeller, rechtlicher oder administrativer Art, die gegen seine »Ideologie« oder vielmehr seinen Willen verstieß, konnte jederzeit und ohne Erklärungen widerrufen werden. Diese Form von Herrschaft durch bewußt unklare Kompetenzabgrenzungen bot ihm die Möglichkeit, Fehlentscheidungen, die vorübergehende Mißlichkeiten zur Folge hatten, auf andere abzuschieben, so etwa den österreichischen Staatsstreich vom 25. Juli 1934, der mit der Ermordung des Kanzlers Engelbert Dollfuß endete, oder die (stornierte) Mobilmachung gegen die Tschechoslowakei im Mai 1938. Und was noch wichtiger war: diese momentanen und scheinbar spontanen Eingriffe halfen ihm bei der Schaffung und Aufrechterhaltung des Bildes von einem Führer auf seiten des Volkes und gegen die verknöcherte Bürokratie; und auch hier erkennt man, daß Propaganda und Ideologie die im Kern willkürliche Praxis eingeholt hatten.

Als er im September 1939 den »liebsten feldgrauen Rock« der Wehrmacht anzog und verkündete, er werde ihn »erst nach dem Sieg wieder ausziehen«, verlegte er den Regierungssitz in sein geheimes Hauptquartier und konzentrierte seine Energie ganz auf die Kriegführung – mit einem Zielbewußtsein, das nach dem Schlendrian seiner Zeit in der Reichskanzlei kaum jemand erwartet hatte. Details, die mit der Sicherheit des Regimes und mit Personalfragen zu tun hatten, gerieten nun mehr und mehr unter die Kontrolle des zunehmend mächtiger werdenden Bormann, während Hitlers Aufmerksamkeit der Rüstung und Kriegführung galt. Seine technischen Kenntnisse überraschten die eher konventionellen und konservativen Generäle, von denen einige ihn noch immer für jenen »böhmischen Gefreiten« hielten, als den ihn Hindenburg in seiner jämmerlichen Menschenkenntnis bezeichnet hatte.

Freilich blieb Hitlers Kenntnis der Waffentechnik ebenso an der Oberfläche wie seine sonstige intellektuelle Bildung. Wie seine Geschichtskenntnis darin bestand, »Wesentliches zu behalten, Unwesentliches zu vergessen«[2], und hauptsächlich dazu diente, seine Zuhörer mit evidenten oder banalen, dabei aber aufschlußreichen Parallelen und Analogien zu überrumpeln, so beschränkte sich seine technische Kenntnis hauptsächlich auf das Aufzählen von Fakten und Zahlen und sensationellen Leistungen, und kein Militär- oder Rüstungsfachmann durfte ihn jemals bloßstellen. Doch auch hier erweckte er wieder den Anschein, und nicht nur beim Mann auf der Straße, daß es möglich sei, die beängstigende Komplexität der modernen Wissenschaft zu durchschauen und diese Wissenschaft in den Dienst konkreter, greifbarer Ziele zu stellen. Mehr noch: mit seinen flotten Ausführungen über Hubraum und Ladegeschwindigkeiten und die relativen Vorzüge verschiedener Bombentypen sprach er genau den »authentischen« *small talk* unserer Zivilisation, die Sprache des fachsimpelnden Hobbyenthusiasten, der samstags an seinem Auto herumbastelt, ohne wirklich zu wissen, wieso es funktioniert.

War der Krieg seit jeher sein letztes Ziel gewesen? Ebenso wie er sichtlich das Ziel war, auf das die Wirtschaftspolitik des Regimes ausgerichtet wurde, ebenso wie er die nicht allzu ferne

Aussicht war, die dem Regime erst die schweigende Zustimmung, dann die aktive Mitarbeit der Wehrmachtführung sicherte, ebenso war der Krieg auch die Lösung der vielen inneren Widersprüche und administrativen Halbheiten, in denen sich das Regime während der sechs Jahre seiner »friedenszeitlichen« Administration verfangen hatte. Hitler kannte seine deutsche Geschichte. Zumindest dreimal – 1813, 1870 und 1914 – hatte man sich des Krieges bedient, um den Zusammenhalt der deutschen Nation zu begründen und zu stärken. Diesmal sollte er dazu benutzt werden, den Zusammenhalt von Komplizen durch Mitschuld zu festigen.

Krieg bedeutet in der Mythologie des Nationalsozialismus den Vollzug aller männlichen Tugenden, er ist der Bereich des »Erlebnisses«, der authentischen Erfahrung, in dem die *Ja-oder-nein*-Mentalität frei herrschen darf, der wahre Prüfstein für Männer und Völker. Wenn Hitler den Krieg in dieser Weise bewertet, scheint es zuweilen, als sei er für ihn tatsächlich der Endzweck seiner Politik gewesen. Aber kann hier überhaupt von einem Endzweck gesprochen werden? Bevor wir diese Frage im Schlußkapitel erörtern, wollen wir uns Hitlers eigene Kriegserfahrung genauer ansehen, sein »Fronterlebnis«.

Zur Beschreibung seiner Zeit an der Front konnten Hitlers erste Biographen sich nur auf seine eigene Darstellung in *Mein Kampf* sowie auf seine Reden und ein paar Regimentsberichte stützen. Bullock beschreibt ihn als einen Soldaten, der »die Kameradschaft, Disziplin und Unruhe des Frontlebens weitaus erregender als die Anonymität, Eintönigkeit und Geruhsamkeit des Friedens« fand. Ansonsten übernimmt er die Berichte von Rudolf Olden und Konrad Heiden und fügt hinzu, Hitler habe den Krieg ernst genommen, sich für das, was geschah, persönlich verantwortlich gefühlt und sich mit dem Erfolg oder Mißerfolg der deutschen Waffen identifiziert. »Das waren Eigenschaften, die unter Kameraden nicht eben beliebt sind, aber sie ändern nichts an Hitlers gutem Ruf als Soldat. Er war mindestens so tapfer wie irgendeiner seiner Kameraden und ein gut Teil gewissenhafter als die meisten.«[3] Die inzwischen erfolgte Veröffentlichung mehrerer langer Briefe an seinen Hausherrn in München und an verschiedene Bekannte[4] bestätigt wohl dieses Bild, stellt es aber in einen neuen Zusammenhang.

Hitler hatte die Einberufung zur österreichisch-ungarischen Armee im Jahre 1908 umgangen. Im Januar 1914 wurde er von der bayerischen Kriminalpolizei zum österreichischen Konsul in München gebracht, in dessen Gegenwart er eine ausführliche Entschuldigung für seine Mißachtung früherer Gestellungsbefehle schrieb. Am 5. Februar 1914 fand er sich in Salzburg zu einer ärztlichen Untersuchung ein, nach der er als »zum Waffen- und Hilfsdienst untauglich, zu schwach« und »waffenunfähig« erklärt wurde; dessen ungeachtet erklärte man ihn sechs Monate später, am 16. August 1914 in München, für tauglich und überstellte ihn dem 16. Bairischen Freiwilligenregiment (Regiment List). Nach zwei Monaten, am 20. Oktober, wurde er an die Front in Flandern abkommandiert. Fast unmittelbar darauf erlitt sein Regiment schwere Verluste. Am 2. Dezember erhielten er und ein paar andere überlebende Gefreite das Eiserne Kreuz Zweiter Klasse (»Es war der glücklichste Tag meines Lebens«, schreibt er in einem seiner Briefe). Damit endete für ihn die Zeit, die er im engen Zusammenleben mit anderen als gemeiner Soldat im Schützengraben verbracht hatte. Von nun an war er bis zum Ende des Krieges als Melder tätig, der Nachrichten von der Kompanie an die Regimentszentrale zu überbringen hatte. Wir haben keinen Grund zu der Annahme, daß dieser einsame Dienst minder gefährlich war. Die nun publizierten Briefe stammen hauptsächlich aus jener ersten, für Hitler denkwürdigsten Phase des Krieges.

Das Auffälligste an diesen Briefen ist ihr völlig unpersönlicher Ton. Sie gehen in keiner Weise auf die Person des Adressaten ein, verraten aber auch nichts von den individuellen Reaktionen des Schreibers. Sie enthalten ein paar grammatikalische Fehler und Fehlschreibungen, aber es ist an ihnen nichts Primitives. Sie bringen genau den inhumanen Jargon der »volkstümlichen« wie der »seriösen« deutschen und österreichischen Presse des Ersten Weltkriegs zum Ausdruck, wie er, unermüdlich und wörtlich, in Karl Kraus' »Marsdrama« *Die letzten Tage der Menschheit* (1919) zitiert wird. In allen Einzelheiten und bis in Wortwahl und Syntax lesen sich diese Briefe wie die blutrünstigen, klischeebeladenen Berichte der chauvinistischen Journalisten jener Zeit – wie die Berichte eines, der nicht dabei war.

Der Marsch des Regiments durch Lille, durch den Lehm von Flandern, die Vorstöße und Angriffe, die Verschanzung bei Messines und der schließliche Rückzug – all das wird in der hektischen und doch leblosen Sprache eines Schreibers erzählt, der keine privaten Gefühle zu kennen scheint, sondern die Ereignisse durch das vorgestanzte Medium der öffentlichen Konvention erlebt[5]. Der Gebrauch der ersten Person Singular beschränkt sich weitgehend auf die Berichte von Heldentaten (»Am 2. Dezember erhielt ich es [das Eiserne Kreuz] dann endlich« wird mehrmals wiederholt; »ich wurde Gefreiter«; »ich bin ganz vorn«). An allen übrigen Stellen sind die Beschreibungen in der anonymen Mehrzahl und in unbeholfenen Passivkonstruktionen gehalten (»Tagsüber ... wurde vor allem der gewaltige Heeresapparat bewundert, der ganz Lille seinen Stempel aufdrückte ...«). Reihen blasser Wortmalereien, die den Geschützlärm nachahmen sollen, werden um des dramatischen Effekts willen beigefügt (und übrigens acht Jahre später fast wörtlich in *Mein Kampf* wiederholt[6]). Endlos ist die Litanei abgedroschener Metaphern und Bilder. Von den Engländern heißt es: »Wie aus einem Ameisenhaufen quollen die Kerle ... hervor«; das Klischee »um 7 h geht der Tanz los« bezeichnet den Beginn der Schlacht; »wir [antworten mit dem] Eisengruß in die Nacht hinaus«; »wie eine Riesenschlange wand sich unsere Marschkolonne vorwärts ..., aber aus dem Ort bringt uns kein Tod und Teufel mehr heraus ...«; »seitdem habe ich, so darf ich sagen, wohl jeden Tag mein Leben aufs Spiel gesetzt und dem Tode ins Auge gesehen.« Individuelle Reaktionen werden verallgemeinert: »Jedem von uns zuckt es durch die Adern«; »keiner von uns hat Furcht«; »endlich jubelt es in jedem von uns auf«, als der nächste Angriff auf die Engländer angekündigt wird – und Bedauern, wenn kein Gegenangriff erfolgt. Müdigkeit und Erschöpfung (freilich nicht Angst) werden eingestanden, doch wieder nur in der unpersönlichen Form: »Ebenso wird man auch durch den ewigen Kampf ganz stumpf.« Alle uns erhaltenen Dokumente sind in dieser Sprache abgefaßt.

Kein Zweifel, daß der Kriegsdienst die höchsten Anforderungen an Hitler stellte. Wenn wir bedenken, daß der Mann, der im Februar 1914 für untauglich erklärt worden war, viereinhalb Jahre schwerster Gefechte unter schlimmsten Bedingungen durchgestanden hat, darunter die beiden Schlachten von Ypern, die Schlachten an Somme und Marne, im Artois und in der Champagne[7], daß er zweimal verwundet und dreimal für Tapferkeit ausgezeichnet worden ist, so verstehen wir, daß sein ständig wiederholter Anspruch, das Dasein eines Frontsoldaten durchgemacht zu haben und daher auch der Sprecher seiner Generation zu sein, kein leeres Geprahle war. Meine Bemerkungen zur Sprache seiner Briefe sollen dies gar nicht in Zweifel ziehen – sie gelten der Qualität seines Erlebnisses. Ich meine, daß der Stil dieser Briefe so klischeebeladen und gefühllos ist wie der fast aller seiner späteren Äußerungen. Dabei ist es nicht die Gewaltsamkeit seiner Formulierungen, die einen so abstößt: Friedrich der Große – der einzige Mann, den Hitler vorbehaltlos bewunderte – schrieb ebenfalls Briefe voller blutrünstiger Metaphern, doch ohne sich dabei in vorgestanzten Bildern und Sentiments zu ergehen. Bemerkenswert an der gespreizten, unpersönlichen Sprache der Hitlerschen Briefe ist, daß sie genau die Funktion hat, den Schreiber vom Schauplatz des Geschehens wegzurücken und in die klischeehafte Welt der Pressepropaganda zu versetzen. Es scheint, als sei, soweit man aus diesen Briefen entnehmen kann, der Krieg nur um den Preis einer solchen Abstrahierung von seiner Wirklichkeit zu ertragen.

Vielleicht löst diese durch das Klischee sich verratende Flucht vor der lebendigen Kriegserfahrung den (in Hitlerbiographien so häufigen) Widerspruch zwischen dem Heroismus jener Jahre des *Dienstes,* der undenkbar ist ohne ein Interesse, das über das Ich hinausgeht, und dem extremen Egoismus, der Selbstbezogenheit seiner späteren Laufbahn, in der kein einziger Akt, nicht einmal das Abrichten eines Hundes, je um seiner selbst willen verrichtet wurde. Schock und Gefühlsverlust mochten der Preis jenes Heroismus gewesen sein; doch wenn dies stimmt, wird das Kriegserlebnis, auf das sich Hitler bis zum Ende immer wieder berief, zu genau dem, was er *nicht* voll erlebt hatte. Die Bedeutung dieses mangelhaften Erlebens kann man kaum überschätzen: Hitler war der Sprecher einer Generation, die unter einer schweren Kriegsneurose litt. Die heftigen Nervenkämpfe, die sich bei ihm zu verschiedenen Zeiten seines Lebens einstellten (nach dem Putschversuch 1923, nach dem Juni 1934, während des Zweiten Weltkriegs), hatten ihren Ursprung sicher in einer traumatischen Erfahrung dieser Art – wenngleich auch hier wieder bezweifelt werden muß, daß sein Geisteszustand je *radikal* von der Norm abwich.

Etwas von diesem defekten Erlebnis erscheint in der *persona* des Schreibers jener Kriegsbriefe. Sie besitzen keine eigene Sprache. Wie Hitlers Historizismus, so sind auch sie am offiziellen deutschen Schulaufsatz jener Zeit gebildet, am »Sedanaufsatz« mit seinen kriegerischen Motiven und seiner Tendenz zu Abstraktion, Unpersönlichkeit und lebloser Metaphorik. Auch dies gehört zum Repertoire der damaligen Zeitungsschreiberei, die Hitler nachahmt und unbewußt parodiert – und zwar in einem Grade, der seiner Prosa nicht das Gepräge des unliterarischen Soldaten, sondern eines fanatischen Zeitungslesers gibt: sie ist die Prosa des kleinen Mannes, dessen Erfahrungshorizont aus Wänden von Zeitungspapier besteht. Die Briefe bringen die »populären« Meinungen der Zeit in derselben Weise zum Ausdruck, wie die Gossenzeitungen aller westlichen Länder die Meinungen ihrer Leser »ausdrücken«, das heißt darstellen *und* formen. Ihre Sprache ist nicht die der einfachen Leute, die in Deutschland und überall in Europa die Schrecken des Krieges erduldeten wie die Lämmer den Gang zur Schlachtbank, und die ihr Grauen in Worte faßten, in Briefe, die uns durch ihre Unmittelbarkeit und Hiflosigkeit rühren. In allen uns erhaltenen Briefen Hitlers gibt es nur einen Satz, der dieser wirklichen Volkssprache angehört: »Mit Österreich wird die Sach kommen, wie ich es immer sagte ...«

Ist es denkbar, daß hinter diesen gegen das Erlebnis gefeiten Klischees jene Eigenschaften standen – Bewußtheit und Vorstellungskraft, ein altruistisches Ziel und Aufopferungsbereitschaft für andere –, die für uns zum Begriff des Heldentums gehören? Daß diese Eigenschaften dann unter dem Schock des Krieges erstarrt sind? Die Sprache ist kein unfehlbares Indiz, ein Mensch ist frei, sich gegen die Konvention, die seine Schreibweise bestimmt, zu stemmen. Doch hier fehlen alle Anzeichen für solche Eigenschaften, alle Anzeichen solch einer Freiheit. Im Unterstand ist Hitler genauso allein wie auf der Baustelle in Wien. So oft ist er dem Tod entkommen, daß ihn seine Kameraden für unverwundbar halten[8]. Er sagt uns, er habe eine Menge Schopenhauer gelesen und die Schützengräben seien seine Universität gewesen[9]. Vielleicht war dem so. Was wir aber sicher wissen, ist, daß er wie in den Männerherbergen Wiens und in den Münchner Unterkünften auch in den Schützengräben seine Reden hielt, leidenschaftlich, rücksichtslos, endlos: über die deutschen Kriegsziele, über die deutsche Kriegführung, über die Perfidie der Alliierten und, nach fünf Monaten Krankenurlaub und Aufenthalt bei einem Reservebataillon in München, über die Verkommenheit des Hinterlandes. Hat er schon damals auf eine zukünftige Karriere als nationaler Politiker gesetzt? Er erwarb drei größere Auszeichnungen – für die höchste, das Eiserne Kreuz Erster Klasse (August 1918), wurde er von seinem jüdischen Regimentsadjutanten vorgeschlagen – und seine Kameraden verspotteten seinen »Eifer«[10]: investierte er etwa Erfahrung im Kriege mit Blick auf späteren Gewinn?

Seine Kriegserfahrung[11] verschafft ihm ein Muster und eine Legitimation für die Forderungen, die er an seine Gefolgsleute und schließlich an die deutsche Nation stellen wird. Sie ist die einzige Zeit seines Lebens, in der er sich einem Kollektiv unterordnet und zu dessen Funktionieren beiträgt, doch auch als Meldegänger bleibt er der einsame Wolf des Wiener Obdachlosenasyls. Seine körperliche Gesundheit scheint sich außerordentlich gekräftigt zu haben: Zeigen ihn einige frühere Kriegsbilder noch in der Ausgezehrtheit der Vorkriegsjahre, so erscheint er auf späteren Fotografien wohlgenährt und mit rundem Gesicht. Er mag zwar nicht gerade beliebt sein, doch akzeptiert man ihn in seiner Funktion und anerkennt seinen Ort innerhalb der Fronthierarchie.

Nicht alle Soldaten sind, wie die liberale Ideologie meint, auf nichts als ihr Überleben bedacht. Den von der Propaganda des Militarismus gezeichneten aggressiven Kämpfer gibt es auch in der Wirklichkeit. Hitler, so scheint es, findet im Kriege seine Erfüllung. Der Komplex kriegerischer Gefühle unterdrückt nicht das Ich, sondern fördert es durch Haß und Aggression – und dies ist das aus der Propaganda des Militarismus stammende, mithin seinem Ursprung nach politische Muster, das er schließlich für seine Politik wählen wird. Der Mut, den man von ihm als Melder erwartet, fordert eher Improvisation als Durchhaltevermögen, eher schnelle als verantwortliche Entscheidungen, und auch dies paßt wiederum zu seinem Charakter.

Noch wichtiger ist, daß er nun *ein akzeptables Gegenüber* gefunden hat: es ist der Begriff der »Volksgemeinschaft«, das Vaterland als Träger der höchsten und ganz unbestreitbaren (»unabdingbaren«) Werte, als Gegenstand seines Patriotismus. In der Haltung des einfachen Frontsoldaten spielt der Patriotismus gemeinhin keine sehr große Rolle (bei den Herren Majoren in der Kommandozentrale ist das etwas anderes). Als Feldherr wird Hitler das sehr genau berücksichtigen und in seinen Appellen an das »arme Frontschwein« realistisch genug sein, das Pflichtbewußtsein des gemeinen Soldaten, nicht seine patriotische Begeisterung anzusprechen. In seinem eigenen Militärdienst geht er jedoch weit über das Geforderte hinaus. Deutschland ist ja für ihn ein funkelnagelneues Vaterland, die Zuflucht aus einer hoffnungslosen Vergangenheit, ein Land, das nichts von seinen Demütigungen aus der Wiener Zeit weiß, ein neuer Anfang. War es zunächst nur Gegenstand seines Patriotismus, so wird es nun allmählich von seinem Ich usurpiert, hört auf, ein Gegenüber zu sein, und wird mit dem Ich identifiziert, so daß dieses Ich, nachdem es auf den Gipfel seiner Macht gelangt ist, schließlich selbst zum Träger jener höchsten und ganz unbestreitbaren Werte wird, die es anfangs dem Vaterland zuerkannt hatte.

Obwohl man ihm nie den Offiziersrang anbot, scheint der Frontsoldat Hitler mit manchen seiner Offiziere auf besserem Fuß gestanden zu haben als mit seinen Kameraden, eben weil er so »eifrig« war und so bereit, ihre professionell patriotische Haltung anzunehmen. In seiner Stilisierung der Kriegserfahrung in *Mein Kampf* versichert uns Hitler, er habe sich im Felde absichtlich jeder politischen Diskussion enthalten[12]; man ist jedoch eher geneigt, einem seiner Kameraden zu glauben, der ihn im Schützengraben gekannt hatte und berichtet, »daß er über politische und weltanschauliche Fragen in der primitiven Art der kleinen Leute philosophierte«. Schon im Februar 1917, bei seiner Rückkehr vom Krankenurlaub, fing er an, seine Zuhörer mit langen Monologen über jene Themen zu bearbeiten, die nach dem Krieg zur »Dolchstoßlegende« umgeformt wurden. Wir haben mehr als eine Beschreibung vom Leben in den deutschen Schützengräben, die jene Art von Gesprächen schildert, die dort üblich waren (und die noch in den sechziger Jahren in den Unteroffiziersmessen der Bundeswehr so abliefen). Hier beschreibt der junge Leutnant Ernst Jünger, Kommandant einer Sturmabteilung in Gegenden, wo Hitler Meldegänger war, wie die Männer unter seinem Kommando »... eins jener endlosen Gespräche über den Krieg« führen:

»Sie werden nie die Lösung finden, denn ihre Fragestellung schon ist eine verfehlte. Sie nehmen den Krieg als Ursache, nicht als Äußerung, und so suchen sie außen, was nur innen zu finden ist ... Indes: Man muß sie verstehen. Sie sind durchaus Materialisten, das höre ich, der ich nun schon Jahre unter ihnen lebe, aus jedem Wort ... Sie sind wirklich Material, Material, das die Idee, ohne daß sie es wissen, für ihre großen Ziele verbrennt.«[13]

Teilte Hitler Jüngers Verachtung (die er erst dreißig Jahre später in den *Tischgesprächen* ausdrücken sollte)? Wollte auch er »nicht wieder herunter«, und war er schon damals entschlossen, alles andere als »Material« zu sein? Wurde er sich seiner Rednergabe bewußt, seines Talents zur Simplifizierung? Wir wissen es nicht. Wir wissen nur, daß er eine Kontnuität zwischen Krieg und Frieden herstellte; daß die einzige politische

Stelle, die seine Kriegsbriefe enthalten, von ihm zu jedem Zeitpunkt während der nächsten dreißig Jahre hätte geschrieben oder gesprochen sein können. Sie findet sich in einem zwölfseitigen Brief an einen Münchner Bekannten, einen jungen Rechtsanwalt, und ist auf den 15. Februar 1915 datiert[14]. Ihre Syntax ist grob und die Rechtschreibung mitunter unsicher, und sie schließt mit einer jener »österreichischen« Wendungen, die so ganz anders sind als der »deutsche Gruß«, dessen sich Hitler in späteren Jahren bediente. Doch ihre zentrale Vorstellung von Politik als »Abrechnung« (der Titel des ersten Bandes von *Mein Kampf*) schlägt einen Ton an, der unmißverständlich sein eigener ist:

»Ich denke so oft an München, und jeder von uns hat nur den einen Wunsch, daß es bald zur endgiltigen Abrechnung mit der Bande kommen möge, zum Draufgehen, koste es, was es wolle, und daß die, die von uns das Glück besitzen werden, die Heimat wiederzusehen, sie reiner und von der Fremdländerei gereinigter finden werden, daß durch die Opfer und Leiden, die nun täglich so viele Hunderttausende von uns bringen, daß durch den Strom von Blut, der hier Tag für Tag fließt gegen eine internationale Welt von Feinden, nicht nur Deutschlands Feinde im Äußeren zerschmettert werden, sondern daß auch unser innerer Internationalismus zerbricht. Das wäre mehr wert als aller Ländergewinn. Mit Österreich wird die Sach kommen, wie ich es immer sagte. Indem ich nun nochmals meinen hrzl. Dank ausspreche, verbleibe ich mit ehrerbietigen Handkuß an Ihre geehrte Frau Mutter und Gemahlin,
Ihr sehr ergebener dankbarer

Adolf Hitler«

21. »Ein neues Leben wurde geboren«

Doch das war nicht nur *sein* Ton. Es gibt interessantes unabhängiges Beweismaterial, aus dem hervorgeht, in welchem Ausmaß dies die Sprache und Erlebnisweise einer ganzen Generation war.

Anfang Juni 1934 erschien ein amerikanischer Soziologe namens Theodore Abel in Deutschland, kündigte einen Wettbewerb für »die beste persönliche Lebensgeschichte eines Anhängers der Hitlerbewegung« an und forderte die Teilnehmer auf, »genaue und ausführliche Beschreibungen ihres Lebens, besonders nach dem 1. Weltkrieg« einzusenden, einschließlich Darstellungen der Umstände, die sie veranlaßt hatten, aktive Mitglieder der »Bewegung« zu werden. Die Aufforderung wurde in allen lokalen Parteibüros ausgehängt und in der Parteipresse veröffentlicht. Dieser Wettbewerb, so hieß es, finde unter den Auspizien der Soziologischen Abteilung der New Yorker Columbia University statt, und sein Zweck sei die »Sammlung von Materialien zur Geschichte des Nationalsozialismus, um das amerikanische Publikum darüber aufgrund zuverlässiger persönlicher Dokumente zu orientieren«. Einsendeschluß war September 1934. Ungefähr 680 Manuskripte gingen ein und wurden als Grundlage eines Buches namens *Why Hitler Came into Power* benützt, das vier Jahre später erschien und Ausschnitte aus ungefähr einem Fünftel des eingesandten Materials enthielt, dazu sechs vollständige und ungekürzte Lebensgeschichten[1]. Die Partei hatte damals etwa eine Million Mitglieder, in der Reichstagswahl hatte sie mehr als 17 Millionen Stimmen erhalten. Die Berichte waren in den Monaten vor Beginn des Massenzustroms zur Partei (der folgte, nachdem die Partei sich als Macht etabliert hatte) geschrieben worden; manche Einsender sahen diesen Massenzustrom mit Mißtrauen und Besorgnis um die eigene Position.

Der »fiktive Durchschnittsanhänger«, der sich aus diesen Berichten ergibt, wird vom amerikanischen Herausgeber wie folgt beschrieben:

»Städter aus der unteren Mittelklasse, ohne Oberschulbildung; verheiratet und protestantisch; nahm am Weltkrieg teil, nicht aber an den militärischen Handlungen während der Revolution von 1918 oder den späteren Erhebungen; besaß vor dem Beitritt zur NSDAP keine politischen Verbindungen und gehörte zu keiner Veteranen- oder halbmilitärischen Organisation ... War mit dem republikanischen Regime in Deutschland in sehr starkem Maß unzufrieden, aber nicht ausgesprochen antisemitisch. Seine wirtschaftliche Lage war sicher, denn er geriet nie in die Lage, seinen Beruf, seine Stelle oder seinen Wohnort wechseln zu müssen, noch war er je arbeitslos.«[2]

Ich zitiere diese Schlußfolgerungen mit einiger Skepsis. Solche Vermutungen über den »Durchschnittstypus«, abgeleitet aus der statistischen Aufschlüsselung des Materials, bilden den uninteressantesten Teil der Abelschen Untersuchung; auch ist es nicht die geschichtliche Darstellung, die sie abstützen sollen, was dem Buch seine Bedeutung verleiht, sondern das Rohmaterial selbst, das heißt die wörtlichen Zitate aus den eingesandten Berichten und die vollständig abgedruckten Lebensgeschichten.

Bevor wir uns dieses Material näher ansehen, ist es wohl angebracht, nach der Zuverlässigkeit dieser »Biogramme« zu fragen. Die Frage hat offenbar auch den Herausgeber beschäftigt, denn er fand es notwendig, die Wettbewerbsteilnehmer auf verschiedene Weise gegen mögliche Vorwürfe der Entstellung, Auslassung wichtiger Fakten und dergleichen in Schutz zu nehmen. Solche Vorwürfe mögen jedoch berechtigter sein, als er meinte. So muß es zum Beispiel auffallen, daß nur ein einziger Beitrag – von einem SS-Mann – sich auf jene »Nacht der langen Messer« bezieht, die stattfand, als die Teilnehmer, die ja alle Parteimitglieder und in der Mehrzahl SA-Leute waren, gerade ihre Berichte abfaßten: »Es versank eine Welt in mir, als am 30. Juni mir und meinen Kameraden das Gewehr in die Hand gegeben wurde. Und eine neue Welt entstand, ein neues Leben wurde geboren.«[3] Gleichwohl geht es uns nicht um die Frage der faktischen Zuverlässigkeit. Um die volle Bedeutung dieser zweifellos echten autobiographischen Berichte zu ermessen, wollen wir sie nicht als Fundgruben soziologischer Fakten verstehen, sondern als Texte; das heißt als Stilisierungen innerhalb eines bestimmten sprachlichen Mediums, beschränkt durch den Erfahrungshorizont seiner Zeit. Die Antworten auf die Frage, was diese Männer veranlaßte, der Partei beizutreten (die achtundvierzig Beiträge von Frauen fanden keinen Platz in dem Buch), unterscheiden sich nicht wesentlich von den Antworten, die in zahlreichen Diskussionen und Bekenntnissen jener Jahre zu finden sind. Wichtiger, weil nur hier vorhanden, sind die Antworten auf die ganz andere Frage nach dem, was die Verfasser dieser sechshundert Berichte für ihre angemessene Reaktion und ihr Selbstverständnis in ihrer Rolle als aktive und bewußte Parteimitglieder hielten: wie sie sich selbst sahen, und wie sie gesehen werden wollten. Der Wert dieser Berichte liegt also nicht in ihrem Tatsachengehalt, sondern in ihrem Wesen als nicht formelle – wenngleich, wie wir sehen werden, auch nicht zwanglose – Propaganda. Wenn wir sie auf diese Weise verstehen, dürfen wir die unlösbare Frage der Aufrichtigkeit und persönlichen

Ehrlichkeit beiseite lassen; die Bewertung ihrer Wahrhaftigkeit wird sich als Komponente zur Bestimmung der in diesen Berichten gespielten Rollen ergeben.

So also wollten die Verfasser gesehen werden – aber von wem? Der Umstand, daß ihre Erwartung sich auf ein ausländisches, amerikanisches Publikum richtet, beeinflußt natürlich die Texte, doch in welcher Richtung? Der Herausgeber verweist mehr als einmal darauf, daß verhältnismäßig wenige Einsender (60 Prozent) den Antisemitismus unter ihren Beitrittsgründen aufzählen und daß einige (4 Prozent) ihm sogar kritisch gegenüberstehen. Diese Zahlen widersprechen der allgemeinen Ansicht, der Antisemitismus sei, jedenfalls in den frühen zwanziger Jahren, eine wesentliche Attraktion der Bewegung gewesen. Was sie jedoch gewiß verraten, ist das Bestreben vieler Einsender, sich auf eine Reihe »positiver« Motive zu konzentrieren, von denen sie hoffen, daß sie ein nichtdeutsches Publikum ansprechen würden. Aber auch diese Motive sind wichtig nur als Teile des ganzen Persönlichkeitsbildes – des Image, das sie vermitteln sollen. Wenn Abel behauptet, »die meisten, denen ich begegnete, waren nur allzu willig, über ihre politische Erfahrung zu diskutieren«, so übertreibt er gewiß nicht. Die Vorliebe für selbstbewußte und mit philosophischen Verbrämungen artikulierte Introspektion kann wohl als ein charakteristischer Zug aller Schichten der deutschen Gesellschaft der letzten zweihundert Jahre bezeichnet werden. (Der skeptische Leser sei an eine ganze Reihe sprichwörtlicher Ausdrücke erinnert – »hier scheiden sich die Geister«, »die Welt ist nun mal so«, »wer weiß, wie das noch werden wird«, »diesem Schicksal entgeht keiner«, »die Zeit heilt« usw. –, die bis heute zum *small talk* des deutschen Bürgers gehören.) Diese philosophische Selbstbezogenheit, zusammen mit der bis zum Überdruß betonten »deutschen Offenheit« und »Aufrichtigkeit«, verrät eine verhältnismäßig gering entwickelte Fähigkeit zum *bewußten* Rollenspiel. (Wir erinnern an Nietzsches Wort, die deutsche »Offenheit« sei der Hang des Dyspeptikers zum Bequemen ...) Und dies wiederum bedeutet, daß all diese »Geständnisse«, ob sie nun faktische Lügen und Auslassungen enthalten oder nicht, zwar wohl stilisiert sind, aber nicht in einer bewußten, von ihren Verfassern absichtlich gewählten Art, und nicht um eines ausländischen Publikums willen. Es ist vielmehr der lokale Parteileiter, der den Schreibenden über die Schulter schaut und wahrscheinlich ihre Berichte durchgesehen hat, bevor sie abgeschickt wurden. Darüber hinaus ist das im Text implizierte Publikum wohl das mit sich selbst recht zufriedene Ich.

Die meisten alten Parteigenossen, die hier schreiben, sind der Partei zu einem Zeitpunkt beigetreten, als diese so gewalttätig und rechtlos verfuhr wie ihre Gegenpartei, die kommunistische; zu einer Zeit, als das Tragen des Hakenkreuzes noch lebensgefährlich sein konnte. (Der Umstand, daß die Gewalttätigkeit für das Programm der Kommunisten nicht so zentral war wie für den Nationalsozialismus, dürfte für ihre Opfer kaum einen großen Unterschied gemacht haben ...) Diese Lebensberichte sind also Berichte von Siegern, von Männern, die sich bewußt sind, daß sie – oft im buchstäblichen Sinne – eine Schlacht gewonnen haben, und die es für ganz richtig halten, daß bei politischen Auseinandersetzungen Knüppel und Schlagringe, Tränengas, Handgranaten und Pistolen verwendet werden. Was sie wirklich verbergen wollen, sind nur ihre schlimmsten Verbrechen, nicht aber ihre alltägliche Gesetzlosigkeit.

Sieger sind sie wohl, doch freie Menschen sind sie nicht. Auch wenn sie aus allen Schichten kommen[4] und ihre Berufe sich über das ganze Spektrum der deutschen Gesellschaft erstrecken, folgen die Erlebnisse, die sie vermitteln, doch einem einfachen Muster. Nicht nur Verwirrung und Verzweiflung ist die Reaktion auf die Niederlage von 1918:

»Die Schamröte schoß uns ins Gesicht und der Zorn würgte uns die Kehle zu. Es war uns klar, hier waren Leute am Werk, die versuchten die Dinge auf den Kopf zu stellen. Heldenhaftigkeit wurde zu Feigheit, Wahrheit zur Lüge, und Treue lohnte man mit Schuftigkeit ...«[5]

Die authentische Erfahrung des Stellungskrieges wird endlos wieder heraufbeschworen:

»[Der Krieg] hatte uns eine Lektion erteilt, die große Gemeinschaft der Front. Alle Klassenunterschiede, die vor dem Krieg festgefahren waren, verschwanden unter seiner Verzauberung. Dort draußen zählte, was einer war, nicht was er schien.«[6]

Die Fragen nach einem »Sinn des Lebens« verlangen nun dringend nach Antwort:

»Ich war ein gebrochener Mann, der Gott nicht mehr fand und der nun im Begriff war, sich selbst zu verlieren ... Ich habe mancherlei Wege gesucht, um Mannbarkeit und männliches Tun zu finden. Mancher Kreis ist mir geöffnet worden, aber alle waren nichts als Enttäuschung ... Obwohl ich der Anziehung kommunistisch-demokratischer Ideen verfallen war, hinderte mich ein gewisser innerer Widerspruch, wie auch bestimmte praktische Erwägungen, mich aktiv für den Bolschewismus einzusetzen.«[7]

Wirtschaftliche Bedingungen werden eher in groben, abstrakten Umrissen als in ihren persönlichen Wirkungen erwähnt:

»Der Hunger war der tägliche Gesell des deutschen schaffendrängenden Menschen, hierzu gesellte sich noch die vom Juden künstlich betriebene kommunistische Hungerpeitsche ... der noch immerhin etwas wohlhabende Mittelstand war vernichtet, jener Mittelstand, der noch immer Gegner des Marxismus war, wenn er auch nicht die geringste Fähigkeit hatte, ihn erfolgreich zu bekämpfen ...«[8]

Obwohl bei dieser Aufzählung der wirtschaftlichen Umstände die einzigen Szenen vorkommen, in denen nicht Stereotypen, sondern lebendige Menschen erscheinen:

»Wir schliefen, Eltern und Kinder, in einem Zimmer. Und was sich ereignete, sah ich mit wachen Augen. Andere sahen das nicht. Ich sah – und sehe noch immer mit geistigem Blick den Vater am Fenster stehen, die Eisblumen von den Scheiben hauchen. Es waren kalte Winter, die Kalk und Hände erstarren ließen. Die Bauten lagen dann still, und der Verdienst blieb aus. Erwerbslosenunterstützung gab es damals nicht. So kann ich mich erinnern, daß bei der Geburt meines jüngsten Bruders meiner Mutter als Wochenbettkost Salzhering und Kartoffeln gereicht worden sind.«[9]

Davon abgesehen findet sich nicht *eine* menschliche Note, nicht *ein* bescheidener Witz oder eine nebensächliche Episode in diesen Berichten, und jede Erfahrung der Not wird sofort in eine abstrakte politische Verallgemeinerung umgewandelt:

»Ich zog nach Schöneberg, wo ich infolge von Arbeitsmangel Armengeld beantragte. Mit diesen kümmerlichen ›Almosen‹ der Stadt schlug ich mich und meine Frau bis 1927 unter Unterstützung von Verwandten durchs Leben. Als Hausierer fand ich dann bis 1929 Beschäftigung. Wenn man bedenkt, daß in meinen besten Lebensjahren mir durch Maßnahmen der roten Regierung, Inflation, unerträgliche Steuerlasten usw., jede Existenzmöglichkeit genommen war und auf der anderen Seite, an Stelle des ›Dankes des Vaterlandes‹, wir Frontsoldaten von einer Schicht Nutznießer, denen alle Mittel und Wege zur Einstreichung der Hungerpfennige, die der Volksgenosse zum Lebensunterhalt verdienen wollte, recht waren, regiert wurden, wird man verstehen, daß ein Teil betrogener und vergrämter Volksgenossen freudig die Bemühungen der nationalen Wehrverbände, im Besonderen der Hitlerbewegung begrüßte.«[10]

Die unheilige Allianz von Marxismus, Juden und »der Regierung« wird für den wirtschaftlichen und geistigen Bankrott des Landes verantwortlich gemacht. In diesem Generalangriff wird »die Regierung« zu einem Mythologem wie das Schicksal oder die Götter und erhält die Schuld am Geschick von Menschen, die sich der vernünftigen Wahl begeben haben und stolz darauf sind, »keine Vorstellung von Politik und Regierungsformen zu besitzen«:

»Um Politik hatten wir uns nicht gekümmert, sie war uns völlig fremd. Ich sah nur die flammende Begeisterung ... Die Mutter ... wertete niemals das Vaterland nach seinen sozialen Einrichtungen oder sonstigen politischen oder unpolitischen Einrichtungen, sondern für sie war Deutschland so wie es war das Höchste. Naturgemäß wurde nun in unsere Kinderseelen ein Same gesät, der einmal als reine Vaterlandsliebe aufgehen sollte.«[11]

Trotzdem scheinen mehrere Verfasser genug über »die Politik« zu wissen, um gegen das »undeutsche Klassensystem« zu polemisieren und es als marxistische Erfindung anzugreifen; zur NSDAP zieht sie die Verheißung, daß sie die Risse im deutschen Volk heilen werde:

»Diese Kreise [die Mittelklassen] hatten die Volksgemeinschaft auf dem Gewissen. Ihnen verdankten wir den 9. November 1918 mit seinen verheerenden Folgen ... Dabei hatte ich als Völkischer den anderen Standesdünkel vorzuhalten gewagt, dadurch weiß ich, wie tief der Standesdünkel im deutschen Volke sitzt ... Nun würde es werden – dachte und fühlte ich, denn nun gingen der Maurer und der Gelehrte nebeneinander, und es gab kein Ausweichen mehr ...«[12]

Sie mögen »unpolitisch« gewesen sein, doch wie Hitler selbst verstanden sie es, das Hauptmerkmal des politischen Lebens in Deutschland zu erfassen und auszubeuten: die Dominanz nationaler Ängste über alle gesellschaftlichen Überlegungen, wobei »die Nation« nun unter dem Namen »Volksgemeinschaft« als Schrein privater Werte erfahren wurde.

Hoffnungslosigkeit verwandelte sich in Hoffnung, als Vater, Bruder oder Freund frohe Kunde von der Partei und ihrem Führer brachte:

»Wie anders war dagegen der mutige Vorschlag, der aus Hitlers warmem, verständnisvollen Herzen kam ... Die Sehnsucht nach einem Führer sprach aus jeder politischen Kundgebung der Ostpreußen ... Um 1932 gelangte ich zu dem Schluß, daß nicht eine Partei, sondern nur ein einzelner Mann Deutschland retten konnte: ›Wir harren ungeduldig des Mannes, dessen starke Hände die Ordnung wiederherstellen mögen‹ ... [Der Nationalsozialismus] ist die Erfüllung eines inneren Verlangens nach Klarheit ... ich merkte, wie leicht es war, im nationalsozialistischen Sinne zu handeln ...«[13]

Auch wenn die Kunde immer noch abgelehnt wurde, der alte Adam sich immer noch wehrte:

»Es fehlte völlig die einheitliche klare Richtung. Sich in diesem Hexentempel von einander widerstrebenden Parolen zurechtzufinden, war schier unmöglich. Das Volk war zerklüftet in Interessen und Meinungen, in Klassen und Stände ... Schritt für Schritt faßten die Lehren des Nationalsozialismus Wurzeln im Volk. Doch Erfahrung hatte mich mißtrauisch gemacht, und ich ließ mich nicht sofort überzeugen ... Zum zweitenmal stellte ich mir die Frage, ›was hat das Leben überhaupt für einen Sinn?‹ War es noch der Wille einer höheren Ordnung, dem Judentum die Herrschaft der Welt zu überlassen? ... Ich kam auf den Gedanken, ob nicht das jüdische Volk absichtlich von unserm Schöpfer auf die Welt gesetzt war, um die anderen Völker zum Kampf zu zwingen, damit sie durch diesen Kampf veredelt und vollkommener würden?«[14]

Bis dann etwas »Dramatisches« passiert, für gewöhnlich eine Versammlung, bei der Hitler selbst spricht:

»Seine unvergeßlichen Worte berührten mich wie die Worte eines Propheten ... Es war uns eine Offenbarung, und wir wären blindlings hingestürmt, wohin uns Hitler haben wollte. Solange Hitler da war, herrschte Sonnenschein. Es war das sprichwörtlich gewordene Hitlerwetter. Vorher und hinterher hatte es geregnet ... Als wir vor dem Führer unseren Eid ablegten ... fühlten wir, daß alle unsere Opfer durch diese Erfahrung reich belohnt waren ...«[15]

Es ist die Erfahrung des verwirrten Ich, das behaust und befriedet wird und seine Stimme in der streitbaren Vertretung eines Mannes findet, der »für uns alle spricht«:

»Und Hitler sieht tatsächlich jedem in die Augen. Seine Augen wandern von einem zum andern, wenn die SA vorbeimarschiert. Wir alten Nationalsozialisten sind nicht aus Vernunftgründen und nach langen Überlegungen zur SA gegangen, wir haben rein gefühlsmäßig zu Hitler gefunden. Wir haben gefühlt und im Herzen zwangsweise empfunden: Hitler, Du bist unser Mann, Du redest als Frontsoldat und Mensch, Du kennst den Betrieb, Du warst selbst Arbeiter, Du hast im Schlamassel gelegen wie wir als unbekannter Soldat – Du setzt Dich mit Deiner ganzen Persönlichkeit, mit Deinem ganzen heißen Herzen für den deutschen Menschen ein, Du willst das Beste für Deutschland nicht weil Du Nutzen davon hast, weil Du etwas für Dich willst – nein, weil Du nicht anders kannst, weil Du so handeln mußt als anständiger und ehrlicher Mensch aus innerster Überzeugung ...«[16]

Tiefe und anhaltende Studien gehen diesem Augenblick der Erleuchtung voraus:

»Durch aufklärende Bücher fand ich bestätigt, daß in Deutschland zu damaliger Zeit in Politik und Wirtschaft alles von Juden abhängig war ... Und dann studierte ich die Geschichte unseres Volkes ... Aufgrund der Lektionen der Geschichte und meiner Erfahrungen während und nach dem Krieg wurde ich ein Völkischer ... Durch den Rathenau-Mord im Frühsommer 1922 kam ich zu einer eingehenden Beschäftigung mit der Judenfrage. Ich verschlang Schriften über Schriften, erkannte immer mehr die Verbindung zwischen internationalem Marxismus und Judenproblem ... Das Alte Testament, der Talmud und Schulchan Aruch beschäftigten uns in unseren Sprechabenden fast ausschließlich. Der sich dafür interessierende Kreis wurde bald größer, weil wir die Sache an der Wurzel anpackten. Wir selbst schulten uns damit immer mehr und erkannten, worauf es ankam ...«[17]

Und schließlich werden sie durch die Entdeckung einer dauerhaften, unzerstörbaren »Lebensphilosophie« belohnt:

»Der eine meiner Chefs, aus altem Adelsgeschlecht, stellte mir seine sehr reichhaltige Bibliothek zur Verfügung. Nach 2 Jahren hatte ich mir dadurch meine eigene Meinung über das Leben gebildet ... Aus eigener Initiative konnte ich die Lebensphilosophie ergänzen, die mir mein Vater mit auf den Weg gegeben hatte ... Die Philosophie der Bewegung verlieh meinem bisher ziellosen Leben einen Sinn und eine Absicht ... Bei Nietzsche entdeckte ich etwas von meinem ursprünglichen Ich ...«[18]

Der höchste Wert wird den »natürlichen« und »instinktiven« Antrieben zuerkannt, denn das Bild, das hier gezeichnet wird, ist das Bild eines Mannes, der »tief« geschürft und »gründlich«

alle Alternativen erwogen hat, sie aber nun alle verwirft und, nur von seinem Instinkt getrieben, in die Arme des Führers eilt:

»In jedem Falle wird die Stellungnahme durch das blutsmäßige, rassische Empfinden innerlich begründet worden sein ... Dabei will ich nur die Tatsache feststellen, daß Nationalsozialismus für uns alte Parteigenossen nicht erlernt wurde, sondern nur die natürliche Lebenshaltung darstellte. So war es selbstverständlich, daß des Führers Meinung stets die unsere war, bevor der Führer sie der Öffentlichkeit übergab ... Diese Ersten sind bis heute die Besten geblieben. Sie erfaßten den Nationalsozialismus nicht verstandesgemäß, sondern gefühlsgemäß, sie hatten den Nationalsozialismus nicht aus Büchern gelernt, sondern das Blut, der natürliche Instinkt trieb sie zur Bewegung ...«[19] (Auf diese beiden Arten der Erkenntnis, die verstandesgemäße und die instinktive, werden wir noch zurückkommen.)

Und nun ist alles Licht: »Mein Glaube ist, daß unser Führer Adolf Hitler dem deutschen Volke vom Schicksal geschenkt wurde als der Heilsbringer des Lichts über die Finsternis ...«[20]

Doch nicht für lange, denn der Kampf um »Deutschlands Seele« hat eben erst begonnen.

Wer die zahlreichen pietistischen Selbstbekenntnisse einfacher Menschen zur Zeit des deutschen Barock kennt, wird die pseudoreligiöse Stimmung *dieser* Bekenntnisse unschwer erkennen. Während ihre Stadien, häufig bis in wörtliche Einzelheiten hinein, den autobiographischen und doktrinären Passagen in ›Mein Kampf‹ entsprechen (dem Buch, von dem zahlreiche Historiker behaupten, es sei von niemandem gelesen worden), zielt ihre Grundstruktur auf eine Imitatio des Führerlebens.

Verblüffend ist dabei aber, auch wenn man die Eingangsfrage des Wettbewerbs bedenkt, die Armut an Variationen innerhalb des vorgestanzten Musters und die Allgemeingültigkeit, die das Muster beansprucht: dies eben zeigt die volle Wirksamkeit der Indoktrinierung und veranschaulicht den Begriff der »Gleichschaltung«. All diese Männer sind nicht nur »Träger der nationalsozialistischen Weltanschauung«, sondern auch Überbringer der Botschaft an die nächste Generation, Verführte und Verführer zugleich. Durch dieses Stereotyp sehen sie die ganze Welt – oder stellen sie jedenfalls dar:

»Meine Mutter war eine würdige, ehrliche deutsche Hausfrau. Allen Erfahrungen des Lebens begegnete sie mit unwandelbarer Frömmigkeit und Gottesglauben ... Die Augen der

Mutter sahen durch allen Phrasenschwall hindurch und schauten immer nur in das Herz hinein. Und diese Augen konnten nicht verwirrt werden durch marxistische Theorien ... Die deutsche Mutter und Frau focht an der Seite ihres Mannes in diesem Kampf gegen ein überwältigendes Schicksal ... Dann erstand die Sehnsucht nach einer Frau, die Vorstellung, einen Jungen auf den Armen zu tragen ...«[21]

Die Reihe antijüdischer Einstellungen, die zu dieser »Lebensphilosophie« gehört, bedarf keiner Erläuterung, wenngleich man im Hinblick auf spätere Versuche, dem deutschen Antisemitismus eine »religiöse« Erklärung zu unterschieben, anmerken sollte, daß nur einer der zitierten Schreiber dafür traditionelle christliche Gründe anführt:

»Die innerliche Abneigung gegen die Fremdrassigen, die den Heiland ans Kreuz geschlagen hatten, und die nun unser Volk verrieten, steigerte sich, und eines Tages wuchs sie zum Haß. Der Jude war an allem Elend schuld.«[22]

Es sollte nun klar geworden sein, daß jedes Element im Muster dieser Lebensgeschichten identisch ist mit seinem Gegenstück in der nationalsozialistischen Mythologie, wie ich sie in diesem Buch nachzuzeichnen versucht habe. Dies gilt vor allem für das erwähnte pseudoreligiöse Motiv und für die Art und Weise, wie es in jedem einzelnen Fall durch den Begriff des »Opfers« verstärkt wird: Jeder unserer Verfasser »opfert« sich für das gemeinsame Wohl der Partei oder der Nation, für den Führer, der sich seinerseits für die »Volksgenossen« opfert; jeder ist bereit, für den anderen zu sterben; was die Partei und ihr Programm authentisch macht, sind nicht Verheißungen von Gewinn (in Form von immer mehr jüdischem Besitz), sondern mehr und mehr »Opfer«; die gesamte deutsche Geschichte ist nichts als ein einziges durchgehendes »Opfer«, ihre Zukunft ist gesichert, solange nur genügend Menschen bereit sind, diese »heilige« Tradition weiterzureichen, usw. Vielleicht ist diese monotone Beschwörung gar nicht überraschend. Der Opfergedanke mag primitiv genug sein (und wir brauchen nicht zu betonen, daß hier nichts gegen den Begriff des Opfers und alles gegen seine Verherrlichung vorgebracht werden soll): als ein allseitig wirksames Instrument emotionaler Erpressung, materieller Ausbeutung und pseudoreligiöser Rechtfertigung ist er nicht zu übertreffen.

Wir lesen all diese Lebensgeschichten eine Generation nach ihrer Abfassung und sind betroffen von ihrer Leblosigkeit. Die

Autoren, die Menschen, die darin beschrieben werden, bewegen sich auf eine seltsam ruckartige Weise: von Haltung zu Haltung, vom Zweifel zur Bekehrung zur Verpflichtung, von Argwohn und Feindseligkeit zu Begeisterung und Anbetung, und dann wieder von Abneigung zum Haß zur Verwerfung – wie mechanische Gliederpuppen in braunen und schwarzen Hemden und Schirmmützen, wie Marionetten, deren Drähte in den Händen einer »höheren« Gewalt zusammenlaufen. Wir fanden dieses Ruckhafte schon in Hitlers Kriegsbriefen; wir finden es in den wenigen persönlich gehaltenen Stellen von *Mein Kampf*, die nicht der unmittelbaren politischen Propaganda gelten; wir finden es wieder, zum letztenmal, in Hitlers *Tischgesprächen* der vierziger Jahre. »Mein ganzes Leben war nichts als ein ständiges Überreden«: Jener rücksichtslose, unaufhaltsame Redefluß über alles und jedes unter der Sonne ist nur *ein* Aspekt seiner Monologe in der Wolfsschanze, die sich endlos hinziehen, bis in die frühen Morgenstunden in Gesellschaft halbwacher Sekretärinnen und Köchinnen, ängstlicher Adjutanten, die fürs Leben gern rauchen würden, und schnarchender Parteifunktionäre.

Doch diese Monologe haben noch einen anderen Aspekt. Von Zeit zu Zeit versucht Hitler, einmal nicht eine Sache oder eine politische Finte, eine technische Einzelheit oder irgendein Objekt seiner Verachtung darzustellen, sondern ein anderes menschliches Wesen, auf gleicher Ebene – und jedesmal versagt er. Eine Begegnung mit Winifred Wagner zu später Stunde in Bayreuth; die Geschichte, die ihm eine Kellnerin in einem Münchner Café erzählte; der schlaue Streich, den er dem Religionslehrer in seiner Linzer Schule spielte; wie ein Trottel von Gauleiter es versäumte, ihn einer schönen Frau vorzustellen, die ihn weit mehr interessiert hätte als wiedermal ein Zimmer voll alter Parteigenossen ... Im Gegensatz zu seinem Redefluß im politischen Bereich zeigt die Anstrengung bei dem Versuch, auch nur die einfachste menschliche Begegnung zu schildern, eine Person zu veranschaulichen, das Versagen seiner verbalen Darstellungskraft. Jeder Versuch, die Szene erstehen zu lassen und dem Bild Farbe und Lebensechtheit zu geben, scheitert in einer beckmesserischen Zusammenhanglosigkeit. Man glaubt seinen Biographen, daß er nie einen Roman gelesen, geschweige denn (wie Mussolini) einen geschrieben hat. Hinter dem Politiker steht ein gespenstischer Niemand, einer, für den kein anderer Mensch als solcher existiert.

Doch um ein letztesmal auf die Lebensgeschichte seiner Anhänger und Jünger zurückzukommen: sind diese Klischees, diese mühsamen Formulierungen und abgehackten Sätze nicht genau der Stil, den man von solch »einfachen« Leuten erwartet, die eben nicht gewohnt sind, ihre Gedanken zu Papier zu bringen? Merkwürdig ist nur, daß die Dürftigkeit dieser Prosa mit der sozialen Position ihrer Autoren zunimmt: je höher die Bildung, desto vollständiger die verbale Kapitulation, desto stärker die ideologischen Hemmungen, desto ärmer die darstellerischen Mittel. Diese »Lebensgeschichten« sprechen eine ganz andere Sprache als die Zeugnisse unliterarischer Menschen anderer Zeiten, aus denen wir ähnliche Dokumente besitzen, von den bekenntnishaften Autobiographien des siebzehnten Jahrhunderts bis zu den Arbeitertagebüchern des späten neunzehnten. Auch heutige Leserbriefe sehen anders aus – jedenfalls in der Bundesrepublik. Dies sei nicht ohne Erleichterung gesagt: die Dürftigkeit und die Klischees, das Ruckhafte und die Leblosigkeit sind der Stempel einer anderen Zeit.

22. Eroberung und Vernichtung

Welche Beziehung besteht zwischen dem Komplex von »Führer und Volk« und der Praxis von Krieg und Vernichtung? Um diese Frage zu beantworten, müssen wir uns nun den wirklichen Opfern zuwenden. Wie sah die Lage der deutschen Juden aus? Wieviel von ihrer Not und von der Not ihrer Mitopfer war im Reich bekannt? Welche Rolle spielten Krieg und Vernichtung im Denken Hitlers und seiner Gefolgsleute? Dies sind unsere letzten Fragen, und es sind die schwersten.

Antisemitismus als fester Kern seines Lebensplans und als politisches Programm – diese Entdeckung hat Hitler vermutlich erst nach und nach gemacht, wahrscheinlich über eine Reihe von Jahren. Der Umstand, daß sich in seinen erhaltenen Briefen aus dem Schützengraben keine antisemitischen Bemerkungen finden, legt nahe, daß ihm trotz seiner (ausführlich dokumentierten) Aktivität in Wiener rassistischen Kreisen und trotz seiner Mitgliedschaft in einer auf antisemitisches Schrifttum spezialisierten Leihbücherei die volle Bedeutung seiner »Entdeckung des Juden« erst nach dem Krieg aufging. Wie nicht anders zu erwarten, wird sie in *Mein Kampf* als jähes, dramatisches »Erlebnis« dargestellt. Gleichzeitig entdeckt Hitler, daß er selbst *kein* Jude ist. Der Wert, den er damit entdeckt, gleicht dem seines Kriegserlebnisses[1]. Denn daß er kein Jude ist, bedeutet für ihn, daß er nun eben doch kein Niemand ist und daß seine »Rasse« *alles* ist oder jedenfalls werden kann: eine innere Gnade und ein mystisches Attribut, aber auch eine wissenschaftlich fundierte Sache und ein politisches Kapital – kurzum, die Summe aller positiven Eigenschaften, da ihm ja »der Jude« als Summe alles Negativen gilt.

Originell war an dieser Einführung persönlicher Phobien in die Politik freilich nichts, in Wien schon gar nicht. Zwei Parteien – Luegers christliche Sozialisten und Georg von Schönerers »Alldeutsche Partei« – hatten den Antisemitismus in ihr Programm aufgenommen, doch beide wurden von Hitler alsbald kritisiert: Lueger, weil er die antisemitischen Kriterien nicht rigoros genug – nicht wissenschaftlich – in seiner Gesellschaftspolitik anwandte, Schönerer, weil er die korrekten Kriterien für unzureichende Ziele benutzte. Hitlers Originalität – eine Art Quadratur des Kreises – begann an dem Punkt, wo es galt, den aus der absoluten Doktrin sich ergebenden Widerspruch anzugehen: »Der Jude«, so erfahren wir, sei allgegenwärtig. Doch wenn wir ihn bei seiner Schmarotzertätigkeit sowohl in der Hochfinanz (in den Banken und an der Börse) als auch in den Arbeiterorganisationen, besonders in den Gewerkschaften finden, wie kann er dann als der einzelne, allen gemeinsame Feind identifiziert werden? (Nicht einmal die Juden, sollte man meinen, können Abschaum und Bodensatz der Welt zugleich sein.)

Jede rationale Argumentation, die die tatsächlichen Interessenkonflikte auf der politischen Bühne ins Auge faßte, mußte zu der evidenten und keineswegs dramatischen Erkenntnis gelangen, daß »der Jude« ein Mythos war und die Wahrheit über die Juden zu banal, um sich politisch ausbeuten zu lassen. Denn die Wahrheit bestand darin, daß die Juden in der Tat allgegenwärtig waren – als Bestandteil aller gesellschaftlichen Sphären und Klassen; daß ihre Assimilierung in Wien – und in etwas anderer Form auch in Deutschland – weiter fortgeschritten war als in allen anderen europäischen Ländern; und daß man die

Juden also, um sie zum Gegenstand einer Phobie machen zu können, aus ihrem gesellschaftlichen Kontext herauslösen mußte – vermittels einer Neudefinition und Mythenbildung.

In jedem Beruf, der sich ihnen öffnete, waren sie zwar noch immer als Juden erkennbar, aber vielen Intellektuellen schien es, daß »die Judenfrage« in der nächsten oder übernächsten Generation durch vollkommene Assimilierung gelöst sein würde. Nötig war also für einen Mann wie Hitler – wie auf der anderen Seite für Theodor Herzl, den Begründer des modernen Zionismus – die Schaffung eines besonderen Judenbildes, das weithin im Gegensatz zu jener Wirklichkeit stehen mußte, die der eine zerstören und der andere bewahren wollte. Diesem Bilde mußten die Merkmale einer zusammenhängenden, einheitlichen Nation zugeschrieben werden, wo die Juden in Wirklichkeit eine sich immer mehr auflösende Gruppe waren, die von keinem besonderen Band zusammengehalten wurde; zugleich mußte das Bild unverwechselbar fremd und bedrohlich erscheinen (daher das Postulat einer biologischen Rasse), wo die Wirklichkeit das gesamte Spektrum aller möglichen Anpassungen umfaßte, von den Hausierern in ihren Kaftanen bis zu den Pringsheims und Rathenaus in ihren großbürgerlichen Gehröken; und schließlich mußte die Bedrohlichkeit dieser Rasse so dargestellt werden, daß sie die härtesten »Verteidigungsmaßnahmen« erforderlich machte. In einem solchen Bild sind jüdischer Kapitalismus und jüdischer Marxismus nicht mehr Widersprüche, wie sie es in allen früheren antisemitischen Doktrinen waren, denn beide erscheinen nun als die Praxis *einer* »fundamentalen Einheit von Haltung, Mitteln und Ziel«. Ihre Haltung ist die Heimlichtuerei einer Weltverschwörung; ihre Mittel sind die liberal-marxistische Presse, das Rechtswesen und dergleichen mehr; ihr Ziel ist die Weltherrschaft. Ein Gutteil von all dem hat Hitler aus zweiter Hand, aus den *Protokollen der Weisen von Zion*[2] (die er natürlich für echt hielt), doch indirekt auch aus der romantischen Erfindung einer jüdischen Herrenrasse, welche angeblich die Weltpolitik bestimmt. Dieses unglaublich naive Erzeugnis einer mythenschaffenden Vorstellungskraft – aus der Feder des jungen Benjamin Disraeli[3] – wird in Hitlers Phantasie zur politischen Wirklichkeit – in einer Phantasie, die sich für poetische Vorstellungen nur soweit interessiert, als man aus ihnen in einer gegebenen sozialen Lage politisch wirksame Mythen züchten kann.

»Der Jude«, Bestandteil dieser sozialen Gegebenheit, war als

Jude erkennbar und war es auch wieder nicht. Man konnte ihn an bestimmten, wohlbekannten Körpermerkmalen erkennen. Doch wenn man ihn manchmal nicht erkannte, so hieß das nicht etwa, daß man sich auf den »Instinkt« oder die »wissenschaftlichen« Kriterien nicht mehr verlassen könnte, sondern nur, daß seine Assimilierung perfekter geworden war und seine Verschlagenheit tagtäglich zunahm. Von *Mein Kampf* bis zu den *Tischgesprächen*, stets redet Hitler von der Schwierigkeit, »den Juden« von anderen zu unterscheiden[4], und betont die Notwendigkeit strenger wissenschaftlicher und juristischer Kriterien. Die Ernsthaftigkeit, mit der dieses »Problem« in akademischen Kreisen diskutiert wurde, ist bezeichnend für die Ebene der intellektuellen Diskussion im Deutschland der dreißiger Jahre.[5] Und genau diese völlig humorlose, tödliche Ernsthaftigkeit macht den deutschen Antisemitismus, wie er sich unter dem Einfluß der Parteiideologie entwickelt, so einmalig und unvergleichlich. Denn weder ist er die bewußte Kanalisierung primitiver und »irrationaler« Gefühle der Massen (wie in den russischen und polnischen Pogromen) noch ein weithin herrschendes Vorurteil, auf die Spitze getrieben und diskreditiert durch einen katastrophalen Skandal (wie in Frankreich nach der Dreyfus-Affäre), noch auch eine rein persönliche Phobie; er ist eine mühsam erdachte, gründlich erwogene Ideologie mit wissenschaftlichem und philosophischem Anspruch, die als Grundlage einer politischen *Praxis* dient und so ihre Angemessenheit für jene soziale und psychologische Situation beweist, für die sie entworfen wurde. Formuliert wird sie in ›Mein Kampf‹ – einem Buch, wie zu erinnern ist, von einem Unbekannten über eine politische Bewegung, die so gut wie tot ist; dort aber wird sie mit der ganzen Autorität und Überzeugungskraft einer einheitlichen und allgemeingültigen Erklärung, eines veritablen Denksystems präsentiert – in einer Zeit, die nach Systemen und einheitlichen Erklärungen dürstet. (Für Freud beispielsweise war »wissenschaftliche Arbeit« identisch mit systematischer Ausarbeitung *einer* wiederum einzelnen Einsicht; das gleiche gilt für die Lehren von Weininger, Spengler, Klages und vielen anderen; jedes dieser Lehrgebäude entspringt einem Aperçu, jedes wird wie eine Naturwissenschaft vorgetragen, keines ist verifizierbar.)

Wie waren die Juden zu unterscheiden? Die Schrecken der antisemitischen Kampagne mit ihrer ganzen Zerstörungswut machen es heute schwer, sich das volle Ausmaß zu vergegenwärtigen, in dem die jüdischen Bewohner Österreichs und Deutschlands ein – wie es schien – unabtrennbarer Teil des sozialen und kulturellen Lebens geworden waren; sich zu erinnern, daß sie an jedem Aspekt des Lebens der beiden Völker in den ersten drei Jahrzehnten unseres Jahrhunderts teilhatten. Als Karl Kraus *Die letzten Tage der Menschheit* schrieb (1919), jene gewaltigste Verdammung des modernen Krieges, konnte er die jüdischen Kriegsgewinnler und Schieber ebensowenig beiseite lassen wie ihre christlichen Gegenstücke. Seine Satire zielte auf den jüdischen Journalismus und Geschäftssinn ebenso wie auf den »gemütlichen« Wiener Gastwirt, der bei der Hinrichtung eines italienischen Rebellen aushilft, auf die preußischen Militärs und ihre Allianz mit dem großen Geschäft, auf die primitive Mentalität der österreichischen Provinzler, auf chauvinistische Pfaffen, kriegslüsterne Poeten, die an wohlverschanzten Schreibtischen im österreichischen Kriegsministerium Greuelpropaganda dichten, auf rückgratlose Sozialisten und verlebte Aristokraten – sie alle waren für Kraus Aspekte im Auflösungsprozeß des Kaiserreichs. Weit davon entfernt, »die Juden« innerhalb seiner gigantischen Szenerie zu isolieren (wie es das erste und wichtigste Ziel der Hitlerschen Taktik war), zeigte er sie vielmehr als einen Bestandteil darin. In dem Krieg, den er porträtierte, waren sie einer jeden Infamie, Korruption und Täuschung fähig (freilich wohl nicht der physischen Grausamkeit), die ihre »christlichen« Nachbarn praktizierten. Welch andere Motive hätten sie auch für ihr Verhalten haben sollen? Welche andere »Ideologie« und »Wertetafeln« als die, die auch die Lebensform ihrer Mitbürger bestimmten? Nicht »jüdischer Selbsthaß« war es, was Kraus antrieb, sondern eine Ahnung, die ihren Schatten vorauswarf; doch nicht nur eine warnende Ahnung, auch eine, die (wie wir schon bei Nietzsche sahen) der Zukunft das Vokabular des Hasses vorexerzierte.

Wie vollständig war die Assimilierung, die Hitler mit seiner Rassendoktrin vernichten wollte? Hatten die Juden recht, wenn sie in Momenten vaterländischer Anwandlung behaupteten, von ihren Nachbarn ebensowenig verschieden zu sein wie eine protestantische Gemeinde von der katholischen Provinz, die sie umgibt? Oder waren sie wie die Kaschuben in Danzig, die französische Kolonie im wilhelminischen Berlin? Wie die Tschechen in Wien, die Slowenen in Kärnten, die Sudetendeutschen in Prag und in Mähren?

Das Verhältnis zwischen Deutschen und Juden schloß jedes dieser Verhältnisse ein und war doch anders als alle. Wie ist die Andersartigkeit zu erklären? Hannah Arendt behauptet, was die Juden in der westlichen Diaspora im neunzehnten und zwanzigsten Jahrhundert unterschieden habe, sei ihre Anhäufung von Reichtümern ohne entsprechende politische Macht und gesellschaftliche Verantwortung gewesen, und sie sieht das Judentum des zwanzigsten Jahrhunderts als den Erben dieser scheinbar beneidenswerten, in Wirklichkeit schutzlosen Situation[6]. Es muß jedoch zweifellos noch etwas anderes gewesen sein als bloß auffallender Reichtum und politisches Desinteresse (zwei Eigenschaften, die schließlich auch bei vielen deutschen Bankiers und Industriellen zu finden waren), was die ersten bösartigen Ausbrüche des deutschen Antisemitismus verursachte, die mit der Ermordung Rosa Luxemburgs und Kurt Eisners begannen und ihren ersten Höhepunkt in der Ermordung Walther Rathenaus erreichten. Auch die entgegengesetzte Erklärung ist vertreten worden, zuletzt von einer psychotischen Randgruppe der neuen deutschen Linken, die (wie berichtet wird[7]) die Juden als verantwortlich für das Hitlerregime beschuldigt – hätten sie doch mit den Ruhrindustriellen und dem Großkapital unter einer Decke gesteckt. Dann gibt es die verschiedenen religiösen Erklärungen. Im katholischen Süden mag das Motiv der jüdischen Schuld an der Kreuzigung Christi wirksam gewesen sein, von den Parteipropagandisten wurde es jedoch nicht ausgebeutet; und in einer der besten modernen Untersuchungen, in Sartres *Porträt des Antisemiten* (November 1944), wird es kaum erwähnt. Doch scheint diese alte Anschuldigung eine gewisse Rolle in der pseudoreligiösen Propaganda gespielt zu haben, denn in dem Maße, wie der Glaube an Christus schwindet, wandelt sich der Antisemitismus, der einst seine Wurzeln in diesem Glauben hatte, zu einer neuen »Religion« des Hasses. Schließlich wird die anomale Situation der Juden auch damit erklärt, daß sie das einzige Volk seien, das einen nationalen Gott beansprucht: sie seien einmalig, heißt es[8], weil ihre nationale Identität nicht von der religiösen zu trennen ist, und dies – der Alte Bund – sei der Grund für den Haß und Neid der Christen. Doch auch wenn man den Einwand beiseite läßt, daß ihnen solch eine Gotterwähltheit in jüngster Zeit nicht gerade oft zugeschrieben wurde, ist nicht einzusehen, warum der Besitz einer nationalen Religion nicht im Gegenteil eine Quelle der Bewunderung und des besonderen Mitgefühls sein sollte; genau dies war es schließlich, was die calvinistischen Gemeinden an den Juden bewunderten und verehrten.

Was all diese Erklärungen unbefriedigend oder nur teilweise befriedigend macht, ist ihr unhistorischer Ansatz: ihr Versuch, die »Lage der Juden« so zu erklären, als sei die Geschichte »der Juden« – und damit die Wurzel ihrer besonderen Stellung – in allen Ländern dieselbe oder »im wesentlichen« dieselbe gewesen. Dem ist nicht so. Auf die eine oder andere Weise – in Israel wie in der Diaspora – tritt ihr gemeinsames Schicksal in der modernen Welt hinter dem jeder einzelnen Gruppe zurück, die sich innerhalb des schützenden oder feindlichen Umfelds ihres jeweiligen »Wirtsvolkes« entwickelt hat. Und was die Angehörigen dieser verschiedenen Gruppen vor allem gemeinsam haben, ist der Umstand, daß sie von den anderen Menschen als Juden angesehen und daß ihnen die Eigenschaften der Juden zugeschrieben werden[9]. In einer Welt, die in wachsendem Maße aufgrund *erworbener* Güter und Positionen strukturiert ist, wird ihr Status durch die ihnen *zugeschriebenen* Eigenschaften bestimmt[10] – also nicht durch das, was sie tun, sondern durch das, was sie »sind«; und sie »sind« das, wofür man sie hält. Der Antisemit ist in einer ähnlichen Lage. Er hat wohl die Macht, die dem Juden fehlt, doch indem er *ihm* den Status vorschreibt, bestimmt er zugleich den eigenen. Und während er aus der bewegten und veränderbaren Welt erworbener Positionen flieht und sich hinter seinem nichtjüdischen, angeblich unveränderbaren, »auf ewig« festgelegten Status (z.B. der »reinen Rasse«) verschanzt, spricht er auch dem Juden alle Bewegungsfreiheit in dieser Welt ab, die ihn so ängstigt, und zwingt auch ihn in eine »auf ewig« festgelegte Rolle. Das Verhältnis ist unauflöslich – wie die Kette bei Beckett, die Lucky an Pozzo fesselt.

Was verlieh nun dem deutsch-jüdischen Verhältnis seine besondere Eigenart? Warum wurden die Juden von den Franzosen, Polen, Tschechen und Ungarn als deutschfreundlich, als »Germanisierer« angesehen? Was meinen wir eigentlich, wenn wir von einem einmalig engen Verhältnis sprechen? Warum, um nur eines aus Zehntausenden von Beispielen herauszugreifen, identifizierte sich Rosa Luxemburg – von Geburt polnischsprachig, zu Hause in Rußland, erzogen an einer Schweizer Universität – mit der deutschen Sprache und Kultur? Warum entschloß sie sich, eine *deutsche* Intellektuelle zu werden? Warum liebt und verehrt Lucky Pozzo – der Knecht den Herrn?

Die meisten erwähnten Minderheiten haben hinter sich etwas,

auf das sie sich stützen können, eine bestimmte Kultur, Ritual oder Sprache, die weiter besteht, auch wenn einzelne Angehörige dieser Minderheit sich entschließen, ihr zu entsagen. Die Situation, der die Juden so eifrig entgegeneilten, war anders. Sie wurden in der deutschen Kultur und Gesellschaft von einigen ihrer prominentesten Repräsentanten willkommen geheißen. Sie akzeptierten die deutsche Sprache, eigneten sie sich begeistert an und pflegten sie mit einer für die Deutschen oft peinlichen Hingabe. Sie wurden zu wahren Experten der Geschichte des »deutschen Geistes« – ja es schien fast, als hätten sie den Begriff erfunden. Dabei mußten sie allerdings auch die schwersten Bedingungen erfüllen, die ihnen ihre wohlmeinenden Gastgeber auferlegen konnten. In Hast und Eile – in der Spanne einer einzigen Generation – schworen sie all dem ab, was vorher kennzeichnend für sie gewesen war: ihrem Ritual und ihrer Gemeinde, ihrer Sprache und ihrer Kultur. Doch indem sie das taten, hörte das alles auf zu existieren. Ihr Verhältnis zu den Deutschen wurde um so enger, je weniger es ihnen eine Alternative ließ: Individuell wie kollektiv – metaphorisch wie wörtlich – gingen sie auf eine Reise, von der es kein Zurück gab. Nicht daß sie dabei unter Zwang oder besonderem materiellem Druck gestanden hätten. Die »Emanzipation« der deutschen Juden war ein Kind der Aufklärung, der *deutschen* Aufklärung: auf *diesem* Altar wurde der alte Glaube geopfert (in gleicher Weise und aus den gleichen Gründen wie das Christentum), *hier* wurden die traditionellen Sitten und Gebräuche den Juden wie ihren Feinden gleichermaßen peinlich. Der säkularisierende Geist aufgeklärter Toleranz war es, der den Juden die deutsche Gesellschaft und Kultur öffnete; und es war die Intoleranz dieser Toleranz, die sie allen religiösen und nationalen Zusammenhalt aufgeben hieß und sie damit in ihrer schwersten Stunde schutzlos machte. Die europäische Geschichte kennt keine grausamere Ironie.

»Die Liebesaffäre der Juden mit den Deutschen ist im großen und ganzen einseitig und unerwidert geblieben«, bemerkt Gershom Scholem mit milder Ironie[11]. Es habe auf deutscher Seite wohl etwas Dankbarkeit gegeben, doch keine Liebe. Und es ist sicherlich wahr, daß kein deutscher Autor ein so großzügiges, verständnisvolles Porträt eines Juden geschrieben hat wie Charles Péguy in seinem Nachruf auf den sozialistischen Anarchisten Bernard Lazares; daß kein deutsches Gemälde den Geist des religiösen Judentums so verherrlicht hat wie Rembrandts

Judenbraut – ein Bild, dessen höchste Menschlichkeit daher rührt, daß es offen läßt, ob auch der Bräutigam jüdischen Glaubens ist. Die typisch deutschen Tributleistungen finden wir in den Idealisierungen Lessings, den Hebelschen Idyllen, auch in den Schriften von Historikern wie Ignaz von Döllinger und Theodor Mommsen, die sich gegen Unterdrückung und Ungerechtigkeit aussprachen und der jüdischen Bildung wie dem jüdischen Denken Anerkennung zollten. Es ist kein Zufall, daß die am wenigsten einseitigen Begegnungen zwischen Deutschen und Juden in der Welt des Geistes und der Abstraktion stattfanden.

Was es den Juden so leicht machte, die Brücken hinter sich abzubrechen, war die vertraute Ansicht der Straße, die vor ihnen lag. Als sie die engen, aber relativ sicheren Mauern ihrer Ghettos verließen, traten die deutschen Juden in eine Welt, die in vieler Hinsicht anders war als jene, in die ihre französischen und englischen Glaubensgenossen Eingang fanden; sie hatte vieles gemeinsam mit der Welt, die sie nun verließen. Denn auch die Kultur, in der sie Aufnahme fanden, hatte es angelegentlich mit geistigen Dingen zu tun; sie war literarisch und spekulativ, reflektierend und nicht minder weltfremd als die Kultur, die sich die Juden in den Jahrhunderten ihrer Isolation geschaffen hatten. Wenn Gershom Scholem schreibt, »die Begegnung mit Friedrich Schiller war für viele Juden realer als die mit den empirischen Deutschen. Hier fanden sie, was sie am glühendsten suchten«, und »hier war das Programm, das dem neuen Juden, der seine Selbstsicherheit als Jude verloren hatte, alles zu verheißen schien, was er suchte ...«, so beschreibt er nur ein erstes Stadium ihres Weges in die Assimilierung. Denn eben als *deutsche* Juden legten die jüdischen Schriftsteller und Journalisten seit dem frühen neunzehnten Jahrhundert ihren ganzen »neuen« Glauben in die deutsche Kultur und den »deutschen Geist« (ein Ding übrigens, für das ihre englischen und französischen Vettern keinen Namen hatten). Eben weil sie bestimmten deutschen Denkungsarten und Geistesanliegen so tief verpflichtet waren, glaubten sie auch so häufig, diese für minder gebildete Deutsche interpretieren zu müssen, wobei sie dann Spott (nicht immer gutmütigen) ernteten.

Von allem Anfang an (seit jenem Tage, als der bucklige Moses Mendelssohn die Stadt Berlin durch das Judentor betrat und im Wachtbuch verzeichnet wurde: »Heute passierten das Rosenthaler Tor sechs Ochsen, sieben Schweine, ein Jude«[12]), wurde der jüdische Beitrag zur deutschen Literatur und Philosophie, Musik und Wissenschaft und jeder nur erdenklichen Disziplin bereitwilliger gegeben als empfangen. Nirgends fand die deutsche Anerkennung dieses Verhältnisses positiveren Ausdruck als in Goethes bezauberndem Wort an Moses' Enkel, den Knaben Felix Mendelssohn-Bartholdy: »Du bist mein David. Spiele mir vor, wenn ich traurig bin. Ich will auch nicht den Speer nach dir werfen.«

Wir wollen hier keine der zum Klischee erstarrten Listen all jener jüdischen Künstler und Gelehrten aufführen, die zum geistigen Leben Deutschlands und Österreichs beigetragen haben; nur daß dieser Beitrag in keinem Land seinesgleichen hatte, sei erwähnt. Was ihn charakterisierte, war seine intellektuelle Vielschichtigkeit und Modernität, ein Traditionsbewußtsein, das gelegentlich ins Parodistische spielte – also lauter deutsche Varianten einer zutiefst europäisch-neuzeitlichen Thematik. In der Philosophie und den Geisteswissenschaften folgten jüdische Autoren eng den vorherrschenden Richtungen des deutschen Denkens; in der Musik und den bildenden Künsten nahmen sie diese häufig vorweg; und selbst in der literarischen Behandlung jüdischer Themen – man denke an Heines späte Gedichte, an Else Lasker-Schüler, an Paul Celan – folgten deutsch-jüdische Autoren einer unverkennbar deutschen Tradition. Thomas Mann, dessen *Joseph und seine Brüder* Huldigung und Tribut an die Juden in ihrer dunkelsten Stunde ist, bemerkt an anderer Stelle, daß sie allein es waren, die die deutschen Künstler über all das auf dem laufenden hielten, was sich auf der europäischen Bühne abspielte. Waren sie somit in den Künsten, und mehr noch in Forschung und Wissenschaft, Deutschlands europäisches Gewissen, so war ihnen dies zum Teil durch ihre internationalen Beziehungen möglich; doch war ihr Mittlertum zugleich auch das Erbe der ersten philosophischen und literarischen Bewegung in Deutschland, die einen Einfluß auf das europäische Bewußtsein hatte – das Erbe der deutschen Aufklärung.

Hohe geistige Werte und Dichtertum, Kunst und Philosophie mögen freilich nur wenig bedeutet haben für die Kleinhändler, Heimarbeiter und Taglöhner, die weiterhin das Ritual praktizierten, das sie aus den östlichen Ghettos mitgebracht hatten, oder für die Kaufleute, die (wie ihre Christenkollegen) der Religion ihrer Vorfahren nurmehr Lippendienst leisteten. Für ihre Söhne und Enkel jedoch war der Eintritt in die geistige Welt (und nicht in einen Londoner Club oder die Public School oder den Pariser Jockey Club) das wahre Zeichen der Assimilierung. Ein deutscher Bürger zu sein, das war für sie nicht eine Sache des »Blutes«, sondern des Geistes. Was sie erstrebten, war nicht nur Geld und Wissen, sondern Verfeinerung der Sitten und des Geistes. All dies konnten sie aus eigenem erwerben, und danach wollten sie beurteilt sein. Wie sie die Zuschreibung eines Status fürchteten, so fürchteten sie auch die Festlegung auf »natürliche« Eigenschaften; denn im Grunde waren sie machtlos, und Geld allein (das zeigt die Lebensgeschichte eines Gerson Bleichröder) gab ihnen keine Macht. Das aber hieß, daß sie, wenn's hoch kam, allenfalls mitentscheiden durften, *wer* eine krumme Nase hatte und wer eine gerade, nicht aber, *daß* gerade Nasen schön und wertvoll, krumme dagegen häßlich und minderwertig seien. Was »jüdischer Selbsthaß« genannt wird, war ihre Bereitschaft, sich selbst mit den Augen ihrer Feinde zu sehen.

An ihrer Vorliebe für die Welt des Geistes war nichts Willkürliches, und es hat seine Richtigkeit, wenn in den oben zitierten Selbstzeugnissen (siehe das vorige Kapitel) die Juden des öfteren als »Rationalisten« bezeichnet werden. Natürlich mußten sie die abschätzige Bewertung alles Wissens verwerfen, das »verstandesgemäß gelernt« wird, gegenüber dem, was »gefühlsmäßig« ist und einem »natürlichen Instinkt« entspringt; denn Rationalität wurde für sie eine Sache auf Leben und Tod. Wenn es einem »Christen« gefiel, alle Buchstaben des Alphabets zu lieben außer *K*, *W* und *Z*, weil er diese als fremd und jüdisch empfand[13], und wenn er dafür bei den anderen Christen Verständnis fand, wenn folglich *K*, *W* und *Z* in der Tat fremd und jüdisch *wurden* – was hatten die Juden einer solchen »gefühlsmäßigen« Marotte anderes entgegenzusetzen als ihre Vernunft, ihre Ratio? Erst die soziale Komponente dieser beiden Erkenntnisarten macht den tieferen Sinn des modernen Antirationalismus klar: was »verstandesgemäß« gelernt wird, ist frei erworben und führt ins Ungewisse, Unvorhersehbare; was »natürlich«, »instinktiv« und »gefühlsgemäß« empfunden wird, wird faktisch in den gesellschaftlich vorbestimmten Kategorien, nach den von der Gesellschaft gebilligten Wertmaßstäben empfunden. Da nun die Juden – die eben erst Geduldeten – die Wertmaßstäbe dieser Gesellschaft weder durch einen Appell an ihre Traditionen noch durch das *fiat* der nackten Gewalt zu bestimmen vermochten, konnten sie allenfalls hoffen, dies durch ihre Rationalität, durch ihr »ständiges Überreden« zu tun. Und wenn ihnen das nicht gelang, waren sie – als Mitbürger einer Entweder-Oder-Gesellschaft – des Todes.

Nicht in der Billigung und Sympathie ihrer Nachbarn lag ihre Hoffnung, sondern im Gesetz. Sie waren demokratisch – zumindest in dem Sinne, daß sie wußten: sie hatten alles zu gewinnen von einer Gesellschaft, die imstande war, den Erwerb neuer Rollen und Ränge annähernd gerecht zu regeln und ihre Angehörigen gegen die Tyrannei natürlicher Unterschiede zu schützen; auch darin folgten die Juden der deutschen Aufklärung und dem Geist von 1848. So unvorstellbar es ist, daß Hitler ohne sie ausgekommen wäre, fast ebenso unvorstellbar scheint es auch, daß sie je begeisterte Anhänger seines Regimes hätten werden können[14]. Keine der Meinungen, die sie vertraten, war der Macht förderlich. Ihre Schwäche, aus der Hitler seine Stärke bezog, war in ihrer Situation verankert. Und als dann ihre »christlichen«Nachbarn den Speer nach ihnen warfen, in den Jahren ihrer grimmigen Not und Angst, hatte jeder nur seinen eigenen Mut oder seine eigene Verzweiflung, sein aus aller Gemeinschaft verstoßenes Ich. Ein eigenes Ethos hatten sie nicht mehr – keines, das sich von dem Ethos derer unterschied, die ihren Untergang nicht verhinderten.

Waren sie denn nicht alle Angehörige *einer* Kultur, *eines* Deutschland des Geistes, und waren sie nicht alle gleichgestellt vor dem Gesetz? (»Ich bin aber nicht schuldig«, protestiert Kafkas Josef K., »es ist ein Irrtum.« – »Das ist richtig«, antwortet der Geistliche, »aber so pflegen die Schuldigen zu reden.«) Sie wurden als Gleichberechtigte behandelt, und ihre faktische Machtlosigkeit spielte solange keine Rolle, als es ein Recht gab und man ihnen gestattete, bei seiner Auslegung mitzuwirken; und war nicht die Auslegung des Gesetzes gleich seinem Besitz? Hier besonders, in ihrer Rechtsgläubigkeit, unterschieden die Juden sich am wenigsten von der deutschen Mittelklasse. Und wenn sie es kaum gewohnt waren, für Recht und Freiheit zu kämpfen, so war ja auch (wie wir gesehen haben) bei ihren christlichen Nachbarn Zivilcourage nicht gerade im Überfluß vorhanden. Erst als die Juden durch Böswilligkeit ihrer Feinde und Rückgratlosigkeit ihrer einstigen Freunde von der Gesellschaft, die ihnen alles galt, isoliert wurden, erst als sie sahen, wie daraus gerade durch ihre Austreibung und Vernichtung eine »Volksgemeinschaft« wurde, erkannten sie ihre verzweifelte Lage. »Mag angeblich jüdische Solidarität noch so sehr von übelwollender Seite behauptet werden, in Wirklichkeit besteht sie nicht und darf auch nicht bestehen«, hatte Walther Rathenau 1917 geschrieben, in einem Gefühl tragisch-irrtümlicher Befriedigung[15]. Rathenau übertrieb zweifellos. Es gab gewiß auch eine jüdische Solidarität, doch sie war – wie die des nichtjüdischen Bürgertums – unpolitisch, hilfreich und menschenfreundlich: eine Sache rein privater Werte.

An allen Stellen dieser tragischen Geschichte, die als hochgeistiges Experiment begann, stoßen wir auf dieselbe Erkenntnis: daß am Ende ihres Lebens unter den Deutschen die deutschen Juden keine anderen Lebensformen und Werte kannten als die ihrer nun zu Feinden gewordenen Mitbürger. Damit meine ich nicht die »Werte« und das Verhalten der nationalsozialistischen Machthaber, sondern der bürgerlichen Mittelklasse, die dem Verbrechen schweigend zusah. Die perfekt funktionierende Maschinerie der Vernichtung – vom Zusammentreiben der Juden an ihren Wohnorten bis zu den Aktivitäten der »Judenräte« in den Lagern und Ghettos, in die man sie schaffte – läßt sich nur aus dieser Beziehung auf die »geistige Situation der Zeit« verstehen.

Die Juden waren nicht die einzige Gruppe, die vernichtet werden sollte. Das Leben der meisten Völker Europas erlitt eine schwere, in mehr als einem Fall unheilbare Verwundung. (So sind zum Beispiel die Prager Ereignisse der Jahre 1948 und 1968 ohne das Trauma von 1938 undenkbar.) Doch die Vernichtung der jüdischen Bevölkerung Deutschlands enthüllt das wahre Wesen des Nationalsozialismus mit besonderer Schärfe. Nur halbverborgen hinter dem Wortschwall heroischer Propaganda wird der Geist seines Führers sichtbar, der Geist der Selbstzerstörung.

So sehr es der Parteipropaganda auch gelungen war, die deutschen Juden von ihren Mitbürgern abzusondern, so brachte doch ihre physische (und nicht nur rhetorische) Vernichtung ganz andere Probleme mit sich. Wiederum waren es die Kontinuität von Propaganda, Einschüchterung, Androhung der Gewalt und individuell angewandter Gewalt sowie die allmähliche Verhärtung der Bevölkerung angesichts dieser Kontinuität, welche die vorher kaum vorstellbare Praxis bestimmten. Die Vernichtung »minderwertiger Rassen« bezeichnet den heikelsten Punkt in der Beziehung zwischen Hitler und der Partei einerseits und dem Volk andererseits.

Was wußten die Deutschen von den Greueln, die in ihrem

Namen von ihren Landsleuten und vom Abschaum eines halben Dutzend anderer Länder im besetzten Europa begangen wurden? Die Frage ist oft gestellt worden, doch beschränken die Antworten sich noch immer zumeist auf die Anklage kollektiver Schuld einerseits und emotionale Ableugnung andererseits. Was dachte man wohl, wenn man im ›Stürmer‹ vom Mai 1939 las: »Es muß eine Strafexpedition über die Juden in Rußland kommen. Eine Strafexpedition, die ihnen dasselbe Ende bereitet, wie es jeder Mörder und Verbrecher zu erwarten hat. Das Todesurteil, die Hinrichtung! Die Juden in Rußland müssen getötet werden. Sie müssen ausgerottet werden mit Stumpf und Stiel.«[16] Der Mehrheit signalisierten solche Botschaften einfach Gefahr und die Warnung, das Ganze so wenig wie möglich zu beachten.

Was war im Reich bekannt? Eine vollständige Antwort, das liegt in der Natur der Sache, wird es selbst für die Zeit des Krieges nie geben. Sicher ist, daß eine detaillierte Kenntnis der Vernichtungsmittel erfolgreich vor der deutschen Bevölkerung wie auch vor den Opfern selbst verborgen werden konnte (so wußten Gefangene, die bei der Eisenbahn in Lodz arbeiteten, nichts von den Vorgängen in Auschwitz, das nur etwa zweihundert Kilometer entfernt an derselben Eisenbahnstrecke liegt). Doch gibt es ebenfalls reiches Beweismaterial dafür – und wiederum liegt es in der Natur der Sache, daß es nicht vollständig sein kann –, daß die bloße Tatsache der Massenverhaftungen, Massendeportationen und Massenmorde jedem Erwachsenen im Reich zugänglich war. Drei Millionen deutsche Soldaten dienten im Osten. Kein Zweifel, daß jeder von ihnen, und jeder Zivilist, der durch die besetzten Gebiete reiste, das Zusammentreiben, die Quälerei und die Seelenangst – wenn auch nicht die Ermordung – von Männern, Frauen und Kindern gesehen und miterlebt hat, und daß jeder von ihnen in seinen Briefen nach Hause an seine Frau hätte schreiben können: »Aber dafür reicht die Bahn noch aus, jeden 2. Tag einen Zug mit Juden aus dem Reich nach Minsk zu fahren und sie dann dort ihrem Schicksal preiszugeben.«[17] Jede zweite der immer wieder reproduzierten Fotografien vom Leben in den Ghettos und Vernichtungslagern zeigt Gefangene, die nicht von SS-Männern oder »Goldfasanen« (Parteifunktionären) umgeben sind, sondern von gewöhnlichen deutschen Soldaten. Wie die folgenden – willkürlich ausgewählten – vier Beispiele zeigen, wußten diese Soldaten und Zivilisten oder mußten es wissen, daß die Männer,

Frauen und Kinder, denen sie begegneten, auf dem Weg in den Tod waren.

Der Befehlshaber der Besatzungsarmee in Polen, Generaloberst Johannes Blaskowitz, schrieb zwei Memoranden an den Oberbefehlshaber Feldmarschall Walther von Brauchitsch, in denen er gegen das Verhalten und die Beutemacherei von Polizei und SS protestierte[18]. Das zweite dieser Memoranden betrifft die Zeit vom 23. November 1939 bis zum 18. Februar 1940. Blaskowitz war teils persönlich Zeuge gewesen, teils hatte er Bericht erhalten von der Vergewaltigung jüdischer Mädchen, der Plünderung jüdischer und polnischer Geschäfte und der Ermordung einer Gruppe von Männern, die vor einer Synagoge mit Peitschen zusammengetrieben worden waren. Als Hitler von diesen Memoranden erfuhr, von denen Auszüge bei den einzelnen Kommandierenden zirkulierten, sprach er von einer »kindischen Einstellung« mancher Generäle, und Himmler belehrte sie (am 17. März 1940) über die Notwendigkeit, mit den Polen und Juden hart zu verfahren. Blaskowitz wurde aus seinem Kommandoposten entlassen und beging am 5. Februar 1948 im Nürnberger Gefängnis Selbstmord.

Oberleutnant Erwin Bingel, der eine Kompanie von Infanteristen führte, beschreibt in einer Erklärung nach dem Krieg, wie er und seine Leute am 15. September 1942 in der Stadt Uman, zwischen Kiew und Odessa, ankamen. Dort wurden sie Zeugen der Hinrichtung der gesamten jüdischen Bevölkerung der Stadt, die man unter dem Vorwand einer Volkszählung auf dem Hauptplatz zusammengetrieben hatte. Die Vorbereitungen solcher Massaker, darunter das Ausheben von Massengräbern und die Aufschichtung von Säcken ungelöschten Kalks, lagen in den Händen der Feldgendarmerie, die Morde selbst wurden von der ukrainischen Miliz unter dem Befehl von SS-Offizieren ausgeführt. Erwin Bingels Erklärung endet mit den Sätzen: »Die ganze Aktion dauerte von vormittags acht Uhr bis nachmittags um halb fünf Uhr. Um siebzehn Uhr war der Platz wie ausgestorben, nur einige Hunde tummelten sich, von dem Blutgeruch, der greifbar in der Luft hing, angezogen, auf dem Platz. Noch hallten uns die Schüsse in den Ohren ...«[19]

Ich habe bereits von den heimlichen Flugblättern gesprochen, die von der »Weißen Rose« verfaßt und verteilt worden waren. Die Anführer dieser Gruppe waren Hans Scholl und Alexander

Schmorell. Beide dienten als Sanitäter an der russischen Front. Nach München auf Studienurlaub für das Sommersemester zurückgekehrt, schrieben sie die ersten vier Flugblätter. Im zweiten heißt es: »Nicht über die Juden wollen wir in diesem Blatte schreiben, keine Verteidigungsrede verfassen – nein, nur als Beispiel wollen wir die Tatsache kurz anführen, die Tatsache, daß seit der Eroberung Polens *dreihunderttausend* Juden in diesem Land auf bestialische Weise ermordet worden sind. Hier sehen wir das fürchterlichste Verbrechen an der Würde des Menschen, ein Verbrechen, dem sich kein ähnliches in der ganzen Menschengeschichte an die Seite stellen kann. Auch die Juden sind doch Menschen – man mag sich zur Judenfrage stellen, wie man will – und an Menschen wurde solches verübt ...«[20]

Nachdem sie von der Verhaftung, Deportation und Ermordung des gesamten polnischen Adels gesprochen haben, fahren die beiden Autoren fort: »Wozu wir Ihnen dies alles erzählen, da Sie es schon selber wissen, wenn nicht diese, so doch andere gleich schwere Verbrechen des fürchterlichen Untermenschentums? Weil hier eine Frage berührt wird, die uns alle zutiefst angeht und uns allen zu denken geben muß. Warum verhält sich das deutsche Volk angesichts dieser scheußlichsten, menschenunwürdigsten Verbrechen so apathisch?«

Hans Scholl und Alexander Schmorell dienten als Feldwebel im Sanitätskorps und hatten keinen Zugang zu besonderen Informationen.

Material dieser Art ist am überzeugendsten, wenn es uns zufällig erreicht; wie in den Erinnerungen von Kunrat von Hammerstein[21], dem Sohn des Generals Kurt von Hammerstein-Equord, der 1933 als Generalstabschef entlassen worden war. Auf dem Weg zum Begräbnis seines Vaters, am Ostersonntag 1943, holt den jungen Hammerstein seine »sehr geliebte Kusine Adelaide ein, die uns, am 6. Dezember 1942 aus Lemberg kommend, gesagt hatte, daß die Juden mit Gas umgebracht würden. Mein Vater hatte von ›organisiertem Massenmord‹ schon vor dem Sommer 1942 gesprochen und war aus der ›Adelsgenossenschaft‹ ausgetreten, als sich diese 1934 oder 35 ihrer nichtarischen Mitglieder entledigte.« Der geschwätzige, doch gelegentlich kaustische Stil dieser Erinnerungen verrät Hammersteins Verlegenheit, wenn er zu berichten hat, daß Angehörige seiner eigenen Klasse mit der *Canaille* gemeinsame Sache machten:

»Am 25. Januar 1944 wurden 250 Wehrmachtsgeneräle (und Admiräle) von allen Fronten im Posener Theater versammelt.

Goebbels und Himmler sprachen. Dieser sagte, daß alle Juden, auch die Frauen und Kinder, ausgemerzt würden: die ›Endlösung‹ war der größten im Krieg veranstalteten Zusammenkunft deutscher Generäle offenbart. Ein Teil von ihnen wußte seit 1942, daß jüdische Bevölkerungsgruppen in den besetzten Ostgebieten durch Massenerschießungen ausgerottet wurden ... General Reinecke, der im August 1944 neben Freisler saß, trat in Posen nach Himmlers Rede ans Podium und dankte unterwürfig ... Im Seitenrang saß, ohne zu klatschen, während der Himmlerrede nur am Anfang schlafend, der vierzehnmal verwundete General von Saucken, ein paar Plätze vor ihm der General der Aegeis. Hinten im Theater versuchte ein General, auch mit Überblick, zu zählen: – fünf, die nicht klatschten ... Den klatschenden Generälen und Admirälen war Eichmann kein Begriff. Aber ihr Beifall galt mittelbar ihm.«

Das Bild, das sich soweit aus unserem Material ergibt, legt nahe, daß Kenntnis von der Ermordung »minderwertiger Rassen«, darunter Juden, Zigeuner und Slawen, in groben Umrissen zugänglich war, schon allein deshalb, weil jeder Erwachsene im Reich die Verhaftung und Deportation von Nachbarn mitangesehen haben und sicher gewesen sein mußte, daß sie nicht zurückkehren würden[22]. (Darüber hinaus läßt es die Erzählfreude von Soldaten – und insbesondere von deutschen Soldaten[23] – als unglaubhaft erscheinen, daß drei Millionen von ihnen ein Schweigegelübde befolgt haben sollen, noch dazu über Ereignisse, die tagtäglich vorkamen.)

Dieses Bild ist jedoch zu ergänzen durch das, was wir von einem ähnlichen Unternehmen wissen – einem Unternehmen, das ganz andere Reaktionen hervorrief. Ich meine das Euthanasieprojekt von 1939/41, das vielleicht eine Art Generalprobe für die »Endlösung« sein sollte[24]. Zwischen Kriegsausbruch und dem 24. August 1941 wurden ungefähr 100000 deutsche Männer, Frauen und Kinder von einer Gruppe von Ärzten getötet, die keineswegs alle der SS angehörten[25], geleitet wurde das Unternehmen von Dr. Werner Heyde, Professor für Neurologie und Psychiatrie an der Universität Würzburg. Verschiedene Mittel wurden zur Tötung benutzt, darunter Einspritzungen, Aushungerung, Kohlenmonoxyd und Zyklon-B-Gas. Ausgewählt wurden die Opfer nach dem »Gesetz zur Verhütung erbkranken Nachwuchses« vom 14. Juli 1933 und dem »Gesetz zum Schutze des deutschen Blutes und der deutschen Ehre« vom 15. September 1935[26]. Obwohl diese Gesetze als Rechtsgrundlage für die Tötung angeführt wurden, widersprachen sie der ordentlichen, vor 1933 verabschiedeten und nie widerrufenen Gesetzgebung, derzufolge »die vorsätzliche und mit Überlegung ausgeführte Tötung« dem Mord gleichgestellt war. Unter den Opfern waren chronische Alkoholiker, »erbliche Verbrecher«, Insassen von Irrenhäusern und unheilbar Kranke aller Altersstufen. Einige der Ärzte, die die Patienten auswählten und töteten, falsche Totenscheine ausschrieben und mit den Behörden zusammenarbeiteten, um die Aktion geheim zu halten, waren biedere Haus- und Anstaltsärzte. Als sie 1960 vor einem Hamburger Gericht standen und (sich auf höheren Befehl berufend) freigesprochen wurden, charakterisierte einer ihrer älteren Kollegen sie mit der uneleganten, aber zutreffenden Bemerkung: »Sie haben zwar einen Kopf, aber der sitzt zu nahe beim Arsch, weil sie kein Rückgrat haben.«[27]

Bemerkenswert an dieser »Aktion T 4« ist, daß sie sofort eingestellt wurde, als sich Proteste erhoben. Anfang 1940 schrieb der protestantische Bischof von Württemberg, Theophil Wurm, einen Brief an Reichsinnenminister Dr. Frick, in dem er einen vorsichtigen Kurs steuerte zwischen Ablehnung des Projekts aus christlichen Gründen und Anspielung darauf, daß weitere Tötungen die Partei bei der örtlichen Bevölkerung in Mißkredit bringen könnten. Um zu erklären, »warum gerade in Württemberg diese Dinge sehr schwer genommen werden«, bemerkte der gute Bischof, »daß Degenerationserscheinungen auch in geistig und sittlich hochstehenden Familien in unserem kleinen Lande nichts Seltenes sind«. Und bevor er seinen Brief mit der auch in diesen Kreisen üblichen Formel »Heil Hitler« schloß, gab auch er dem erstaunlichen Glauben Ausdruck, der Führer habe »von dieser Sache« wohl nichts gewußt, sonst hätte er sie gewiß nicht gebilligt[28].

Im Gegensatz zu Wurms duckmäuserischem Brief (angesichts dessen man sich an Hitlers abschätzige Bemerkungen über den protestantischen Klerus erinnert fühlt) war der Widerstand von seiten der katholischen Hierarchie kompromißlos. Kardinal Bertram, der Erzbischof von Breslau, schrieb einen scharfen Brief an den Chef der Reichskanzlei, Dr. Lammers; Kardinal Faulhaber, der Erzbischof von München (Träger des Eisernen Kreuzes Erster Klasse), prangerte das Unternehmen in einem Schreiben an Hitlers Justizminister Dr. Franz Gürtner an, während der Bischof von Münster, Graf von Galen, sich auf das geltende Strafgesetzbuch berief, die Polizei über die ungesetzlichen Tötungen informierte und dann, am 3. August 1941, in einer scharfen und kaustischen Predigt die Aktion beim richtigen Namen nannte: Mord[29].

Drei Wochen später war alles vorbei. Die Proteste zugunsten arischer Deutscher hatten gewirkt. Es ist nicht einzusehen, warum ähnliche Proteste zugunsten ihrer jüdischen Mitbürger nicht genauso erfolgreich gewesen wären – beweisen läßt es sich nicht. Die Probe aufs Exempel wurde nicht gemacht.

Wie lautet nun unsere Antwort auf die eingangs gestellte Frage? Sicher ist, daß die Behörden – und ich meine nicht nur die Parteifunktionäre und die verschiedenen Polizeieinheiten, sondern auch ganze Sektoren der Beamtenschaft – eine gewisse Kenntnis der Verbrechen nicht nur ermöglichten, sondern zu Abschreckungszwecken förderten, und daß die Bevölkerung den Vollzug der Rassenpolitik durch ihr Stillschweigen mindestens nicht ernsthaft gefährdete. Darüber hinaus läßt sich aus Tatsachen, wie sie hier aufgeführt worden sind, folgendes schließen: Die Bevölkerung im Reich wußte soviel (vor allem über die Ermordung ihrer deutschen Mitbürger) und sowenig (zum Beispiel über die Ermordung der Zigeuner, der Zeugen Jehovas oder ihrer jüdischen Mitbürger), wie sie wissen *wollte*. Was man nicht wußte, das *wollte* man – aus verständlichen Gründen – nicht wissen. Etwas nicht wissen zu wollen, heißt jedoch stets, daß man genug weiß, um zu wissen, daß man nicht *mehr* wissen will.

Der Krieg, den Hitler im September 1939 begann, hatte kein einheitliches Gesicht. Der Polenfeldzug, der vier Wochen dauerte, war zumindest anfangs ein territorialer Eroberungskrieg von traditioneller Art. Der »Blitzkrieg« gegen Frankreich, der sechs Wochen dauerte, war ein nicht minder traditioneller Vergeltungskrieg. Gegen Norwegen und Dänemark (zwei Monate), gegen Holland (fünf Tage) und gegen Belgien (siebzehn Tage) war es ein Krieg nach dem alten deutschen Muster, das Friedrich der Große aufgestellt hatte und das im Belgienfeldzug von 1914 wiederholt worden war: eine kriegerische Offensive mit der Absicht, einer Einkreisung zuvorzukommen und eine sichere Basis für weitere Offensiven zu schaffen. Der Feldzug gegen Jugoslawien (elf Tage) und gegen Griechenland (drei Wochen) sowie die Unternehmungen in Nordafrika wurden Hitler weitgehend durch die Fehlkalkulationen Mussolinis aufgezwungen.

Die Kriegserklärung gegen die USA ist in ihrer ganzen Willkürlichkeit nur als Akt eines verzweifelten Hasardspiels zu verstehen. Kriege wie diese sind aus der Geschichte anderer europäischer Staaten bekannt.

Demgegenüber war der Krieg gegen Rußland ein Krieg ohne Beispiel in der Geschichte der Neuzeit. »Von allen Entscheidungen Hitlers«, schließt Bullock seine Untersuchung der Gründe des Krieges, »ist es die Entscheidung, Krieg mit Rußland zu führen, die am klarsten den Stempel seiner Persönlichkeit trägt, sie ist der Höhepunkt (wie er es sah) seiner ganzen Laufbahn.«[30]

An mehreren Stellen dieser Studie habe ich auf die singuläre Beharrlichkeit, ja monomanische Zielstrebigkeit hingewiesen, die Hitlers Überzeugungen und seiner Politik zugrunde lag. Ein Beispiel dafür war die Kontinuität, die er zwischen Überredung, Propaganda, Terrordrohung und Terrorpraxis herstellte. Ein weiteres Beispiel ist die (für seine französischen und englischen Verhandlungspartner so verwirrende) Kontinuität zwischen »Frieden« und »Krieg«, auf die seine Außenpolitik sich gründete; Subversion, Propaganda, diplomatischer und wirtschaftlicher Druck, Nervenkrieg, Androhung von Krieg, begrenzter und schließlich totaler Krieg verbanden sich in dieser Kontinuität zu einem einzigen Spektrum, bei dem nur er jeweils wußte, in welchem Stadium sich der Prozeß gerade befand. Die dritte seiner Kontinuitäten ergibt sich aus Hitlers innerster Überzeugung (deren »Aufrichtigkeit« wieder im Sinne von Nietzsches Bemerkungen über den betrogenen Betrüger zu verstehen ist), daß er während seiner ganzen Karriere getreu jenen »weltanschaulichen« Prinzipien gefolgt sei, mit denen er 1919 in die Politik eintrat (und die schon in seinem Brief vom 15. 2. 1915 Ausdruck fanden), nämlich daß es eine Verschwörung gebe zwischen dem »inneren« und dem »äußeren« Feind und daß also ein europäischer oder Weltkrieg schon darum unausweichlich sei, weil er die Fortsetzung seines parteipolitischen Kampfes darstelle; sei er doch überzeugt (so erklärte er 1940), daß dieser Kampf denselben siegreichen Abschluß finden werde »wie der Kampf, den ich in Deutschland geführt habe«. Und im fünften Kriegsjahr formulierte er noch einmal diese Kontinuität von Ideologie und Praxis, Krieg und Frieden, privater Manie und öffentlicher Politik in einer seiner letzten Rundfunkansprachen: »Der Weltkrieg vom Jahr 1939 wird einst in die Geschichte eingehen als eine gigantische Wiederholung des Prozesses gegen die Partei im Jahre 1924. So wie damals dieser zur Vernichtung der Bewegung gedachte Angriff ihr Ideengut förmlich mit der Gewalt einer Explosion über das übrige Deutschland verbreitete, so wird dieser Kampf den Völkern in wenigen Jahren die Augen über die Judenfrage öffnen und die nationalsozialistische Antwort und die Maßnahmen zu ihrer Beseitigung ebenso als nachahmenswert wie selbstverständlich erscheinen lassen.«[31]

Der Gründe und Ursachen, die Hitler zur Macht verhalfen und sie ihm zwölf Jahre lang sicherten, sind viele, und sie sollen hier nicht fälschlich vereinfacht werden. Doch diese Vielheit der Ursachen widerspricht keineswegs der Einheit seines Ziels. Und dasselbe, so scheint mir, gilt, allerdings weniger deutlich, für sein Publikum, für »das Volk«.

Hitler erreichte den Höhepunkt seines Lebens nicht in den Jahren seiner Reichskanzlerschaft vor dem Krieg, auch nicht in den beiden ersten Kriegsjahren (der Zeit seiner größten militärischen Erfolge), sondern in den ersten Jahren seines Rußlandfeldzugs. Nun erst konnte er in vollem Umfang seiner Vernichtungssucht frönen, ohne bereits ihre letzten Folgen tragen zu müssen. Schon immer war diese Sucht dem Zentrum seines Weltbildes recht nahe gewesen, doch während der letzten Jahre im Schatten der aufziehenden Katastrophe, als die Mittel zur Befriedigung dieser Leidenschaft unermeßlich gewachsen waren, wurden allmählich sämtliche anderen Motive, Pläne und Ambitionen von ihr verdrängt. Hitlers Vernichtungsdrang erzeugte eine Gemeinschaft im Geist der schweigenden Billigung auf nationaler Ebene (wie bei den Massakern von 1934 auf parteipolitischer Ebene), als angesichts des Massentodes anderer und der Drohung des eigenen Todes jeder Rückzug abgeschnitten war. So entstand die einzige Gemeinschaft, die er nicht verachtete.

Die Vernichtungsaktionen können nicht (wie man im Westen geglaubt hat) als Racheakte für militärische Niederlagen gelten, wenn Hitler sie auch mehr als einmal – zum Beispiel nach der Bombardierung deutscher Städte – als solche dargestellt hat. Sie begannen zu einer Zeit, da sich eine größere Zahl von Opfern in deutschen Händen befand als je zuvor. So wurden die Entscheidungen über das Schicksal der europäischen Juden gleichzeitig mit den letzten Vorbereitungen für den Rußlandfeldzug getroffen. Himmlers »besondere Aufgaben« wurden in einer Rede vom 31. März 1941 abgesteckt, der Feldzug begann mit einem völlig unprovozierten Angriff auf Rußland am 22. Juni, und am 31. Juli erhielt Heydrich den Auftrag, »Vorausmaßnahmen zur Durchführung der angestrebten Endlösung der Judenfrage vorzulegen«. Mit anderen Worten: um das Beispiellose des Krieges im Osten zu erfassen, muß man diesen Krieg als untrennbar von Hitlers antijüdischer Politik verstehen; um die volle Wucht seiner antijüdischen Maßnahmen zu erkennen, muß man sie als Teil einer essentiell militärischen Aktion (gegen ein Heer von Wehrlosen) sehen: beide Kriegszüge brachten ihm die Erfüllung seiner innersten – politischen und persönlichen – Ambition.

Nicht Hitler, sondern der schlimmste seiner Satrapen, Heinrich Himmler, sprach das böse Geheimnis aus. Himmlers berüchtigte Rede vor höheren SS-Offizieren in Posen[32], am 4. Oktober 1943, bringt in beispielloser Offenheit nicht nur das Wesen der NS-Ideologie – ihr kriminelles Element – zum Ausdruck, sondern appelliert zugleich an die Verwandtschaft der »Werte« dieser Ideologie mit der gängigen zeitgenössischen Opfer- und Straf-Ethik. Was hier unter dem Deckmantel des »Opfers« und mit ausdrücklichem Bezug auf die SA-Massaker des Sommers 1934 in Worte gefaßt wird, ist die radikalste Praxis einer Ethik, die ihren höchsten »Wert« in der Vernichtung der Ethik selber sieht:

»Unter uns soll es einmal ganz offen ausgesprochen sein, und trotzdem werden wir in der Öffentlichkeit nie darüber reden. Genauso wenig, wie wir am 30. Juni 1934 gezögert, die befohlene Pflicht zu tun und Kameraden, die sich verfehlt hatten, an die Wand zu stellen und zu erschießen, genauso wenig haben wir darüber gesprochen und werden je darüber sprechen ...

Ich meine jetzt die Judenevakuierung, die Ausrottung des jüdischen Volkes. Es gehört zu den Dingen, die man leicht ausspricht – ›Das jüdische Volk wird ausgerottet‹, sagt ein junger Parteigenosse, ›ganz klar, steht in unserem Programm, Ausschaltung der Juden, Ausrottung, machen wir ...‹ Von allen, die so reden, hat keiner zugesehen, keiner hat es durchgestanden. Von euch werden die meisten wissen, was es heißt, wenn 100 Leichen beisammen liegen, wenn 500 daliegen oder wenn 1000 daliegen. Dies durchgehalten zu haben, und dabei – abgesehen von Ausnahmen menschlicher Schwächen – anständig geblieben zu sein, das hat uns hart gemacht. Dies ist ein niemals geschriebenes und niemals zu schreibendes Ruhmesblatt unserer Geschichte.«

Es ist der Grundtext des Dritten Reiches.

Abenteuerliche Eskapadengeschichten über Kolditz, wie sie von englischen Schuljungen verschlungen werden, sind nicht dazu angetan, ein Verständnis für den Krieg gegen Polen und Rußland zu fördern – für einen Krieg, der sein unmittelbares und endgültiges Ziel in der Vernichtung hatte. Zwar wurde der Vorwand, es gehe um einen Eroberungskrieg, weiter aufrechterhalten. Man redete immer noch, wie in *Mein Kampf*, von den »ukrainischen Kornkammern Europas«, gelegentlich von dem erneuten »Marsch ... der einstigen Ordensritter, um mit dem deutschen Schwert dem deutschen Pflug die Scholle, der Nation aber das tägliche Brot zu geben.«[33] Musterhöfe nach »urgermanischem« Vorbild wurden geplant, die durch Tausende von Kilometern Autobahn miteinander verbunden werden sollten, und Entwürfe für gigantische Mausoleen (»Totenburgen«) sind erhalten, in denen man die Toten der Herrenrasse bestatten wollte. Es wurde sogar versucht, eine Ansiedlung im »Warthegau« (östlich der alten Reichsgrenze mit Polen) zu gründen, doch die Deutschen aus dem stärker besiedelten Westen fühlten sich keineswegs als ein »Volk ohne Raum« und weigerten sich, trotz verlockender staatlicher Unterstützung, nach Osten zu ziehen; so wurde der Plan bald wieder fallengelassen.

Aber als das Muster für die Verwaltung Polens (unter »Reichsstatthalter« Hans Frank) und der Ostgebiete entworfen und dann unmittelbar im Rücken der Eroberungsarmeen angewandt wurde, und als die SS und verschiedene Zweige der Polizei die Herrschaft übernahmen, enthüllte sich das wahre Wesen des Krieges. Die berüchtigte »Anweisung zur Liquidierung der russischen Kommissare« vom 31. März 1941 (von Hitler konzipiert, doch von General Warlimont unterschrieben)[34] ist bezeichnend für die Behandlung, die weiten Kreisen der polnischen, ukrainischen, tschechischen und russischen Intelligenz zuteil wurde. Weniger bekannt ist, daß bald nach Erteilung dieses Befehls der Chef des Anatomischen Instituts der »Reichsuniversität« Straßburg, Prof. Dr. August Wirth, genaue Pläne vorlegte betreffend Anforderung und Übersendung abgeschlagener Köpfe »jüdisch-bolschewistischer Kommissare« zum Zwecke rassischer Studien am ethnologischen Institut seiner Universität[35].

Die Vernichtungsmaßnahmen sollten sich nicht auf den Krieg beschränken. Deutsche Ärzte, Ernährungswissenschaftler und Universitätslehrer wetteiferten miteinander in ihrem Bestreben, Hitler und Himmler mit Langzeitplänen über Erziehung, Sanitätswesen, Nahrungsbeschaffung, medizinische Fürsorge und Geburtenkontrolle in den eroberten Ostgebieten zu versorgen. Sinn dieser Pläne war es, die einheimische Bevölkerung zu reduzieren, die Überlebenden auf die Stufe der Subsistenz zu drükken und sie zu ungebildeten und unterwürfigen Sklaven zu machen. Und diese Pläne waren durchaus konkret. Experimente zur Massensterilisierung (durch Drogen, Röntgenstrahlen und chirurgische Eingriffe), die an mehreren hundert jüdischen KZ-Insassen, an Zivilpersonen und Kriegsgefangenen aus dem Osten vorgenommen wurden, waren so erfolgreich, daß ein weiterer Medizinprofessor, Clauberg, in einem Brief an Himmler (7. Juni 1943) behauptete, mit seiner Methode tausend Frauen pro Tag sterilisieren zu können[36]. Sowenig die Motive für diese Maßnahmen des Völkermordes etwas mit Vergeltung zu tun hatten, sowenig war irgendein nationaler Gewinn ihr Ziel (wenngleich private Beutemacherei, zum Beispiel bei Eisenbahnern, die nach Auschwitz fuhren, durchaus üblich war[37]). Tatsächlich wurden die Vernichtungsaktionen mit beträchtlichen Einbußen für die deutsche Kriegführung durchgeführt. So wurden im Herbst 1942 mehrere hundert polnisch-jüdische Stahlarbeiter ermordet, und die Todeszüge fuhren weiter zu einer Zeit, als Arbeitskräfte und Transportmittel dringend für Waffenlieferungen und Truppennachschub an eine Kette zerfallender Fronten von der karelischen Bucht bis zum Mittelmeer benötigt wurden.

An der Spitze zu stehen. Für einen solchen Vernichtungskrieg verantwortlich, sein Führer und nicht sein anonymes Opfer zu sein, alle Energien und geistigen Kräfte den vielfältigen Aufgaben eines solchen Krieges zu widmen und dabei selbst »sich für die Sache aufzuopfern« – das war die Erfüllung von Hitlers Ehrgeiz und zugleich seine »Rache«, das heißt seine Kompensation für das »Fronterlebnis« dreißig Jahre zuvor. Nun endlich verkündete alles um ihn, daß er nicht mehr das »arme Frontschwein« der flandrischen Schützengräben, nicht mehr »bloß Material« war. Er konnte Feldmarschälle ernennen und entlassen, Generäle aufhängen, eine Drittelmillion Soldaten in einer einzigen Schlacht in den Untergang schicken – doch bestimmend für seine Strategie als Oberbefehlshaber blieb sein erstes Kriegserlebnis, die Erfahrung des flandrischen Stellungskrieges.

Diese Behauptung mag überraschend klingen, waren doch Hitlers größte Erfolge seine »Blitzkriege« von 1939–1941 gewesen. Während dieser Feldzüge hatte er alle strategischen und sogar taktischen Entscheidungen bis hinunter zur Regimentsebene allein und gegen den Rat der Militärs getroffen und dabei, unter minimalen Verlusten, Erfolge erzielt, die sie für unmöglich gehalten hatten. Kein Zweifel, daß dies der Krieg war, den er psychologisch und materiell seit der Zeit von Görings Vierjahresplan (1934) vorbereitet hatte. Als Frankreich fiel, stand Hitler auf der Höhe seiner Popularität, nicht nur in der Partei, die zu dieser Zeit eine Mitgliederzahl von acht Millionen[38] plus eine Million in der Waffen-SS erreicht hatte, sondern auch im ganzen Land. (Als der Krieg erklärt wurde, war Hitler im ersten Moment wie gelähmt[39], während die Stimmung im Volke düster gewesen sein soll; beide erholten sich jedoch rasch[40].)

Dies waren mithin die Monate von Hitlers höchstem Ruhm. Man fragt sich indessen, warum er nicht den geringsten Versuch unternahm, seine erstaunlichen territorialen und wirtschaftlichen Gewinne in einem kontinentalen Frieden zu festigen – einem Frieden, der jedenfalls kurzfristig von keiner anderen Macht hätte gefährdet werden können. Kein europäischer Herrscher vor ihm, Napoleon eingeschlossen, hatte sich eine solche Möglichkeit zu kontinentaler Hegemonie geschaffen. Doch die Eroberungen jener schneidigen und strategisch eleganten Feldzüge waren, soviel scheint heute klar, eben nicht sein Endziel.

Sein Endziel ist von seinem übrigen Leben nicht zu trennen, ja es bildet mit ihm eine erschreckende Kontinuität. Wie Hitlers diplomatische Siege der dreißiger Jahre eine Wiederholung seiner innenpolitischen Erfolge in den zwanziger Jahren waren, so wiederholen die Erfolge der ersten Kriegsjahre, einschließlich der ersten Zeit des Rußlandfeldzugs, das Muster der dreißiger Jahre: immer größere, immer weniger kalkulierte Risiken einzugehen, wobei die einzelnen Schritte bestimmt werden von der zunehmenden Gewißheit einer bevorstehenden Vernichtung erst seiner Feinde und dann der ganzen von ihm beherrschten Welt.

Aus dem Zeugnis General Jodls und anderer geht hervor, daß Hitler entweder schon im Winter 1941/42, als die deutschen Armeen vor Moskau zurückgeschlagen wurden, oder spätestens während Rommels Rückzug nach Tripolis Ende 1942 wußte, daß der Krieg verloren war[41]. Wenn dem aber so ist, müssen wir fragen, warum er darauf bestand, ihn noch weitere drei Jahre zu verlängern, warum seine strategischen Anordnungen immer rücksichtsloser wurden, zu immer größeren Menschenverlusten führten, und warum er, starr und der wirklichen militärischen Lage zunehmend entfremdet, noch kurz vor der Niederlage darauf bestand, jene »Endlösung der Judenfrage« durchzuführen, die er mit seinem Freund Dietrich Eckart mehr als zwanzig Jahre zuvor diskutiert hatte[42]. Die Antwort, so glaube ich, liegt nicht darin, daß er bis zuletzt auf den Sieg gehofft hat. Im Gegenteil: unfähig, sein eigenes Überleben nach der Niederlage zu erwägen, sah er für sich nur eine Alternative: den Tod. Und »sein Volk«, das er repräsentiert und geführt, dem er – wie er betonte – drei Jahrzehnte gedient hatte? Hitlers letztes Bestreben war, auch sein Volk bis zum Ende in das Entweder-Oder seiner Ideologie zu verstricken. Sie alle, so schrieb er in seinem »Politischen Testament« vom 19. April 1945, die Soldaten an der Front, die Frauen zu Hause, die Bauern und Arbeiter, dürften »den Kampf unter keinen Umständen aufgeben«, sondern müßten, »ganz gleich wo immer, ihn gegen die Feinde des Vaterlandes weiterführen ... Aus den Opfern unserer Soldaten und aus meiner eigenen Verbundenheit mit ihnen bis in den Tod hinein wird in der deutschen Geschichte *so oder so* einmal wieder der Samen aufgehen ...«[43]

»Macht neigt dazu, zu korrumpieren, und absolute Macht korrumpiert absolut«, schrieb der Historiker Lord Acton; für unser Jahrhundert muß das bekannte Wort ergänzt werden: »... denn die letzte Versuchung des Machthabers ist der Wille zum Nichts, die absolute Vernichtung.«

An dieser Interpretation des Hitlerschen Endziels ist nicht viel Neues. Wir finden sie schon in Hermann Rauschnings Betrachtungen über Hitlers »Nihilismus« sowie bei Carl Jacob Burckhardt, der von 1936 bis 1939 als Völkerbundkommissar in Danzig tätig war und Hitler mehrfach begegnet ist. Burckhardt schreibt: »Es ist nicht ganz abwegig anzunehmen, daß der unersättliche Haß, der in ihm wirkte, im unbewußten Teil seines Wesens mit der verhüllten, aber immer vorhandenen Gewißheit zusammenhing, daß am Ende das furchtbarste Mißlingen stehen werde und ein persönlicher Untergang, wie er ihm dann in der Reichskanzlei am 30. April 1945 bereitet war.«[44]

Eine konkretere Analyse dieses allumfassenden Vernichtungsgeistes findet man in den Erinnerungen Erich von Mansteins[45], der als Befehlshaber des Südflügels der russischen Front regelmäßig bei Hitlers Lagebesprechungen im geheimen Führerhauptquartier anwesend war.

Die strenge Kritik, die der Feldmarschall gegen den selbstgelernten Strategen vorbringt, hat nichts Snobistisches und Überhebliches. Manstein verweist auf Hitlers Mangel an Verständnis für die Rolle der defensiven Kriegführung und auf seine absurde Überschätzung der politischen und propagandistischen Wirkung militärischer Gewinne und Verluste gegenüber ihrem strategischen Wert. Er kritisiert Hitlers Unvermögen, zwischen territorialer Eroberung und militärischem Sieg zu unterscheiden, und er entlarvt Hitlers »unmäßigen« Glauben an die eigene Willenskraft als haltlos und in den Folgen verheerend. Doch es sind vor allem Mansteins technische Beobachtungen, welche die hier vertretene Interpretation erhärten. Die Niederlage der deutschen Armeen vor Moskau bezeichnet den Augenblick, in dem Hitler seine äußerst bewegliche Kriegführung, die ihm die spektakulären Siege der früheren Feldzüge eingebracht hatte, aufgab; von diesem Augenblick an übernahm er Stalins Prinzip des starren Festhaltens an einmal errungenen Positionen. Ursprung dieser invariablen Praxis war Hitlers Überzeugung, die er aus seiner Erfahrung in Flandern hatte, nämlich daß man den »Landser« nur dann am Aufgeben der vorgeschobenen Stellungen hindern kann, wenn man ihm befiehlt, sich einzugraben – eine Theorie, für die Hitlers Vorbild, Friedrich der Große, sicher spontan Verständnis gehabt hätte. So kam Hitler auf seine oft wiederholte Taktik, eine volle Umzingelung seiner Truppen zuzulassen, um dadurch eine maximale Anzahl feindlicher Truppen anzulocken und sie dann, in einem schließlichen Ausbruch, zu vernichten – und hier machten ihm die stärkeren Bataillone Stalins einen Strich durch die Rechnung.

Es waren jedoch keineswegs nur militärische Erwägungen, die Hitler zu dieser selbstmörderischen Taktik veranlaßten. Ebenso wichtig war ihm der Propagandawert einer »wunderbaren Errettung« im letzten Augenblick und trotz größter Hindernisse, das kitschige Drama, das den Glauben des Volkes bestärken sollte, der Führer werde von der »Vorsehung« inspiriert und geleitet. Dieser selbst tröstete sich derweil mit dem Glauben, er wiederhole auf militärischem Gebiet ein Manöver, das ihm bei seinen diplomatischen Verhandlungen mit den westeuropäischen Politikern in den dreißiger Jahren – oft zur eigenen Überraschung – so gut gelungen war.

Und dies war denn auch das Hasardspiel, das bei Stalingrad schiefging, denn inzwischen war jede Bewegung Hitlers zur starren, dogmatischen Reaktion eines Mannes geworden, den sein eigener Mythos gefangenhält – der Mythos vom Willensmenschen: »Er war ein Mann, der nur noch den brutalen Kampf bis zum äußersten kannte. Seinem Denken entsprach mehr das Wunschbild vor unseren Linien verblutender feindlicher Massen als das Bild des eleganten Fechters, der auch einmal auszuweichen versteht, um dann um so sicherer den entscheidenden Stoß führen zu können. Dem Begriff der Kriegskunst setzte er letzten Endes den der brutalen Gewalt entgegen, einer Gewalt, deren vollste Wirksamkeit durch die Macht des Willens, der hinter ihr stehe, garantiert werde.«[46]

Was Manstein hier nicht erwähnt, ist der Umstand, daß jene verblutenden Massen nicht immer feindliche Soldaten waren. In einer Epoche, da alles erlaubt, in einer Situation, da alles – zumindest alles Böse – möglich war, unterschied die Vorstellungskraft, die Manstein Hitler zuschreibt, nicht mehr zwischen bewaffneter Auseinandersetzung und Massakern an Wehrlosen, zwischen Frontschlachten und Vernichtungslagern: »Ich ging um den Erdhügel herum und stand vor dem riesigen Grab. Dicht aneinandergepreßt lagen die Menschen so aufeinander, daß nur die Köpfe zu sehen waren. Von fast allen Köpfen rann Blut über die Schultern. Ein Teil der Erschossenen bewegte sich noch. Einige hoben ihre Arme und drehten den Kopf, um zu zeigen, daß sie noch lebten ... Ich schaute mich nach dem Schützen um. Dieser, ein SS-Mann, saß am Rand der Schmalseite der Grube auf dem Erdboden, ließ die Beine in die Grube herabhängen, hatte auf seinen Knien eine Maschinenpistole liegen und rauchte eine Zigarette. Die vollständig nackten Menschen gingen an einer Treppe, die in die Lehmwand der Grube gegraben war, hinab, rutschten über die Köpfe der Liegenden hinweg bis zu der Stelle, die der SS-Mann anwies. Sie legten sich vor die toten oder angeschossenen Menschen, einige streichelten die noch Lebenden und sprachen leise auf sie ein. Dann hörte ich eine Reihe Schüsse. Ich schaute in die Grube und sah, wie die Körper zuckten oder die Köpfe schon still auf den vor ihnen liegenden Körpern lagen. Von den Nacken rann Blut.«[47]

Diese Szene, die selber mitanzusehen Hitler wohl nicht vermocht hätte, ist das Endziel seiner Bestrebungen. Wenn er in seinen öffentlichen Verlautbarungen fast bis zuletzt auf eine wunderbare Errettung hoffte, so war diese unvernünftige Hoffnung schließlich nur noch eine Maske, hinter der er seine wahrsten Absichten nicht nur dem deutschen Volk, sondern auch sich selbst verbarg. Doch wir haben genügend Beweise dafür genannt, daß er die Wahrheit über sich selber kannte: nicht Eroberung, sondern blinde Vernichtung war sein Ziel. Dies – und nicht irgendeine heroische Selbstbehauptung, nicht einmal die Aussicht auf materiellen Gewinn – war das Geheimnis, das seine Anhänger an ihn band; und nicht nur seine Anhänger. Auf diesem heimlichen Einverständnis beruhte seine Karriere.

Anmerkungen

1. Der Repräsentant

1 von Müller, dessen Vorlesungen Hitler besuchte, zit. nach Konrad Heiden, Adolf Hitler. Eine Biographie. Zürich 1936, S. 179.
2 Prof. Max von Gruber, in einem Privatbrief von 1923, zit. nach Heiden, Adolf Hitler, S. 328.
3 Karl Tschuppik im Jahre 1927, zit. aus der Einführung zu Erhard Klöss (Hrsg.), Reden des Führers. München 1967, S. 16f.
4 Diese Titel legte sich Hitler selbst durch einen Beschluß vom 26. April 1942 zu, der vom Reichstag mit Beifall verabschiedet wurde; vgl. U. Brodersen (Hrsg.), Gesetze des NS-Staates. Bad Homburg, Berlin, Zürich 1968, S. 41.
5 Zum Beispiel in der parlamentarischen Auseinandersetzung mit Otto Wels; vgl. auch Bullock S. 763.
6 Ein besonders reichhaltiges Beispiel dafür ist W.C. Langers Buch: The Mind of Adolf Hitler. London 1972 (dt.: Das Adolf-Hitler-Psychogramm. Wien, München, Zürich 1973), das angeblich auf einem »geheimen Kriegsbericht« fußt und sich ausführlich über eine Vielzahl von Geliebten und pikanten Episoden ausläßt, die an keiner anderen Stelle erwähnt werden.
7 Norman Cohen, Warrant for Genocide. Harmondsworth 1967, S. 194.
8 Diese Wendung stammt aus dem Anfang von Ernst Jüngers Roman ›In Stahlgewittern‹ (1920).
9 Bullock, S. 794.
10 Domarus, S. 609 (20. März 1936).
11 Siehe Werner Maser, Adolf Hitler. Legende, Mythos, Wirklichkeit. München, Eßlingen 1972, bes. Kap. 5. Maser übertreibt: auf S. 279 bringt er eine lange Aufzählung der intellektuellen »Quellen« Hitlers, unter anderem Malthus, Clausewitz, Schopenhauer, Darwin, Gregor Mendel, den österreichischen Dichter Robert Hamerling (einen Verwandten Hitlers), einen Eugeniker namens Alfred Ploetz, die Rassebiologen Wilhelm Bölsche und Ernst Haeckel, die Soziologen Gustave Le Bon und William McDougall, den Kosmologen Hanns Hörbiger (dessen Gletschertheorie Hitler vertrat), den Polarforscher Sven Hedin, den Historiker Alexander v. Müller sowie schließlich Sigmund Freud. Unter »Quelle« versteht Maser eine Erwähnung oder Bezugnahme oder erkennbare Anspielung. Für Freud bringt er keinerlei Belege, obwohl es zutrifft, daß Hitler in den ›Tischgesprächen‹ verschiedentlich Begriffe wie »Minderwertigkeitskomplex« und ähnliche gebraucht.
12 Tischgespräche, S. 72 (27. Juli 1941).
13 Vgl. The Eden Memoirs. Facing the Dictators. London 1962, S. 135.
14 Tischgespräche, S. 174 (4. Februar 1941), Hervorhebung von mir.
15 Mein Kampf, S. 12.
16 C. M. Turnbull, The Mountain People. London 1973, S. 130.

2. Die authentische Erfahrung

1 Vgl. Nolte, S. 217ff.
2 Vgl. Mein Kampf, S. 460f.: »... der völkische Staat [hat] die Bildung des Charakters in jeder Weise zu fördern ...«
3 Vgl. Domarus, S. 1421 (23. November 1939).
4 Mein Kampf, S. 225: »Ich aber beschloß, Politiker zu werden«; und S. 235: »... und was ich früher immer, ohne es zu wissen, aus dem reinen Gefühl einfach angenommen hatte, traf ein: ich konnte ›reden‹.«
5 Vgl. R. H. Phelps, Hitler als Parteiredner im Jahre 1920. Vierteljahreshefte für Zeitgeschichte 11 (1963), und: Hitler and the Deutsche Arbeiterpartei. American Historical Review 68 (1963).
6 Der Begriff »Parteierzählung« wurde von Domarus geprägt (Domarus, S. 49).
7 L. Trillings Analyse von Joseph Conrads ›Heart of Darkness‹. In: Sincerity and Authenticity. London 1972, S. 109 und 133.

3. Die Sprache des Opfers

1 Hitler gebrauchte die Wendung »keine heroische Erscheinung« (vgl. Joachim C. Fest, Hitler. Eine Biographie. Frankfurt/M. 1973, S. 1034) im Zusammenhang mit Gustav von Kahr, seinem Widersacher während des Putsches von 1923; Kahr wurde am 30. Juni 1934 ermordet.
2 Vgl. Fest, Hitler, S. 640f., und Heiden, Adolf Hitler, S. 764.
3 Vgl. Maser, Adolf Hitler, S. 255.
4 Aus dem Kriegstagebuch eines anonymen Generals, zit. nach Percy E. Schramm, Hitler als militärischer Führer. Erkenntnisse und Erfahrungen aus dem Kriegstagebuch des Oberkommandos der Wehrmacht. Frankfurt/M. 1965, S. 133.
5 Zitiert nach Fest, Hitler, S. 524.
6 Franz Werfel, Zwischen oben und unten. Stockholm 1946, Abschnitt Theologumena, Abs. 126; vgl. auch Walter Muschg, Die Zerstörung der deutschen Literatur. Bern 1956, und Joachim C. Fest, Das Gesicht des Dritten Reiches. Profile einer totalitären Herrschaft. München 1963, S. 353. Als literarische Ergänzung hierzu siehe meinen Aufsatz: The Dear Purchase. German Quarterly 61 (1968).
7 Thomas Mann, Betrachtungen eines Unpolitischen. Berlin 1919, S. IX.
8 Friedrich und die Große Koalition. Berlin 1916; dieser Band enthält zwei weitere Stücke, die in den Betrachtungen von 1919 nicht nachgedruckt worden sind.
9 Ebenda, S. 118.
10 Ebenda, S. 112.
11 Ebenda, S. 99.
12 Gedanken im Kriege, ebenda, S. 20.
13 Domarus, S. 571 (30. Januar 1936).
14 Hitler's Table Talk 1941–1944. Eingeleitet (und herausgegeben?) von Hugh R. Trevor-Roper, London 1953, S. 316 (Februar 1942; die Stelle fehlt in ›Tischgespräche‹). Siehe auch H. R. Trevor-Roper, The Last Days of Hitler. 4. Aufl. London 1971, S. IX (dt.: Hitlers letzte Tage. Frankfurt, Berlin 1965) sowie Fest, Hitler, S. 988.

15 Bormanns letzter Brief an seine Frau, 2. April 1945; s. Hugh R. Trevor-Roper (Hrsg.), The Bormann Letters. London 1954, S. 198.
16 Goebbels' letzte Rede über Radio Werwolf, s. Trevor-Roper, Hitlers letzte Tage, S. 80. Goebbels selbst hatte einen expressionistischen Roman geschrieben: Michael. Ein deutsches Schicksal in Tagebuchblättern. München 1926, der nicht sehr viel schlechter war als manche der ausgefallenerenn Produkte dieser Strömung.

4. »Worte sind Taten«: Propaganda als performativer Akt

1 Tischgespräche, S. 156 (18. Januar 1942).
2 Menschliches, Allzumenschliches, § 52, Hervorhebung von Nietzsche.
3 Vgl. Fest, Hitler, S. 463, dazu Mein Kampf, S. 44 und 201.
4 Mein Kampf, S. 531.
5 Ich beziehe mich auf die Theorie des »perlocutionary act« in J. L. Austin, How to Do Things with Words, Oxford 1971, (dt.: Zur Theorie der Sprechakte) bes. in Lecture VIII; für unsere Zwecke genügt es, zur Definition solcher Akte das Muster »*Indem* Hitler *x* prophezeit, *sagt er*, daß *y* geschehen wird« zu ersetzen durch »*Dadurch, daß* Hitler *x* prophezeit, *tut er y*«.
6 Vgl. Mein Kampf, S. 532.
7 Hier verdanke ich viel dem außerordentlich anregenden Buch von Harald Weinrich, Linguistik der Lüge. Heidelberg 1966, bes. S. 56–58.
8 Domarus, S. 607.
9 Zitiert nach Nolte, S. 241.
10 Domarus, S. 607.
11 Domarus, S. 621.
12 Goebbels' Rede vom 28. Februar 1943, Domarus, S. 607 und S. 1990.
13 Vgl. Mein Kampf, S. 536.
14 August Kubizek, Young Hitler. The Story of our Friendship. London 1974, enthält noch immer die beste und, soweit wir es beurteilen können, zuverlässigste Darstellung dieser frühen Jahre.
15 Das Konzept der »Gleichschaltung« wird bereits in ›Mein Kampf‹ (S. 203) angedeutet.
16 Mein Kampf, S. 202.
17 Domarus, S. 580.
18 Vgl. Erich Heller, Enterbter Geist. Berlin, Frankfurt/M. 1954.
19 Oswald Spengler, Der Untergang des Abendlandes. Bd. 2, München 1919, S. 539.

5. Die Wurzeln im neunzehnten Jahrhundert

1 Also sprach Zarathustra, Teil II, »Auf den glücklichen Inseln« und »Von den Tugendhaften«.
2 Die Geburt der Tragödie, Ende von Abschnitt 5.
3 Zur Genealogie der Moral, Abschnitt II, Absatz 17.
4 Emil Ludwig, Mussolini im Gespräch. Leipzig 1932, S. 127, sowie Nolte, S. 245 f.
5 Es geht hier um Hegels berühmtes Zitat aus Goethes Übersetzung von Dide-

rots ›Neveu de Rameau‹, s. Phänomenologie des Geistes. Frankfurt/M. 1970, S. 387.

6 Ebenda, S. 371–386; vgl. auch L. Trilling, a.a.O., S. 34–38.

6. Die Sprache der Natur

1 Mein Kampf, S. 61. Es besteht eine auffallende Parallele zwischen diesem Zitat und Kafkas Bild der Wunde in der Hüftgegend des Jungen in der Erzählung ›Ein Landarzt‹. Hitler variiert sein Bild zum »Blutegel« am Leib der Nation (s. 340). Die vorstehenden Zitate stammen allesamt aus ›Mein Kampf‹, passim.

2 Ebenda, S. 70.

3 Zwölf Reden des Reichstagsabgeordneten Georg Ritter von Schönerer. Horn 1886, S. 37ff.

4 Vgl. Alfred Rosenberg (Hrsg.), Dietrich Eckart. Ein Vermächtnis. München 1937, S. 207; vgl. auch Tischgespräche, S. 152 (1. Dezember 1942) und Friedrich Heer, Der Glaube des Adolf Hitler. München, Eßlingen 1968, S. 368ff.

5 Hervorhebung von mir.

6 Ich will hier keine ethnischen Klischees erneuern. Die mürrische Ernsthaftigkeit von Intellektuellen scheint weithin ein Phänomen des 20. Jahrhunderts zu sein. Der deutsche »Gelehrte« des 19. Jahrhunderts war wohl ernsthaft und häufig weltfremd, keineswegs aber humorlos, und er besaß beträchtlichen Charme.

7. Hitlers Ideologie des Willens

1 Frank, S. 381.

2 Frank, S. 315; Tischgespräche, S. 82.

3 Franz Kafka, Hochzeitsvorbereitungen auf dem Lande. New York 1967, S. 169; als Einzelausgabe: Brief an den Vater. Frankfurt/M. 1975, S. 13f.

4 Mein Kampf, S. 419.

5 Vgl. Albert Speer, Erinnerungen. Berlin 1970, S. 262f.

6 Bullock, S. 743.

7 Bullock, S. 745; Tischgespräche, S. 101.

8 Ebenda; Tischgespräche, S. 102.

9 Bullock, S. 753; Domarus, S. 2175.

10 Domarus, S. 1371 (dieser Teil der Rede findet sich auf Seite 4 der Schallplatte ›Deutschland im Zweiten Weltkrieg. Deutsche Kriegsreden‹. Ausgewählt und kommentiert von Horst Siebecke.

11 Heftig tadelte Thomas Mann im September 1916 Romain Rolland, weil dieser das deutsche Wort »Not« lediglich mit *»nécessité«* wiedergegeben hatte. Es handle sich im Gegenteil, insistierte Thomas Mann, immer um »heilige Not«, um »das höchste schöpferische Pathos«, dessen der deutsche Soldat – und Richard Wagner – fähig seien; s. Betrachtungen eines Unpolitischen, S. 151.

12 Vgl. Mein Kampf, S. 520ff.

13 A. Zoller, Hitler privat. Düsseldorf 1949, S. 30

14 Die Episode wird von Feldmarschall Buschs Adjutanten beschrieben, s. Maser, Adolf Hitler, S. 385. Einige Wochen später, am 18. April 1945,

half Busch Albert Speer, die Elbebrücken zu erhalten, s. Speer, Erinnerungen, S. 591f.

8. »Denn es gibt keinen Willen ...«

1 Thomas Mann, Ausgewählte Erzählungen. Stockholm 1954.
2 Frank, S. 312.
3 Domarus, S. 2198.
4 Bericht General Warlimonts, zitiert nach Maser, Adolf Hitler, S. 392.
5 Broszat, S. 353; vgl. auch S. 358 und 361.
6 Alan Bullock, Hitler and the Origins of the Second World War. Proceedings of the British Academy 53 (1967), S. 286.
7 Grundlegung zur Metaphysik der Sitten, Abschnitt 2, in Kants Gesammelte Schriften. Hrsg. v.d. Königl. Preuß. Akad. d. Wiss. Bd. IV, Berlin 1903, S. 417.
8 Vgl. Michael Oakeshott, On Human Conduct. Oxford 1975, S. 257ff.
9 Vgl. Ernst Jüngers Text ›Blut‹ in: Die Standarte, 29. April 1926.
10 Nietzsches Werke. Kritische Gesamtausgabe. Hrsg. v. G. Colli und M. Montinari. Bd. VIII/III, Berlin 1972, S. 186.
11 G. E. M. Anscombe, Intention. Oxford 1957.
12 The Times, 27. April 1972.
13 Domarus, S. 1603.
14 Shakespeare, König Lear, II, 4.
15 Vgl. Anscombe, Intention, S. 45, und ihren Verweis auf Wittgensteins ›Philosophische Untersuchungen‹, § 659.
16 Menschliches, Allzumenschliches I, § 52.

9. Die Sprache der Prophetie

1 Werke in drei Bänden. Hrsg. v. K. Schlechta, Bd. III, S. 848.
2 Also sprach Zarathustra, 3. Teil, Absatz 20: »O meine Brüder, bin ich denn grausam? Aber ich sage: was verfällt, das soll man auch noch stoßen! / Das Alles von heute – das fällt, das verfällt: wer wollte es halten! Aber ich – ich will es noch stoßen!«
3 Domarus, S. 1058 (30. Januar 1939).
4 So jedenfalls die offizielle Version von Hendersons Unterredung mit Hitler am 23. August 1939, veröffentlicht vom deutschen Auswärtigen Amt, zitiert bei Domarus, S. 1249.
5 Mein Kampf, S. 128f.
6 Speer, Erinnerungen, S. 71f. Die Tatsache, daß Speer buchstäblich der einzige hohe NS-Funktionär war, mit dem man notfalls persönlichen Umgang hätte ertragen können, hat englische und amerikanische Rezensenten seiner Memoiren dazu veranlaßt, ihn als einen Ehrenmann, als ein Opfer der dämonischen Kräfte Hitlers zu bezeichnen. Geoffrey Barraclough mit seinem ausgezeichneten Artikel in der ›New York Review of Books‹ vom 7. Januar 1971 ist der einzige mir bekannte Rezensent, der Speers Apologie der »Faszination der Technik« ablehnt.
7 Speer, Erinnerungen, S. 481.

8 Dies gilt für Feders oder Strassers Wirtschaftskonzept, für Hauers religiöse Spekulationen (s. u. Kap. 10) und für Alfred Rosenbergs Rassentheorien.
9 Vgl. Barraclough, a.a.O., S. 6.
10 In den Reden vom 30. Januar 1941 und vom 30. Januar 1942, s. Domarus, S. 1663 und 1829.
11 The Origins of Totalitarianism (dt.: Elemente und Ursprünge totaler Herrschaft. 2. Aufl. Frankfurt/M. 1958). London 1962, S. 344.

10. Die religiöse Erwartung und ihr Ritual

1 Das folgende nach Frank, S. 298–330, Domarus, S. 329f., Nolte, S. 467–72, und Heer, Der Glaube des Adolf Hitler, S. 226–68.
2 Tischgespräche, S. 158f.
3 Vgl. H. T. Burden, The Nuremberg Party Rallies 1923–1938. London 1967.
4 Frank, S. 306 (»objektiv« gehörte zu den Schimpfworten im Parteivokabular).
5 Vgl. Burden, Nuremberg Party Rallies, S. 130.
6 Frank, S. 306.
7 Burden, Nuremberg Party Rallies, S. 128.
8 Tischgespräche, S. 129.
9 Domarus, S. 641, vgl. auch S. 570; s. auch Friedrich Heer, Gottes erste Liebe. München 1968, S. 388, und ders., Der Glaube des Adolf Hitler, S. 314f.

11. Die Sehnsucht nach Transzendenz

1 »Ich bin Atheist, aber ich bin katholisch«, s. Heer, Gottes erste Liebe, S. 389 und 435, sowie ders., Der Glaube des Adolf Hitler, S. 223.
2 Vgl. Tischgespräche, S. 49.
3 Vgl. Mein Kampf, S. 4.
4 Tischgespräche, S. 259 (7. April 1942).
5 Hermann Rauschning, Gespräche mit Hitler. New York 1940, S. 222. In den beiden Büchern von Rauschning wird Hitler eine spekulativ philosophische – hauptsächlich Nietzschesche – Haltung zugeschrieben, die sonst nirgendwo bezeugt wird; ich benutze Rauschnings Bücher daher nur dort, wo sie authentische Beschreibungen von Hitlers Hofstaat geben – z. B. von den Nachmittagseinladungen in der Reichskanzlei.
6 Tischgespräche, S. 176 (8. Februar 1942).
7 Domarus, S. 745.
8 Mein Kampf, S. 416f.
9 Vgl. Maser, Adolf Hitler, S. 161ff.
10 Nolte, Schlußkapitel, S. 515–45.
11 Ebenda, S. 520.
12 Ein bedauernswerter Dogmatismus entstellt den letzten Teil des Nolteschen Buches, nämlich dort, wo er seine höchst problematische Unterscheidung zwischen Transzendenz und Immanenz als »unantastbar und Fundament aller Wahrheit« bezeichnet. Es wäre zu fragen, ob verbale Anmaßung sich für einen Kritiker des Faschismus ziemt. In englischen Rezensionen wurde dem Buch mit Recht vorgehalten, daß der Unterschied zwischen Nationalsozialis-

mus und Faschismus einerseits und der *Action française* andererseits (die es ja nie zu einem konkreten politischen Regime gebracht hat) nicht genügend betont wird.

13 Ernst Jünger, Strahlungen. Tübingen 1949, S. 343.

12. Die Gleichgültigkeit gegenüber der Freiheit

1 Tischgespräche, S. 271 (11. April 1942).
2 Domarus, S. 238; zu Hitlers Eröffnungs-und Schlußreden sowie zur Rede von Wels s. ebenda, S. 229–46.
3 Bullock, S. 252.
4 Brief von Karl Bachem, 25. März 1933, zitiert nach I. Staff (Hrsg.), Justiz im Dritten Reich. Eine Dokumentation. Frankfurt 1962, S. 52ff.
5 Joseph Goebbels in ›Der Angriff‹, zitiert nach G. Hufnagel, Das Scheitern der Weimarer Republik. In: Geschichte (Telekolleg Südwestfunk), München 1972, S. 189.

13. Drei Weise

1 Berlin 1931. 5. Aufl. Sommer 1932. Ich zitiere aus dem Nachdruck Berlin 1965; das Original erschien als Nr. 1000 der Sammlung Göschen.
2 Ebenda, S. 11; »Homosexualität«, S. 54; »Psychoanalyse«, S. 159; »echte Führer«, S. 98; »die sich selbst fliehen«, S. 192; zur Kontrolle durch die öffentliche Meinung vgl. S. 98.
3 Hier zitiert aus dem Nachdruck Frankfurt/M. 1953.
4 Ebenda, S. 105.
5 Wotan. In: Aufsätze zur Zeitgeschichte, Zürich 1946.
6 Stuttgart 1934.
7 Ebenda, S. 195. (Dies ist, wie wir am Ende des 11. Kapitels sahen, das Postulat von Ernst Noltes »Transzendenz«.)
8 Jung, Wotan, S. 12.
9 Ebenda, S. 21.
10 Ebenda, S. 113. Hitler wird nicht namentlich erwähnt, doch wer könnte sonst gemeint sein: »Das ist aber das Eindrucksvolle am deutschen Phänomen, daß Einer, der offenkundig ergriffen ist, das ganze Volk dermaßen ergreift, daß sich alles in Bewegung setzt ...«
11 Ebenda, S. 22.

14. Institutionelle Normen

1 Frank, S. 323.
2 Ebenda, S. 352.
3 Ebenda, S. 252.
4 Joachim von Ribbentrop, Zwischen London und Moskau. Erinnerungen und letzte Aufzeichnungen. Leoni am Starnberger See 1954, S. 276.
5 Emile Durkheim, zitiert nach Talcott Parsons, Some Sociological Aspects of

the Fascist Movements (1942), nachgedruckt in: Essays in Social Theory. Glencoe/Ill. 1954, S. 125.

6 Vgl. Hitlers Rede vom 31. August 1928, in Brodersen (Hrsg.), Gesetze des NS-Staates, S. 15.

7 Vgl. auch das zeitgenössische Zeugnis einer Studentengruppe im Untergrund, in: Christian Petry, Studenten aufs Schafott. Die Weiße Rose und ihr Scheitern. München 1968, S. 161.

15. Der Geist des nationalsozialistischen Rechts

1 Zu den einschlägigen Statistiken vgl. Ralf Dahrendorf, Gesellschaft und Demokratie in Deutschland. München 1965, bes. Kap. 16.

2 Domarus, S. 1628.

3 Hauptquellen für das folgende sind: Broszat, Kap. 10 (»Recht und Justiz«); Karl Peters, Die Umgestaltung des Strafgesetzes in den Jahren 1933–1945. In: Deutsches Geistesleben und Nationalsozialismus. Tübingen 1965, S. 160–78; Staff (Hrsg.), Justiz im Dritten Reich, sowie die Sammlung von Brodersen, Gesetze des NS-Staates.

4 Tischgespräche, S. 222ff. (29. März 1942).

5 Ebenda, S. 326.

6 Ebenda, S. 467 (22. Juli 1942).

7 Ebenda, S. 223. Der Mann, der all diese und ähnliche Bemerkungen in Kurzschrift aufzeichnete und sie salbungsvoll mit Kommentar und Überschriften herausgab, war ein Verwaltungsbeamter, Dr. Henry Picker.

8 Broszat, S. 418.

9 Brodersen, Gesetze des NS-Staates, S. 75; vgl. auch S. 70 und 91.

10 Ebenda, S. 124–45. Punkt 4 des Parteiprogramms lautete: »Staatsbürger kann nur sein, wer Volksgenosse ist. Volksgenosse kann nur sein, wer deutschen Blutes ist, ohne Rücksicht auf Konfession. Kein Jude kann daher Volksgenosse sein.«

11 Im Jahre 1938 wurden 23 Menschen von Zivilgerichten in Deutschland zum Tode verurteilt, 1943 waren es 4438, und in den ersten sechs Monaten des Jahres 1944 (dem letzten Zeitraum, für den es offizielle Statistiken gibt), waren es 2015, s. Broszat, S. 420.

12 Karl Sack, Chef der Heeres-Rechtsabteilung im Oberkommando des Heeres, wurde nach ständiger Opposition gegen das Rechtsgebaren des Regimes von der Gestapo am 8. September 1944 verhaftet und als »Sonderhäftling« Hitlers am 9. April 1945 im Hof des KZ Flossenbürg hingerichtet.

13 Graf Gleispach; das folgende nach Karl Peters, a.a.O., S. 160f.

14 Roland Freisler, Nationalsozialistisches Recht und Rechtsdenken. Berlin 1938.

15 Frank, S. 170.

16 Frank laut ›Völkischer Beobachter‹ vom 30. Juni 1935, vgl. den Faksimile-Querschnitt durch den ›Völkischen Beobachter‹. München 1967.

17 Frank, S. 467.

18 Peters, a.a.O., S. 166.

19 Broszat, S. 412.

20 Ebenda, S. 422.

21 Ebenda, S. 412.

22 Geschrieben 1914–15. Ich zitiere nach der Ausgabe von Max Brod, New York 1946.
23 Zitiert nach: Justiz und NS-Verbrechen. Sammlung deutscher Strafurteile wegen nationalsozialistischer Tötungsverbrechen 1945–1966. Bd. VI, Amsterdam 1971, S. 417.

16. Das Führerprinzip

1 Domarus, S. 72 ff.
2 Vgl. Golo Manns Aufsatz in dem Sammelband: Deutschland und die Juden. Frankfurt/M. 1967, S. 61 f.
3 Wie häufig bemerkt worden ist (z. B. von Heer, Der Glaube des Adolf Hitler, S. 426 und 604, von Nolte, S. 592), war diese Bezeichnung der Juden als positive Bewertung ihrer Rolle in statischen europäischen Gesellschaften gemeint; vgl. Mommsens Antwort an Treitschke: Auch ein Wort über das Judentum. In: Reden und Aufsätze. Berlin 1965, S. 416.
4 Domarus, S. 83.
5 Ebenda, S. 84. Den Leser mag interessieren, daß dieses Wort bei einer Historikertagung in Aschaffenburg am 1. Juli 1978 fiel. Dem Autor und einigen seiner Kollegen auf dem Podium wurde aus dem Publikum vorgeworfen, der Versuch einer Klärung des Hitler-Bildes (dem die Tagung galt) führe zu einer »Gefährdung der Willensbildung der Nation«.
6 Frank, S. 306.
7 Die meisten der hier aufgeführten Daten aus Broszat, Kap. 5.
8 Vgl. H. Childs, Germany since 1918. London 1971, S. 59.
9 Vgl. Nolte, S. 406.
10 Broszat, S. 225.
11 Ebenda, S. 205.
12 Ebenda, S. 195.
13 Rede vom 29. November 1933, zit. nach Broszat, S. 193.
14 Hitler, zit. nach Frank, S. 367.

17. Der Mann ohne Ideologie: Hitlers wahrer Antagonist

1 Siehe dazu Childs, Germany since 1918 S. 96–99.
2 Hans Rothfels, Die deutsche Opposition gegen Hitler. Frankfurt/M. 1965, S. 106, zitiert einen Gewerkschaftsführer, der die »Anti-Nazi-Front« auf 125 000 Mitglieder schätzt.
3 Zum Beispiel Golo Mann, Deutsche Geschichte 1919–1945. Frankfurt/M. 1962, S. 219.
4 Das Dokument wird zitiert von Gerhard Ritter, Carl Goerdeler und die deutsche Widerstandsbewegung. Stuttgart 1954, S. 562, 570 ff.
5 Siehe Beck und Goerdeler: Gemeinschaftsdokumente für den Frieden 1941 bis 1944. Hrsg. von W. v. Schramm. München 1965, S. 106 f.
6 Siehe meinen Aufsatz: The White Rose. German Life and Letters N.S. 11 (1958) 2, S. 97.
7 Siehe Petry, Studenten aufs Schafott, S. 221.
8 Ebenda, S. 122.

9 Römerbrief 12, 1.
10 Quelle für Bullocks fast gänzlich irreführende Darstellung (s. S. 551f.) war Captain S. Payne Best, The Venlo Incident. London 1950, S. 127–36.
11 Das Gestapo-Material wie auch die Nachkriegsuntersuchungen wurden erstmals von Anton Hoch in: Das Attentat auf Adolf Hitler im Münchner Bürgerbräukeller 1939. Vierteljahrshefte für Zeitgeschichte 17 (1969) verarbeitet. Meine Darstellung in diesem Kapitel folgt dem Buch ›Autobiographie eines Attentäters. Johann Georg Elser‹. Hrsg. und eingeleitet von Lothar Gruchmann, Stuttgart 1970, sowie der Akte im Bundesarchiv Koblenz, Akt R22/3100; zusätzliche Fakten entnehme ich Hochs ausgezeichnetem Aufsatz.
12 S. 28ff.
13 Gruchmann, S. 78 und Anm. S. 160.
14 Zitiert nach Gruchmann, S. 22.
15 Gruchmann, S. 81.
16 Domarus, S. 1422 (23. November 1939); s. auch Bullock, S. 554.
17 Gruchmann, S. 80.
18 Hoch, S. 396f. In dieser Hinsicht unterschied er sich von seinem Landesbischof, s. u. S. 199f.
19 Ebenda, S. 398.
20 Gruchmann, S. 74f.
21 Hoch, S. 406f.
22 Bullock, S. 553f.
23 Ebenda, S. 550f.
24 Domarus, S. 1414f.
25 Elser besaß einen alten Paß für den »kleinen Grenzverkehr« aus der Zeit, da er in der Schweiz gearbeitet und in Konstanz gewohnt hatte; s. Gruchmann, S. 7.
26 »Verschärfte Vernehmung« nannte man das, s. Hoch, S. 412.
27 Ebenda, S. 389 und 397.
28 Gruchmann, S. 157.
29 Das folgende aus dem OSS-Film des Prozesses gegen die Verschwörer vom 20. Juli 1944, Imperial War Museum, London.

18. Der Streit der Schergen

1 Rauschning, Gespräche mit Hitler, S. 96.
2 T. W. Mason, Economics of National Socialist Germany. In: European Fascism. Hrsg. von S. J. Woolf, London 1968, S. 194.
3 Vgl. General Liebmanns Aufzeichnungen über seine private Begegnung mit Heeresoffizieren, in Thilo Vogelsang, Neue Dokumente zur Geschichte der Reichswehr. Vierteljahrshefte für Zeitgeschichte 2 (1954). Die ganze Stelle geht dem umstrittenen Hoßbach-Protokoll um fünf Jahre voraus und entwertet A. J. P. Taylors These über die Zufälligkeit der Hitlerschen Kriegspläne. Vgl. Nolte, S. 424, Domarus, S. 197f., und J. Wheeler-Bennett, The Nemesis of Power. The German Army in Politics. London 1964, S. 291. Der Rest der Rede enthält einige der Hitlerschen Gedanken über europäische und heimische Politik, die kaum mehr sind als Wiederholungen entsprechender Passagen aus ›Mein Kampf‹. Den Generälen gebührt das einmalige Verdienst, nichts von alldem geglaubt zu haben, was sie ihm zu erreichen halfen.
4 Heiden, S. 726–70.

5 Vgl. W. Sauers Darstellung in Machtergreifung, S. 491.
6 Ebenda, S. 937.
7 Ebenda, S. 952–60.
8 Frank, passim.
9 Bullock, S. 279.
10 Domarus, S. 390.
11 Machtergreifung, S. 955.
12 Ebenda, S. 256.
13 Bullock, S. 382.
14 Domarus, S. 395.
15 Ebenda. Rosenberg behauptete nach dem Krieg, Heß und Amann (der Direktor des ›Völkischen Beobachters‹ hätten um die Erlaubnis ersucht, an den Morden teilzunehmen; s. Machtergreifung, S. 961.
16 Vgl. Heiden, S. 767.
17 Machtergreifung, S. 965.
18 Carl Schmitt, zitiert nach Sauer, Machtergreifung, S. 966f.
19 Domarus, S. 371.
20 Heiden, S. 774.
21 Zit. aus Die Unschuld des Werdens. Der Nachlaß zweiter Teil. Hrsg. von Alfred Bäumler, Leipzig 1931, S. 337.
22 Tischgespräche, S. 260 (6. April 1942).
23 So Himmler in seiner Rede vor SS-Führern in Posen am 4. Oktober 1943, zit. nach dem Official Record of the Trial of the Major War Criminals before the International Military Tribunal. Bd. XXIX, Nürnberg 1946, S. 145 (zu dieser Rede vgl. ausführlicher unten S. 210f.).

19. Eine soziale Revolution

1 Arendt, The Origins of Totalitarianism, S. 155.
2 Nolte, S. 387; zu einem Querschnitt durch die Berufsstruktur der Parteimitglieder s. dort S. 596f., Anm. 59.
3 Vgl. Nolte, S. 415, und Machtergreifung, S. 953.
4 Zum Beispiel H. Klein, Germany's Economic Preparations for War. Cambridge, Mass. 1959, und Nicholas Kaldor, The German War Economy (1946), nachgedruckt in: Essays on Economic Policy. Bd. II, London 1964, S. 203–32.
5 Broszat, S. 225.
6 Der Arbeiter, § 39: Ernst Jünger, Werke. Bd. VI, Stuttgart 1963, S. 145.
7 Broszat, S. 189f.; das zweite Zitat stammt von Arbeitsminister Robert Ley, aus einer Rede vor Arbeitern der Siemens-Werke in Berlin, Oktober 1933.
8 Vgl. Dahrendorf, Gesellschaft und Demokratie, S. 432.
9 Vgl. W. Zopf, zit. nach Dahrendorf, S. 254.
10 Broszat, S. 441.
11 Ebenda, S. 229.
12 Ebenda, S. 242.
13 Die hier angewandte Terminologie der »erworbenen« *(acquired)* versus »zugeschriebenen« *(ascribed)* Positionen geht auf Talcot Parsons zurück, vgl. seinen Artikel: Pattern Variables. In: International Encyclopedia of Social Sciences. London 1968, und Dahrendorf, S. 115f.; im Schlußkapitel dieses Buches wird sie auf die Stellung der deutschen Juden angewandt.

14 Domarus, S. 192.
15 So sah ihn Carl Jacob Burckhardt, der Beauftragte des Völkerbundes in Danzig von 1936–39, s. Meine Danziger Mission. München 1960, S. 270.
16 Dahrendorf, S. 434; s. auch Geoffrey Barraclough, The Liberals and German History. The New York Review of Books, 2. November 1972, sowie Walter Laqueurs Erwiderung: Rewriting History. Commentary, März 1973, bes. S. 55.
17 Zum Beispiel in der Einleitung zu seiner Philosophie der Geschichte, II, b (Reclam, Stuttgart 1961, S. 78).
18 Ebenda, S. 61.

20. Der Frontsoldat

1 Broszat, S. 352.
2 Mein Kampf, S. 12.
3 Bullock, S. 34.
4 Werner Maser, Hitlers Briefe und Notizen. Düsseldorf/Wien 1973.
5 Die nachfolgenden Zitate aus Maser, Hitlers Briefe, S. 63–68.
6 Mein Kampf, S. 180.
7 Ausführliche Aufzählung bei Maser, Adolf Hitler, S. 134–36.
8 Fest, Hitler, S. 105.
9 Hitler's Table Talk 1941–44, S. 720 (16. Mai 1944 – die Stelle findet sich nicht in der deutschen Ausgabe der Tischgespräche).
10 Fest, Hitler, S. 103: »Der Spinner will halt seine Bandeln.«
11 Die Einzelheiten entnehme ich Maser, Adolf Hitler, Kap. 4, und Fest, Hitler, Buch 1, Kap. 5.
12 Mein Kampf, S. 182.
13 Ernst Jünger, Der Kampf als inneres Erlebnis (1922). Berlin 1938, S. 87.
14 Maser, Hitlers Briefe, S. 100.

21. »Ein neues Leben wurde geboren«

1 Der Faksimile-Neudruck (New York 1966) trägt den Titel: The Nazi Movement. Why Hitler Came into Power. Die Originalausgabe, New York 1938, trug den Untertitel: An Answer Based on the Original Life Stories of Six Hundred of his Followers. Sämtliche nachfolgenden Zitate stammen aus diesem Buch (hier abgekürzt: Abel); der Wortlaut entspricht den deutschen Originalfassungen, die in der Bibliothek der Stanford University (Californien) liegen; wo das Original nicht zugänglich war, wurde es aus dem Englischen rückübersetzt und mit dem Vermerk »Übs.« versehen.
2 Abel, S. 6.
3 Abel, S. 245.
4 In Abels grober Klassifizierung: gelernte und ungelernte Arbeiter 35 Prozent, Bauern (und Kleinbauern) 7 Prozent, untere Mittelklasse 51 Prozent, obere Mittelklasse und Adel 7 Prozent.
5 Abel, S. 27.
6 Abel, S. 142, Übs.

7 »Sinn des Lebens«: Abel, S. 226 und 279. »Ich war ein ...«: S. 254f. »Ich habe mancherlei ...«: S. 256. »Obwohl ich ...«: S. 134, Übs.

8 »Der Hunger ...«: S. 126, geschrieben von einem ungelernten Arbeiter; »der noch immerhin ...«: S. 122.

9 Abel, S. 247.

10 Abel, S. 126 (der Schreiber wird als »Kleinhändler« bezeichnet).

11 »Um Politik ...«: S. 253. »Die Mutter ...«: S. 204f.

12 »Diese Kreise ...«: S. 296. »Dabei hatte ich ...«: S. 236. »Nun würde es werden ...«: S. 253.

13 »Wie anders ...«: S. 129, Übs. »Die Sehnsucht ...«: S. 151, Übs. »Um 1932 ...«: S. 151, Übs. (ein Oberschullehrer, der eine Denkmalsinschrift zitiert). »Der Nationalsozialismus ist ...«: S. 268f.

14 »Es fehlte völlig ...«: S. 124. »Schritt für Schritt ...«: S. 126, Übs. »Zum zweitenmal ...«: S. 226. »Ich kam auf den ...«: S. 226 (fast wörtlich aus ›Mein Kampf‹).

15 »Seine unvergeßlichen Worte ...«: S. 153, Übs. »Es war uns ...«: S. 153. »Als wir vor ...«: S. 153, Übs.

16 Abel, S. 153, Übs.

17 »Durch aufklärende ...«: S. 226. »Und dann studierte ...«: S. 144, Übs. »Durch den Rathenau-Mord ...«: S. 160. »Das alte Testament ...«: S. 234f.

18 »Der eine meiner Chefs ...«: S. 234f. »Aus eigener Initiative ...«: S. 140f. Übs. »Die Philosophie ...«: S. 146, Übs. »Bei Nietzsche ...«: S. 135, Übs.

19 »In jedem Falle ...«: S. 175 (aus der Geschichte eines Angestellten, der durch seine Parteibeziehungen zum Vizepräsidenten einer Bank aufsteigt). »Dabei will ich nur ...«: S. 278. »Diese Ersten ...«: S. 296.

20 Abel, S. 244.

21 »Meine Mutter ...«: S. 204, Übs. »Die Augen der Mutter ...«: S. 209. »Die deutsche Frau ...«: S. 132, Übs. »Dann erstand die Sehnsucht ...«: S. 255.

22 Abel, S. 292.

22. Eroberung und Vernichtung

1 Siehe oben das 2. Kapitel.

2 Wie Cohens ›Warrant for Genocide‹ zeigt, gibt es nur wenige Fälschungen, die so übel und stumpfsinnig zugleich sind wie diese »Protokolle«.

3 Arendt, The Origins of Totalitarianism, S. 76, spricht von »unglaublicher Naivität«, wenn Disraeli den Juden die Führung aller Geheimgesellschaften zuschreibt, darunter der Kommunisten, Jesuiten, Protestanten, Atheisten usw.

4 Vgl. Mein Kampf, S. 253f., und Tischgespräche, S. 152 (1. Dezember 1941). Ähnlich meint Dr. Ernst Forsthoff, o. Professor der Rechte, es komme »darauf an, Artverschiedenheit dort zu erkennen, wo sie nicht durch Zugehörigkeit zu einer fremden Nation ohne weiteres sichtbar ist«. Carl Schmitt warnt vor den »kleinsten Irrtümern« in Rassenfragen und sieht (nicht anders als Himmler, s. Anm. 32 unten) den Antisemitismus als »die große und gerechte Sache, für die wir kämpfen«; vgl. Staff (Hrsg.), Justiz im Dritten Reich, S. 117, 165f., 171f.

5 So erkannte der schon erwähnte Josef Nadler in den Werken Hugo von Hofmannsthals und Rudolf Borchardts die Merkmale der germanischen (und italienischen) Landschaften ihrer Vorfahren (in Wirklichkeit waren beide jü-

discher Herkunft), während ihm das Werk Rilkes als Gipfel der »würdigen deutsch-jüdischen Literatur« Prags erglänzte; vgl. seine Literaturgeschichte der deutschen Stämme und Landschaften. Bd. IV, Regensburg 1932, S. 895 ff.; vgl. auch Peter Gay, Freud, Jews and Other Germans. New York 1978, S. 180. Die Veränderungen, die Nadler an seinem Hauptwerk von Auflage zu Auflage vornahm ([1]1912–1928, [3]1930, [4]1938, [5]1951), erreichen ein Maß an geistiger Korruption, das jedenfalls in der Germanistik kaum überboten wurde. In der Vorrede zur letzten Auflage schreibt er: »Wem hätte ich es nun eigentlich recht machen sollen, damit es auch dem andern recht gewesen wäre?« Vgl. Muschg, Die Zerstörung der deutschen Literatur, S. 139.

6 Arendt, The Origins of Totalitarianism, Kap. 3.

7 Frankfurter Allgemeine Zeitung, 15. Dezember 1972.

8 Lionel Kochan, Pogrom in November 1938. London 1957, S. 13.

9 Jean-Paul Sartre, Portrait of the Anti-Semite. London 1948, S. 57, formuliert: »Man kann durchaus sagen, daß es die Christen waren, die den Juden *schufen*, indem sie seine Assimilation plötzlich zum Stehen brachten.«

10 Vgl. oben Anm. 13 zu Kapitel 19.

11 Deutsche und Juden. Frankfurt/M. 1967, S. 41.

12 Zitiert nach Heer, Gottes erste Liebe, S. 291.

13 Dies der Eindruck, den die Namensschilder an den großen Boulevards auf Charles Maurras, den Begründer der faschistischen Action française, während seines ersten Besuchs in Paris machten (vgl. seine Autobiographie: Au signe de Flore. 2. Aufl. Paris 1933, S. 31 f.). Ich zitiere aus Nolte, S. 97, der »die naive Verwirrung und Xenophobie des jungen Provinzlers in der Weltstadt« treffend mit den »Erfahrungen Hitlers 20 Jahre später in Wien« vergleicht.

14 Vgl. Arendt, Origins of Totalitarianism, S. 21. Hans Frank glaubte freilich (vgl. S. 306), Hitlers Popularität sei so groß gewesen, daß er mit den Juden hätte Frieden schließen und das ganze deutsche Volk glücklich machen können; Hans Frank glaubte allerdings alles und nichts.

15 Vgl. Heer, Gottes erste Liebe, S. 560; allerdings ist zu bemerken, daß Rathenau auch einige der scharfsinnigsten Beobachtungen über das deutsch-jüdische Verhältnis gemacht hat.

16 Julius Streicher, zit. nach der Anklageschrift in: Das Urteil von Nürnberg. München 1961, S. 207.

17 Generalmajor Helmuth Stieff an seine Frau, Anfang 1942, s. Vierteljahrshefte für Zeitgeschichte 2 (1954), S. 103. Stieff wurde nach dem Putschversuch vom Juli 1944 hingerichtet. Sein persönliches Verhalten vor dem Freisler-Gericht war beispielhaft (s. den Film des Prozesses, zit. Anm. 29 zu Kap. 17).

18 Zum folgenden s. H. C. Deutsch, The Conspiracy against Hitler in the Twilight War. Minneapolis 1968, S. 185–88, und Wheeler-Bennett, Nemesis of Power, S. 462, 604; der Text von Blaskowitz' Memoiren in G. Schoenberner (Hrsg.), Wir haben es gesehen. Augenzeugenberichte über Terror und Judenverfolgung im Dritten Reich. Hamburg 1962, S. 86–88.

19 Ebenda, S. 124–126.

20 Voller Text der Flugblätter bei Petry, Studenten aufs Schafott, S. 153–67.

21 Höhere Führer ohne Befehlsnotstand. Neue Rundschau (1962). Ein Bruder des Generals war wegen seiner politischen Ansichten aus seiner Beamtenstellung entlassen worden und starb nach seiner Befreiung aus dem KZ Mauthausen.

22 Vgl. Karl Jaspers' Rede in dem Sammelband: Deutsche und Juden, S. 109 f.

23 Einige Beobachtungen dazu in meinem Artikel ›Notes on the West German Army‹. German Life and Letters N.S. 19 (1966).

24 Die Fakten entnehme ich B. Honolka, Die Kreuzelschreiber. Euthanasie im Dritten Reich. Hamburg 1961.

25 Alexander Mitscherlich schätzt die Zahl der an Tötungen und verschiedenen illegalen, meist tödlichen Menschenexperimenten beteiligten deutschen Ärzte auf 300 (aus einer Gesamtzahl von 90000); vgl. A. Mitscherlich und F. Mielke, The Death Doctors. London 1962, Einleitung.

26 Vgl. Brodersen (Hrsg.), Gesetze des NS-Staates, S. 59 und 62.

27 Honolka, Die Kreuzelschreiber, S. 88.

28 Ebenda, S. 84 und 90. Der Euthanasie-Erlaß wurde von Hitler im Oktober 1939 unterschrieben. – Die Meinung David Irvings (Hitler's War. London 1977), Hitler habe von den Vernichtungaktionen gegen die Juden nichts gewußt und hätte sie jedenfalls nicht gebilligt, stützt sich auf eine Notiz Himmlers über ein Telefongespräch aus dem Bunker in der Wolfsschanze vom 30. November 1941, die lautet: »13.30 SS OGfr. Heydrich Prag ... Judentransport aus Berlin. Keine Liquidierung.« Bei seiner ersten Erwähnung dieser Notiz (S. 332) schreibt Irving: »Himmler mußte *[was obliged]* aus Hitlers Bunker den ausdrücklichen Befehl telefonisch durchgeben, daß die Juden *nicht liquidiert werden durften*«, wobei Irving weder sagt, wer diese »explicit order« erteilt haben soll, noch daß es sich, wie aus dem Faksimile der Notiz auf S. 504 klar ersichtlich ist, ausdrücklich um *einen* besonderen Transport handelte. Im weiteren Verlauf (z. B. S. 504) konstruiert dann Irving aus dieser Notiz die Behauptung: »Himmler wußte nur zu gut, daß der Führer im November 1941 befohlen hatte, daß die Juden *nicht* liquidiert werden sollten.« Und wenn er (auf S. 393) schreibt: »Es ist denkbar, daß Hitler nicht bemerkt hatte *[was unaware]*, daß sein Befehl vom November 1941, in dem die Liquidierung der Juden verboten worden war, in diesem Ausmaß umgangen wurde«, so ist zu erwidern, 1. daß Irving nirgendwo einen solchen »Befehl« dokumentiert hat und 2. daß es nicht nur kaum »denkbar«, sondern völlig undenkbar ist, daß eine Aktion von solchem Ausmaß ohne Hitlers Wissen und Initiative anlaufen konnte. Irving hat allerdings sicher recht (wie der Eichmann-Prozeß gezeigt hat), daß »das Vernichtungsprogramm dann von selbst auf Touren kam« (S. 332).

29 Bischof Galens Predigt beginnt mit den Worten: »Deutsche Männer und Frauen! Noch hat Gesetzeskraft der § 211 des Reichstrafgesetzbuches, der bestimmt: ›Wer vorsätzlich einen Menschen tötet, wird, wenn er die Tötung mit Überlegung ausgeführt hat, wegen Mordes mit dem Tode bestraft.‹« (zit. nach Honolka, Kreuzelschreiber, S. 95).

30 Alan Bullock, Hitler and the Origins of the Second World War.

31 Domarus, S. 2085 (30. Januar 1944).

32 Zitiert nach dem Official Record of the Trial of the Major War Criminals before the International Military Tribunal. Bd. XXIX, Nürnberg 1946, S. 145.

33 Mein Kampf, S. 154; zum Topos der deutschen Soldaten im Polenfeldzug als »niederdeutsche Ordensritter und Siedler« vgl. auch Hans Egon Holthusen in: Eckart (16. April 1940), zit. nach Franz Schonauer, Deutsche Literatur im Dritten Reich. Olten und Freiburg 1961, S. 137.

34 Siehe u. a. Domarus, S. 1683. Zur ursprünglichen Anweisung vom 31. März 1941 und ihrer OKW-Ergänzung siehe die Nürnberger Anklageschrift gegen General Wilhelm Keitel, in: Das Urteil von Nürnberg 1946. München (dtv) 1961, S. 188–93. Als General Walter Warlimont von einem deutschen Gericht (am 11. Dezember 1962) gefragt wurde, warum keiner der 250 Generäle und Admiräle, denen Hitlers Anweisung zugestellt worden war, Protest erhoben

hatte, berief er sich darauf, daß ihnen die Ansicht, dem Staatsoberhaupt müsse absoluter Gehorsam geleistet werden, dann es könne keines Verbrechens schuldig sein, »angeboren und anerzogen« worden war; dies sei durch den Offizierseid garantiert.

35 Vgl. A. Mitscherlich und F. Mielke (Hrsg.), Das Diktat der Menschenverachtung. Heidelberg 1947, S. 99. Aus dieser Dokumentation geht nicht klar hervor, wieviele Köpfe die SS auf Wirths Anforderung zur Verfügung gestellt hat; ein Brief an Eichmann (ebenda, S. 101f.) deutet an, daß etwa 115 Menschen getötet worden sind, um Wirths Sammlung mit Skeletten zu versorgen.

36 Abgedruckt bei Mitscherlich/Mielke, Das Diktat, S. 159.

37 Bezeugt von einem SS-Wachmann, einem Brasilianer namens Pery Broad, doch sehe ich keinen Grund, ihm zu mißtrauen; s. G. Schoenberner (Hrsg.), Wir haben es gesehen, S. 278.

38 Vgl. Childs, Germany since 1918, S. 117.

39 Vgl. den Augenzeugenbericht des Dolmetschers Paul Schmidt, zitiert nach Bullock, S. 534f.: »Wie versteinert saß Hitler da und blickte vor sich hin. Er war nicht fassungslos, wie es später behauptet wurde, er tobte auch nicht, wie es wieder andere wissen wollten. Er saß völlig still und regungslos an seinem Platz. Nach einer Weile, die mir wie eine Ewigkeit vorkam, wandte er sich Ribbentrop zu, der wie erstarrt am Fenster stehen geblieben war. ›Was nun?‹ fragte Hitler ...«

40 Vgl. u.a. Ulrich von Hassells Tagebucheintrag am 10. September 1939, in: Vom andern Deutschland. Zürich 1946, S. 86.

41 Vgl. Schramm, Hitler als militärischer Führer, S. 67ff.

42 Vgl. Nolte, S. 406f.

43 Domarus, S. 2237; Hervorhebung von mir.

44 Zitiert nach Schramm, Hitler als militärischer Führer, S. 168.

45 Das folgende größtenteils aus den bei Schramm, ebenda, S. 157–66, zit. Abschnitten dieser Erinnerungen.

46 Ebenda, S. 161.

47 Aus dem Bericht eines deutschen Ingenieurs, der anwesend war, als ungefähr 5000 Juden von SS und ukrainischer Miliz am 5. Oktober 1942 in Dubno ermordet wurden; vgl. Das Urteil von Nürnberg, S. 110, und Fest, Hitler, S. 932.

Alfred Grosser im Carl Hanser Verlag

[illegible]

[illegible]

[illegible]

[illegible]

[illegible]

[illegible]